사면에 내리는 비는 온 땅을 적시는 비는

피할 수 없는 위로

사면에 내리는 비는 온 땅을 적시는 비는

피할 수 없는 축복

사면에 내리는 비는 온 땅을 적시는 비는

피할 수 없는 사랑

사면에 내리는 비는 온 땅을 적시는 비는

피할 수 없는 진실

그대의 한 숨 위로, 숨겨진 아픔 위로

상처난 가슴 위로, 길 잃은 마음 위로

사면에 내리는 비는 온 땅을 적시는 비는

피할 수 없는 안식

사면에 내리는 비는 온 땅을 적시는 비는

피할 수 없는 평화

피할 수 없는 위로, 피할 수 없는 사랑

피할 수 없는 안식, 피할 수 없는 평화

〈이길승 5집, '노래만 아니라'에 실린 '제주, 비'〉

도서출판 대장간은
쇠를 달구어 연장을 만들듯이
생각을 다듬어 기독교 가치관을
바르게 세우는 곳입니다.

대장간이란 이름에는
사라져가는 복음의 능력을 되살리고,
낡은 것을 새롭게 풀무질하며, 잘못된 것을
바로 세우겠다는 의지가 담겨져 있습니다.

www.daejanggan.org

Copyright © 2013 Herald Press

Originally published in English under the title ;
Fifty Shades of Grace: Stories of Inspiration and Promise
　　　by Melodies M. Davis, Compiler
　　　　　Published by Herald Press, Scottdale PA 15683, USA

All rights reserved.

Uesd and translated by the permissions of Herald Press.
Korea Edition Copyright © 2015, Daejanggan Publisher. in Daejeon, South Korea

피할 수 없는 은혜

지은이	짐 월리스 외
편집인	멜로디 M. 데이비스
옮긴이	최태선 문선주
초판발행	2015년 12월 9일
펴낸이	배용하
책임편집	배용하
등록	제364-2008-000013호
펴낸곳	도서출판 대장간
	www.daejanggan.org
등록한곳	대전광역시 동구 우암로 75-21
편집부	전화 (042) 673-7424
영업부	전화 (042) 673-7424 전송 (042) 623-1424
분류	신앙간증 ǀ 에세이
ISBN	978-89-7071-361-8 03230

이 책의 한국어 저작권은 Herald Press와 독점 계약한 대장간에 있습니다.
기록된 형태의 허락 없이는 무단 전재와 복제를 금합니다

  값 13,000원

피할 수 없는 은혜
50가지 창조적 영감과 감동이 가득한 이야기

짐 월리스 외

멜로디 M. 데이비스 · 편집
도날드 B. 크레이빌 · 서문

차례

옮긴이 글 _ 진짜 은혜 ● 9

서문 _ 은혜가 문으로 들어 올 때 _ 도날드 B. 크레이빌 ● 15
머리말 ● 17

은혜의 순간에
1 _ 은혜의 승무원 _ 자넷 베어그 ● 25
2. 명쾌해지는 순간 _ 크리스토퍼 케네디 로포드 ● 29
3 _ 웃을 수 있는 은혜 _ 한나 하인즈케어 ● 34
4 _ 부모 되기의 두려움 _ 젠 에스벤쉐이드 ● 39
5 _ 우리는 모두 하나 _ 라이언 듀엑 ● 43
6 _ 찻잔 _ 알란 스터키 ●47

다리
7 _ 은혜로 부드러워지다 _ 멜로디 밀러 데이비스 ● 53
8 _ 그들도 그를 사랑하였다 _ 린다 홀링거 얀센 ●58
9 _ 예수님의 길 위를 걷다 _ 사라 톰슨 ● 62
10 _ 미완성인 부분 _ 로우 고메스 Jr., 엘리자베스 레이드에게 말했을 때 ● 67

죽음을 넘어서는 은혜
11 _ 샐리 엘시를 위한 은혜 _ 오웬 E. 버크홀더 ● 73
12 _ 정작 은혜가 필요한 사람은 바로 나였다 _ 캐롤 페너 ● 76
13 _ 궁극적인 은혜 _ 낸시 위트머 ● 80
14 _ 말과 행동 _ 아니타 홀리 요더 ● 85
15 _ 모두를 변화시킨 은혜 _ 자넷 게맨 ● 90
16 _ 그리스도 안에서 - 구부러진 것들이 곧게 된다 _ 에바 에벌리 ● 94

사랑하기

17 _ 죽음, 이혼 그리고 해방 _ 스티브 카펜터 ● 101

18 _ 나오미 _ 루벤 첩 ● 106

19 _ 입양과 이민을 통한 은혜 _ 로벨라 셀렌버그 ● 111

20 _ 꼭 맞는 옳은 일 _ 조앤 클라쎈 ● 116

21 _ 은혜를 통해 사랑은 더해간다. _ 루스 스미스 메이어 ● 120

고통

22 _ 극단적인 용서 _ 존 퍼킨스와의 인터뷰 ● 129

23 _ 파괴의 함정 _ 세나 프리센 마일루어 ● 131

24 _ 사랑의 산고 _ 고든 하우저 ● 136

25 _ 빗속에서 춤을 추다 _ 존 에비 ● 141

26 _ 나보다 더 큰 희생자 _ 버드 웰치 ● 145

화해

27 _ 닭고기 스프 _ 앤 휘트먼 ● 151

28 _ 하나님께서 원하시는 바로 그곳 _ 데이비드 초우 ● 156

29 _ 나의 평화적 관점을 시험하며 _ 브루스 스탬바흐 ● 161

신뢰

30 _ 잃어버린 소년 _ 게렛 브란트 ● 167

31 _ 밤에 노래하는 새 _ 에드나 크뤼거 딕 ● 171

32 _ 은혜: 하나님의 돌보심과 섭리 _ 샌디 마르 ● 174

33 _ 우리가 "왜" 라고 물을 때 _ 앨빈 엔즈 ● 178

소명

34 _ 빨간 집으로의 귀환 _ 짐 월리스 ● 185

35 _ 해고 _ 마티 트로이어 ● 189

36 _ 영원히 지속되는 마음 _ 조앤 클레이톤 ● 194

37 _ 새롭게 바뀐 삶 _ 조앤 레만 ● 199

충분한

38 _ 아들과 함께 한 산책 _ 조디 니슬리 헤르츨러 ● 207

39 _ 은혜의 향기 _ 카렌 안드레스 ● 212

40 _ 하나님과 함께 걷기 _ 캐리 마튼즈 ● 217

41 _ 충분한 은혜 _ 세라 레이 거버 ● 221

지원하기

42 _ 도서관에서의 자비 _ 제니퍼 델란티 ● 227

43 _ 위험한 산행에서 만난 은혜 _ 미셸 싱클레어 ● 232

44 _ 한 번 더 _ 브렌다 셀리 ● 236

45 _ 그것을 판매한 것으로 여겨라 _ 캔 시츠 ● 240

축복

46 _ 아미룬 _ 론 아담스 ● 247

47 _ 낯선이들과 함께 한 식탁의 은혜 _ 헤더 델 스미스 ● 252

48 _ 목적이 이끄는 나이먹기 _ 엘지 렘펠 ● 257

49 _ 은혜에 감동하다 _ 엘리자베스 레이드 ● 262

50 _ 나에게도 임한 은혜 _ 사라 빅슬러 ● 266

이 책을 토론의 자료로 사용하는 법 ● 271

옮긴이 서문

진짜 은혜

젊은 부부가 귀농을 하였습니다. 농사를 지은 농산물을 가공해 부가가치를 높이기로 하였습니다. 그들이 선택한 작물은 참깨였습니다. 신통치는 않았지만 마침내 참깨를 수확하였습니다. 그들은 그 참깨로 100% 진짜 참기름을 만들었습니다. 그들이 그렇게 진짜 참기름을 만들었다는 소식이 전해지자 사람들이 몰려들었습니다. 부부는 그 참기름이 그렇게 계속 잘 팔릴 것이라고 생각했습니다. 하지만, 생각과 달리 얼마 후에 손님이 줄어들기 시작했습니다. 이유인즉슨, 그 참기름이 진짜 참기름이라는 걸 믿지만 그 참기름 맛이 입맛에 맞지 않는다는 것이었습니다. 그동안 가짜 참기름 맛에 길들여진 입맛 탓에 정작 진짜 참기름이 맛이 없다는 것이었습니다. 그래서 참깨 농사를 직접 지어 진짜 참기름을 만들어 팔겠다는 부부의 노력은 물거품이 되었습니다. 착향제와 조미료를 가미한 가짜 참기름의 강력한 맛은 본래 참기름의 맛을 잠식하였습니다. 사람들의 입맛이 가짜에 중독된 것입니다.

이와 똑같은 일이 교회 안에서도 발생했습니다. 언제나 가시적이고 강력한 것을 원하기 마련인 인간의 종교적인 심성은 기독교 복음이 가지고 있는 본래의 의미를 왜곡하여 종교적 카타르시스로 만들었습니다. 그것을 체험이라는 단어로 각색하여 그런 체험이 없거나 그런 체험을 원하지 않는 사람들을 압박하게 되었습니다. 참으로 난감한 일이 아닐 수 없습니다. 은혜를 받아 불 같은 체험을 했다고 주장하는 자신에 넘치는 그 사람들을 설득할 방법이 없기 때문입니다. 자신들의 믿음이 크다고 주장하는 사납고 거칠어진 그 사람들에게 믿음은 그런 것이 아니라고 설명해줄 도리가 없기 때문입니다. 더욱 안타까운 것은 믿음이 없는 사람들이 그런 그들의 강압적인 주장에 설득되어 합류함에 따라 그런 사람들이 큰 무리를 이루게 되고 그것을 성령의 역사라고 주장하기 시작하면 기독교는 정말 대책 없는 사이비 종교가 되는 것입니다.

김 정주라는 분이 쓴 "교회에선 '주여, 주여', 교회 문 밖에선 '죽여, 죽여'"라는 글을 읽었습니다. 거기 이런 내용이 있었습니다.

찬송도 불이 꼭 들어간 찬송이어야 하고, 말씀도 불같은 말씀이어야 하고, 기도도 불이 임하는 기도이어야 하고, 무엇보다 부흥회의 열매는 불 받은 사람들이 나타나야 했다. 그렇게 불같은 부흥회가 잘 마쳐지면 그 부흥 강사 목사님에게는 불의 종이라는 칭호가 하사된다. 그분들을 보면서 나도 언젠가 그런 불의 종 명예의 전당에 오르고 싶다는 생각을 했다.
그런데 신기한 현상을 보았다. 이러한 부흥회의 불이 지나가면, 사람들의 겉은 엄청나게 뜨거워진 것 같고 당장 오대양 육대주라도 복음을 위해 자신을 희생하며 달려갈 것 같은 기세를 보이는데, 교회 주차장에서는 겉이 노릇노릇 익은 얼굴로 서로 먼저 나가겠다고 다투기 시작한다. 주차 안내를 하는 나는 내 말을 듣지 않는다고 열불을 낸다. 여전히 같은 교회 안에서 형제자매들을 이간질하고 미워한다. 이간질하는 모습을 보는 나는 그들을 판단하고 정죄한다. 세상이 아닌 가정에 돌아가서 불을 쏟는다. 교회에서 사람들이 볼 때는 "주여, 주여" 하는데 교회 밖에서 사람들이 안 볼 때는 "죽여, 죽여" 한다.

강력한 종교적 카타르시스에 중독되어 복음으로부터 벗어난 사람들의 모습을 잘 표현했다는 생각이 들었습니다. 저만의 특별하거나 개인적인 경험이 아니라 우리가 주변에서 흔히 볼 수 있는 모습이 리얼하게 그려져 있습니다. 가짜 은혜의 맛에 길들여진 사람들의 열매를 생생하게 보여주고 있습니다. 더 큰 문제는 그런 분들은 진짜 은혜의 맛을 모른다는 사실입니다. 가짜 참기름에 길들여진 사람들에게 진짜 참기름이 안 팔렸던 것처럼, 이제는 진짜 은혜가 외면을 당하는 지경에 이르렀습니다.

그리스도인으로서 우리는 모두 은혜 가운데 살아갑니다.

"그 말씀은 육신이 되어 우리 가운데 사셨다. 우리는 그의 영광을 보았다. 그것은 아버지께서 주신, 외아들의 영광이었다. 그는 은혜와 진리가 충만하였다."(요1:12)

말씀이 육신이 되신 그분께 은혜와 진리가 충만하기 때문입니다. 성서는 그것을 다시 한 번 확인해줍니다.

"우리는 모두 그의 충만함에서 선물을 받되, 은혜에 은혜를 더하여 받았

다."(14)

우리가 주의를 기울여 바라본다면, 우리는 은혜를 볼 수 있고, 그 은혜는 우리에게 많은 일들을 할 수 있습니다. 울고 웃게 만들 수 있습니다. 때론 실망을 시키거나 담대하게 만들 수도 있습니다. 또 그것은 우리의 믿음에 도전하여 믿음을 풍성하게 할 수도 있습니다. 은혜는 우리의 일상과 함께 하기 때문입니다. 은혜가 주어지면 무엇보다 세상을 다른 방식으로 보게 됩니다. 원래 의도된 본연의 모습으로, 하나님께서 창조하신 대로, 거룩하고, 평화롭고, 너그럽고, 친절하고, 온유하고 있는 그대로 은혜롭게 보게 됩니다.

그러나 사실 우리가 그분에게서 받고 또 받았다는 은혜라는 이 말은 추상적이어서 감을 잡기가 쉽지 않습니다. 은혜란 무엇일까요? 은혜를 받았다는 것은 무슨 뜻일까요? 그리스어로 '카리스'인 은혜는 감사와 관계가 있습니다. 은혜란 감사하는 마음에서 드러납니다. 감사는 내 능력과 상관없이 내게 주어진 것에 대해 우러나는 마음입니다. 여기서 우리는 우러난다는 말에 조금 더 주목할 필요가 있습니다. 은혜란 자연스러운 것입니다. 또 그렇기 때문에 은밀합니다. 때론 강력한 쓰나미와 같이 밀려들 때도 있지만, 대부분은 잔잔한 파문으로 마음속에 전해집니다.

그리고 마침내 우리의 생명이 그분에게서 받은 은혜라는 것을 인식할 때, 우리는 마리아처럼 "보십시오, 나는 주님의 여종입니다. 당신의 말씀대로 나에게 이루어지기를 바랍니다."눅1:38라고 기도하게 될 것입니다. 주어진 삶을 감사하는 마음으로 받아들이고 우리의 존재 전체를 그분에게 돌려 맡기게 될 것입니다. 그리고 세리처럼 "멀찍이 서서 하늘을 우러러볼 엄두도 못 내고, 가슴을 치며 '아, 하나님, 이 죄인에게 자비를 베풀어 주십시오'"눅18:13라고 말하게 될 것입니다.

하지만, 고해苦海같은 인생이 선물이고, 주님의 은혜이고 못난 자신이 은혜 받은 존재라는 사실을 깨닫기란 쉽지 않습니다. 이 책의 글들은 바로 그런 깨달음의 글들이라고 말할 수 있습니다. 다른 말로 하면 은혜에 항복한 사람들의 글이라고 할 수 있을 것입니다. 글을 번역하며 때때로 그들이 느꼈던 은혜가 제게도 전달되어 혼자서 눈시울을 붉히곤 했습니다. 보지 못했던 제 삶 속의 은혜가 오버랩 되기도 하였습니다. 그들을 통해 제게도 은혜를 전해주신 주님께 감사 드립니다.

이 책의 글 가운데 한 저자는 "인생은 폭풍우가 지나기를 기다리는 것이 아니라, 빗속에서 춤추는 법을 배우는 것이다"라고 말합니다. 또 다른 이는 자신의 인생을 은혜의 "수증기"로 가득 찬 인생이라고 말합니다. 감사하기 때문입니다. 그리고 감격하기 때문입니다. 그들은 진짜 은혜를 맛보아 알았습니다.

그렇습니다. 이것이 진짜 은혜라고 말하고 싶습니다. 진짜 은혜는 교회의 위기를 기회로 만들 것입니다. 그래서 이 진짜 은혜가 여러분들에게 꼭 전달되기를 바랍니다!

옮긴이 최태선

서문

은혜가 문으로 들어 올 때

도날드 B. 크레이빌

나는 2006년 10월 2일이 되기까지는 정말로 은혜의 개념을 깊이 생각해 본 적이 없었던 게 사실이다. 나는 "놀라운 은혜"에 대한 이야기들을 머리로는 분명히 알고 있었다. 은혜가 하나님의 선물임도 잘 안다. 하지만, 나는 찰리가 펜실베이니아 니켈 마인에 있는 한 아미쉬 학교의 교실로 걸어 들어가 열 명의 어린 소녀들에게 총을 쏘아 그 중 다섯 명을 죽이고 나머지 소녀들에게 목숨을 위협하는 부상을 입힌 그날의 사건이 발생하기 전까지는 그것은혜의 진면목을 그렇게 생생하게 본적이 없었다. 찰리는 그때 그곳에서 목숨을 끊었다.

아미쉬 공동체의 지체들이 당황하고 있는 찰리의 가족들에게 다가갔을 때, 동정과 용서의 시간이 이내 그 끔찍한 날을 은혜로 바꾸어 주었다. 총이 발사된 지 일곱 시간 후에 찰리의 어머니는 그녀가 "검은 옷을 입은 천사"라고 부르는 아미쉬 이웃이 그녀의 현관 문 앞으로 걸어오는 것을 보았다. 한 시간이 넘도록 그 아미쉬 사람들은 계속해서 "우리는 당신을 사랑합니다."라고 반복했고, 그 어머니가 다니는 교회의 목사는 그것을 "은혜가 정숙하게 문을 통해 걸어왔고, 희망이 되었다."라고 묘사했다.

같은 시간, 몇 마일 떨어진 곳에서는, 세 명의 아미쉬 남자들이 사랑과 용서와 친절의 이야기를 전하려고 도착했고, 찰리의 미망인과 그녀의 부모들의 집 현관을 통해 은혜가 전달되었다. 은혜는 하루 전 혹은 비슷한 시기에 자신들의 아이들의 장례를 치른 부모들을 포함하여 수십 명의 아미쉬 사람들이 찰리의 장례에 참여하여 찰리의 미망인과 다른 가족들을 안아주었을 때에도 전달되었다. 모든 사람들이 놀랐듯이, 장례식 집례자는 놀라움에 겨워 "나는 오늘 기적을 보았습니다"라고 외쳤다. 아미쉬 사람들은 찰리의 집에 음식과 꽃을 가져왔고, 그 가정을 위해 기금을 모아 건네 주었다. 거기서 아미쉬 선조에게서 전해온 이야기가 들려지고 전해졌다. 그것은 대부분 그들의 용서를 전하는 은혜의 행동인 포옹, 선물, 그리고 함께함에 관한 것이었다. 한 희생당한 소녀의 아버지는 "우리의 용서는 말이 아니라 우리의 행함에 있었다"고 설명했다.

어쩌면 당신은 제목 때문에 이 책을 집어 들었을지도 모른다. 『그레이의 50가지 그림자』와 같은 제목의 책들이 6,500만 부 이상 팔렸다. 어둡고 말썽 많은 50가지 그림자의 삼부작은 우리의 삶과 관계 안의 깨진 파편들을 비쳐주고 있다. 이젠 정말이지, 그 이상이 있어야만 한다. 그렇지 않다면 최소한도 그렇게 되기를 희망해야 한다.

영감과 약속의 이야기인 이 책은 우리의 슬픔과 깨진 관계를 위한 치유의 메시지이다. 이 놀라운 이야기들은 우리의 공동체와 하나님과의 관계에서 우리가 이따금씩 발견하는 은혜를 드러낸다. 이 그림들은 "우리"보다 "나"를 찬미하고 종종 하나님을 불공평한 분으로 만드는 세상에 좋은 소식을 전달한다.

　이 책의 50명의 작가들은 우리의 슬픔과 산산이 부서진 관계를 회복할 메시지인 특별한 간증을 전해준다. 이 이야기들은 하나님의 풍성한 사랑의 여러 색깔을 놀라움 속에서 인정하게 하고, 매료시키며 반복하여 감동받게 한다. 현대적 감각으로 쓰여진 이 은혜에 관한 이야기는 대중적 문화의 결을 따라 전개된다. 그들은 『그레이의 50가지의 그림자』의 어둠과 숨어 있는 억압에 대한 구속적 대조를 보여준다. 이 이야기꾼들은 우리가 다른 사람들과 하나님의 친절과 용서를 인식하도록 새로운 문들을 열어주고 있다.

　그 모든 것들은 나를 아미쉬로 되돌아가게 한다. 니켈 마인즈에서의 총격 사건 이후, 나는 『아미쉬 그레이스: 어떻게 용서는 비극을 능가했는가』 뉴스엔조이 역간를 공동 집필하기 위한 준비로 수십 명의 아미쉬 사람과 인터뷰했다. 나는 각 사람에게 "용서의 동기는 무엇이었습니까?"라고 물었다. 예외 없이 그들은 주님의 기도, "우리가 우리에게 죄 지은 자를 사하여 준 것같이 우리 죄를 사하여 주옵시고"를 언급했다. 그들은 "용서하라. 그리하면 용서를 받을 것이다"라는 순수한 삶의 지혜를 강조한 신약의 말씀에도 순종했다. 아나뱁티스트 전통에서 용서는 두 가지 차원을 가진다. 그것은 실로 하나님의 은혜이다. 그러나 용서는 쌓아놓는 것이 아니라 우리에게 상처를 주고 해를 끼친 사람들에게 전달되는 것까지 가야하는 것이다.

아미쉬 사람들은 믿는 사람들로서, 대중 문화에 동조하지 않지만, 보복을 환영하는 세상에서 분리된 채 우리에게 은혜의 다른 빛깔들을 보여주어 왔다. 수없이 많은 칭송받지 못한 예수의 또 다른 제자들이 용서와 은혜의 놀라운 힘을 조용히 그리고 일상적에서 보여주었다. 종교개혁의 여파 안에 있던 1500년대에 생성된 아나뱁티스트 흐름에서 나온 내용들을 이 책에서 보게 될 것이다.

은혜의 역설은 그것이 한 가지 색으로 오지 않는다는 것이다. 때로 은혜는 하나님으로부터 기대하지 않았던 은사로 놀라움 가운데 찾아온다. 어떤 경우에는 그것이 슬픔과 고통 가운데 오기도 하고, 기쁨의 순간 우리의 삶 안으로 펄럭이며 오기도 한다. 때론 은혜의 선물은 준비된 습관의 결과물로 때를 따라 주어지는 열매이기도 하고, 치유와 화해의 과정 안에서 발견되기도 한다. 그럼에도 한 가지 분명한 사실은 은혜란 언제나 값싸고 쉬운 것이 아님에도, 은혜가 올 때는 항상 우리 삶의 단조로이 갈라진 틈과 메마른 계절 속으로 하나님의 성령이 방문하신다는 희망과 함께 온다는 것이다.

도널드 크레이빌은 『예수가 바라본 하나님 나라*Upside Down Kingdom*』의 저자이며 『아미쉬 그레이스: 용서는 어떻게 비극을 능가하는가』의 공동 저자이다.

머리말

이 책에 대한 아이디어는 메노미디어 사무실에서 각자의 생각을 자유롭게 말하는 회의에서 베스트셀러가 된 『그레이의 50가지 그림자』의 인기를 흉내 내는 것에서 시작되었다.

나는 그 모임에 참여하지 않았지만, 짧은 휴가에서 돌아오자마자 "은혜의 50가지 그림자"에 대한 아이디어를 들을 수 있었다. 우리가 하나님의 은혜를 발견할 수 있는 그리스도인들의 이야기를 출판하는 것이 어떻겠는가? 유행하는 성적인 연애 소설과 관련된 상태에서 무언가 보완적인 것이 나올 수 있겠는가?

하나님의 놀랍고도 풍성한 은혜를 목격한 50명의 평범한 사람들의 삶에서 나온 단순하지만 강력한 이야기들을 읽고, 여러분들 스스로 판단을 내릴 수 있을 것이다. 은혜란 그리스도인들이 자주 이야기하는 것이다. 그것은 예수의 삶, 죽음 그리고 부활 안에서 드러난 하나님의 조건없는 사랑에 관한 것이다. 비록 우리가 하나님의 사랑을 받을만한 자격이 없지만 은혜란 우리들에게 어떤 방식으로든 쏟아 부어진다. 우리는 용서 받았고, 하나님의 성령은 우리가 다른 사람들에게 은혜를 나누는 것을 가능하게 해준다.

그 화자들은 다양한 배경에서 왔다. 그들의 직업적인 변화, 슬픔과 상실, 이혼, 다양한 선교 사역, 목사, 교사, 부모, 조부모의 이야기, 젊은이들과 노인들의 이야기이다.

이 책 속의 모든 이야기를 한 두 번의 모임 동안 읽는 것이 매력적일 수도 있지만, 나는 여러분이 이 이야기들을 일 년이 넘는 과정 속에서 매일 혹은 일주일 간격의 모임을 통해 읽으라고 권하고 싶다. 여러분은 각각의 새로운 이야기들이 주는 신선함 속에서 반복해서 충격을 느끼게 될 것이다. 또는 인식할 수 없었을지도 모르는 은혜의 경험들에 대해 집중하게 될 것이다. 만일 여러분이 한 번에 열 개의 글을 오랜 시간 동안 연속하여 읽었다면 느끼지 못했을 내용들이 여러분의 생명을 지닌 경험들과 연결될 것이다. 그리고 바라는 바는 여러분이 은혜를 다른 사람들에게 까지 확장하거나 누군가 당신을 어떻게 축복해왔는지를 알 수 있는 기회들을 인식할 수 있을 정도로 성숙하게 되는 것이다.

그 작가들 가운데 한 사람인 한나 하인즈케어는 이렇게 말한다.

대체로, 내가 은혜에 관해 생각할 때, 비록 내가 이러한 선물들을 받을만한 자격이 없지만, 내가 실패했거나 혹은 무언가를 받을만한 자격이 없음에도 다른 사람들이 나에게 은혜와 용서를 베푼 것을 생각한다. 혹은 한 편으로, 나에게 잘못을 저지른 다른 누군가를 내가 기꺼이 용서했을 때 내가 은혜의 전달자가 될 수 있었다. 때로 그리스도인끼리는 은혜를 구원과 똑같은 의미로 사용하기도 한다. 그것은 하나님으로부터 그리고 예수 그리스도를 통하여 받을만한 자격이 없지만, 참회하는 인간들에게 주어지는 선물이다. 은혜를 받을 수 없는 부족함에도 불구하고 하나님은 은혜를 우리에게 주신다.

우리의 이야기들이 여러분 역시 보아왔고 경험해왔던 하나님의 은혜의 놀라운 방식들을 회상하고 배울 수 있도록 격려할 수 있기를 바란다.

편집자, 멜로디 데이비스

은혜의 순간에

1 _ 은혜의 승무원

자넷 베어그

"아빠, 아빠!"

나는 열린 기차 문 밖에 기댄 채 멀리 승강장 끝에 서있는 나이 든 사람을 향해 소리를 질렀다. 그 기차가 다시 움직이기 전에 열차 승무원의 경고를 피해 내가 아버지의 주목을 끌 수 있는 시간은 몇 초 밖에 주어지지 않았다. 그렇지만 나는 아버지에게 내가 기차로 몬태나 주의 글래스고를 지날 때 손을 흔들겠다고 약속 했었다.

남편과 나는 시카고에서 시애틀로 가는 기차여행을 하고 있었다. 밤새 내린 첫눈으로 경치는 숨이 막힐 듯 아름다웠고 우리는 업무에서 해방된 자유롭고 편안한 휴식을 즐기고 있었다.

그러나 나에겐 한 가지 작은 걱정이 있었다.

몇 주 전에, 나는 우리가 기차를 타고 지나치는 작은 도시들 가운데 하나인 글래스고에 살고 있는 아버지의 전화를 받았고, 그에게 손을 흔들겠다는 약속을 했다. 지금 우리는 그 기차에 타고 있고, 비록 몇 초를 위한 것이었지만, 객실 밖으로 나가려는 시도는 쉽지 않은 것처럼 보였다. 게다가 정거장에서 누군가를 만난다는 것은 더 어려울 것이다. 그러나 나는 구십 세 되신 아버지를 실망시키고 싶지 않았다.

그 기차는 타고 내리는 승객이 있을 때에만 글래스고에 정차하였다. 만일 기차가 선다고 해도, 나는 기차에서 내릴 수가 없었다. 우리는 여행 내내, "이 기차는 지금 "000"에 도착하고 있습니다." 라는 도시의 이름을 들었다. "만일 내리실 역이 아니면, 기차에서 하차하지 마십시오. 만약 하차하시면, 이 기차는 여러분의 승차를 보장해 드릴 수 없습니다."라는 경고 방송을 들어왔다.

아버지는 손을 흔들겠다는 나의 약속을 진지하게 믿으셨다. 그래서 우리는 그 기차가 글래스고 직전 역을 출발하기 시작할 때 전화를 하기로 서로 이야기가 했다. 그래야 아버지가 정거장에 언제 나와야 할지 알 수 있으니까…. 우리가 울프 포인트에 도착했을 때 기차는 한 시간을 연착하였다. 그래서 나는 아버지께 전화 드렸고, 그는 바로 전화를 받으셨다. 그러나 나는 아버지가 한 다음 말을 듣고 놀라지 않을 수 없었다. 내가 눈이 많이 왔으니 정거장으로 나오지 마시라고 말하려는 순간, 몇몇 승객들이 그 기차를 타려고 기다리고 있다고 아버지가 말씀하시는 게 아닌가! 아버지는 이미 그 역에 나와 계시다며 나의 다음 말을 가로 채셨다. 아버지는 나를 곧 보게 될 것을 고대하며 흥분해 계셨다. 딸깍. 아버지는 전화를 끊으셨다. 그랬다. 아버지는 나를 보게 될 것이라는 사실을 철썩 같이 믿고 계셨다.

이제 어떻게 해야 할 것인가? 만일 우리가 타고 있는 침대 차 안에서 손을 흔든다면 아버지는 절대 나를 보지 못할 것이다. 기차가 멈추어 섰을 때 이 침대칸은 궤도에서 반마일 정도 뒤에 있게 될 것이다. 나는 아늑한 우리 객실에서 나와, 우리에게 그 많은 경고 방송을 하던 차장에게 정거장에서 열린 문칸에 서 있을 수 있느냐고 물어보려고 그를 찾아 나섰다. 그것은 무리이기는 했지만, 마침내 그를 찾아내어 상황을 잘 설명하였다. 그는 안경 너머로 잠시 나를 바라본 후에 자신의 서류들을 들추며 다른 승무원에게 말을 하였다. 그리고 그들이 식당 차 뒤에 있는 세 번째 승객 칸의 문을 열어둘 것이라고 말했다.

나는 균형을 유지하려 애쓰며 기차 복도를 걸어 바로 그곳으로 갔다. 식당차를 지나 잠자고, 이야기하고, 카드놀이를 하고 있는 사람들로 가득 찬 두 칸의 객실을 통과하였다. 나는 조심스럽게 객차 수를 세었다. 세 번째 칸을 발견하고 그 문을 향하여 급히 발걸음을 재촉했다. 내가 그곳에 홀로 서 있을 때 전화기를 안 가져온 것을 발견했다. 심하게 자책하기 시작했다. 나는 남편에게 어디에 간다고 말하지도 않았다. 나의 마음은 수백 가지 질문들로 소용돌이쳤다. 남편에게 모든 것을 알리고 전화기를 가져오기 위해 침대차로 되돌아가야 하는가? 그러나 내가 돌아가는 동안 글래스고에 도착하여 아버지를 놓치면 어떻게 하나? 문을 열어주겠다던 승무원은 왜 보이지 않는가? 우리는 거의 글래스고에 도착하지 않았는가? 승무원이 착각하여 다른 객실의 문을 연다면?

몇 분 후에, 기차 바퀴들의 고독하고 최면술에 걸린 듯한 소리는 나에게 진정 효과가 있었다. 나는 나의 어린 시절의 땅인, 몬태나에서 다시 아이가 되는 것을 느꼈다. 이곳은 '너는 언제나 너의 부모를 공경해야만 한다.'는 식의 많은 규율들이 있었지만, 많은 은혜도 있었다. 나의 아버지가 지금 이곳에서 나를 기다리는 것처럼 이곳 사람들은 뭔가를 이루려고 귀찮은 일도 굳이 감수하는 것을 마다하지 않는다. 그러나 그 일이 잘 되지 않아도 원망하고 불평하지 않는다. 아버지가 나를 보지 못하더라도 아마 그러실 것이다. .

마침내, 그 기차는 멈추려고 속도를 줄였고 한 승무원이 문을 열려고 다가왔다. 나는 한 눈에 구십 세 된 나의 아버지를 알아보았다. 조금은 구부정했지만 고개를 똑바로 들고 나를 찾으려고 열심히 창문들을 살피고 계셨다. 모든 승객이 탑승하고 아버지가 정거장에 남아 있는 유일한 사람이 되었을 때, 나는 문으로 급하게 다가가 기대어 섰다. "아빠, 아빠!" 나는 소리를 질렀다.

그때 정말 놀라운 일이 벌어졌다. 마술과 같이 정거장에 등장한 차장이 나와 함께 "아빠, 아빠!"라고 외쳤다. 아버지는 마침내 나를 보고 손을 흔들었다. 나는 그 기차가 곧 출발할 것이고 움직일 것이라고 예상했지만, 그렇지 않았다. 차장은 기차에 다시 탑승하려고 몸을 움직이지 않았다. 대신 그는 정거장에 홀로 있는 그 사람, 내 아버지에게 말을 걸었다.

"아버님, 우리가 다시 이 기차를 출발시킬 수 있도록 아버님의 딸을 안아주십시오." 그 승무원이 아버지에게 한 말이었다. 나는 믿을 수가 없었다! 그 승무원은 자신의 내규를 깨고 있었다. 그에게 그 이유를 물을 여유도 없었다. 나는 그의 말을 신호로 알아듣고, 기차에서 뛰어내려 아버지를 향해 달려갔다. 환한 미소와 함께 아버지는 나를 안고, 입을 맞추고, 나에게 사랑한다고 말해 주셨다.

나의 눈은 눈물로 가득 찼다. 나는 어떻게 기차로 돌아왔는지 기억도 나지 않는다. 하지만, 잠시 후에 기차문은 닫히고 다시 움직이고 있었다. 그러나 나의 은혜의 안내자인 승무원은 어디에도 보이지 않았다.

자넷 토우즈 베어그는 그의 남편과 시애틀에 사는 은퇴한 심리치료사이다. 그녀는 딸을 낳은 후 글을 쓰기 시작했고 그 시기에 그녀의 어머니는 치매에 걸렸다. 그녀는 약 15년간 정기적으로 모이는 글쓰기 모임이 있는 시애틀 메노나이트 교회에 참석하며 메노나이트 묵상지인 *Rejoice!*에 18년 동안 글을 써오고 있다.

2. 명쾌해지는 순간

크리스토퍼 케네디 로포드

　사람들은 언제나 왜 내가 중독자가 되었는지를 묻는다. 나는 내가 중독될 가능성이 있는 최악의 상황의 산물이었다고 생각한다고 그들에게 말한다. 나는 중독에 대한 유전적 소인이 있었다. 1969년, 내가 중독의 길에 접어들 때는 온 사회가 아주 많은 것에 중독이 되어 있었다. 우리의 지도자들은 석유에 대한 우리의 중독에 관해 이야기했다.
　어떤 마약들은 아주 흔했고 손쉽게 이용할 수 있었다. 아주 어린 시절의 나는 이혼과 이주의 산물이었다. 나는 두 삼촌, 대통령 존 F. 케네디와 로버트 케네디가 공개적으로 암살되었을 때 경험한 정신적 충격의 산물이기도 하다. 그것 때문에 나는 죽음에 대한 공포가 생겼다. 열세 살이었던 나는 돌파구를 찾아야 만 했다.
　다행스러운건지, 어머니는 나에게 그녀가 아는 마약들에 관해 이야기할 수가 없었다. 그녀는 외부에서 마약과 전쟁하는데 필요한 도움을 받으려 하였다. 어머니와 나는 한 집에서 따로 살 듯 살았다. 그녀는 나에게 말하지 않았다. 우리는 소통할 능력이 없었다. 너무도 많은 가정들이 실제로 소통할 수 있는 능력이 없었다.

마약과 알코올은 실제로 나의 두려운 감정들을 다스렸다. 무섭고, 슬플 때가 있다면, 그런 것들이 잠시 동안은 도움이 될 수 있었다. 마약과 알코올이 도움이 되지 않았다면, 그것을 하지 않았을 것이다. 문제는 그것을 멈출 수 없다는 것이다. 더는 효력이 없을 때에도 그것을 계속하게 된다. 왜냐하면 우리는 중독 경향을 가지고 있기 때문이다.

나의 책 『명쾌해지는 순간』은 이 주제에 관한 나의 첫 번째 책 『금단증상의 징후들』의 속편이다. 내가 중독에 관한 이 책을 소개하기 위해 나갔을 때, 사람들은 "1986년 2월 17일에 당신에게 무슨 일이 있었기에 당신의 삶을 바꿀 수 있었느냐?"고 물었다.

먼저 나는 나에게 일어난 것은 명쾌해지는 순간이며, 은혜의 순간이며, 심오한 변화가 있었던 순간이라고 묘사한다. 이것은 가톨릭의 하느님이거나, 불교의 부처이거나 무슬림의 알라와 같은 하나님이 아닌, 내가 아는 한, 이 세상과 관계없는 설명할 수 없는 분이라고 밖에 표현할 길이 없는 그 하나님에 의한 것이다. 나는 은혜가 내 삶에 부어질 수 있을 만큼 충분히 낮아졌고, 굴복할 수 밖에 없는 지점에 다다를 만큼 지쳐 있었기에 은혜가 내 삶 안으로 들어올 수 있었다. 이게 나에게 일어난 일이었다.

이런 일은 많은 사람에게 일어나지만, 그것에 관해 말하는 것은 어려울 수 있다. 나는 앤서니 홉킨스, 리차드 드레이푸스, 주디 콜린스, 그리고 더 많은 유명한 사람에게 그들이 겪은 은혜의 순간들에 관해 말해달라고 했다. 리차드는 나에게 "마약중독자들과 알코올중독자들은 하나님을 발견하려고 노력합니다. 처음부터, 그들은 하나님과의 관계를 갈구하죠. 그리고 그들은 그것을 위해 마약과 알코올을 사용합니다. 그리고 회복의 과정에서 그들은 하나님을 발견합니다. 그것이 바로 그들이 추구했던 것입니다."라고 말했다. 그리고 어떤 면에서 그것을 믿는다.

나는 술을 끊으려고 9년 동안을 노력했다. 모든 것을 다해 보았다. 가장 큰 오해는 약물중독자과 알코올중독자는 의지가 없는 무능하고 게으르다는 편견이다. 그런 말은 이런 경우에 합당하지 않다. 사실, 내가 알고 있는 가장 의지가 강한 사람 가운데 상당수가 알코올중독자나 마약중독자였다. 370Kg이 나가는 중독이라는 고릴라에게 9년 동안 얼굴을 얻어맞으며 그 고릴라와 시험 삼아 춤을 추어보라. 아니면 이와 비슷한 삶을 계속 유지해보라. 그런 후에 나에게 중독과 관련하여 어떤 사람이 어떤 의지도 없다고 말할 수 있는지 확인해 보라.

중독된다는 것은 무엇을 의미하는가? 중독자로서 나의 유일한 목적은 생존이다. 그것이 중독자의 삶이다. 그저 생존을 위한 생각만 할 뿐이다. 회복이란, 약과 알코올을 내려놓고 갑자기 선한 사람 혹은 영적인 사람이 되는 것을 의미하지 않는다. 회복은 그냥 중독상태에서 기회가 주어진다는 것이다. 완전한 회복은 사고, 행동, 그리고 영을 포함한다.

회복의 과정은 어렵다. "이 약을 복용하세요. 그러면 나을 것입니다."라고 말할 수 없다. "이 재활원으로 한 번 들어가세요. 그러면 나을 것입니다."라고 말할 수 없다. 회복의 정해진 경로는 없다. 그리고 그런 점이 사람들을 두렵게 한다. 뿐만 아니라 엄청나게 많은 돈을 치르게 한다.

유일하게 할 수 있는 바람직한 일은 그날 그 시간에 마시지 않고 복용하지 않는 것이다. 그러나 인간을 바꾸기란 어렵다. 간디는 자기 자신을 변화시킨 사람은 일만 명의 군사들을 물리친 사람보다 위대하다고 말했다. 그것은 하기가 정말, 정말, 어려운 일이다. 실제로, 대부분의 사람이 그렇게 할 수 없다. 이 문제의 중요한 핵심은 우리는 지금 질병을 다루고 있다는 것을 아는 것이며, 그 질병은 다른 질병들처럼 흔하게 생기는 증상이 있는데, 그 중 하나가 재발이다.

나는 대단히 완고하며 출세한 가정에서 태어났다. 나는 윤리가 사람을 변화시킬 수 있고 모든 사람이 따라야만 하는 것으로 믿는 가정에서 태어났다. 그리고 내가 아는 한, 나의 삶에서 가장 큰 선물은 내 것을 포기하고 복종하는 능력이다. 왜냐하면 그것에서 믿을 수 없는 선물들인 이해와 공감이 나오기 때문이다. 복종은 내가 받은 최고의 선물이다.

나는 20년이 지난 지금도 여전히 이를 매우 감사하게 여긴다. 세상에서 가장 좋은 것은 다른 알코올 중독자가 그의 손을 나에게 내밀고, 내가 또 다른 사람과 관계를 가지게 되는 것이다. 알코올중독자와 중독자인 나에게 그 관계는 즉각적이며 심오하게 나타난다. 나는 알코올중독자들과 다른 중독자들을 사랑한다. 그들은 나의 사람들이며 그들은 나의 동족이다. 그들은 나를 화나게도 한다. 그들은 멍청하고, 그리고 그들은 고통스러울 정도로 어려운 사람들이다. 그러나 거기에는 연대감이 있다.

이제 내게는 세 아이가 있다. 그들은 내가 술을 마시거나 술에 취한 것을 본적이 없다. 하늘에서 온 기적이다. 나의 자녀들은 약물과 알코올이 무엇을 하는 것인지 알고 있다. 그 약물들이 모든 사람에게 동일하게 적용되는 것은 아니다. 그러나 그들은 알코올 중독이 유전적인 경향을 가지고 있다는 것을 안다. 사회일원으로서 우리는 더 나은 교육을 받았고 그것에 대해 더 잘 이야기할 수 있다. 부모들은 이 주제에 대해 어떻게 자녀들과 충분히 이야기해야 하는지를 안다.

회복이 내게 준 가장 큰 선물 가운데 하나는 내가 인간의 속성에 휘둘리지 않고 그것을 다스리게 되었다는 것이다. 나는 전인적으로 나를 알게 되었다. 내가 중독자였을 때는 이렇게 생각해 본 적이 없다. 회복되었다는 것을 안다는 것은 '개인으로서 내가 세상을 위해 무엇인가를 할 수 있는가?'를 생각할 수 있다는 것을 의미한다.

크리스토퍼 케네디 로포드는 인생 전반을 배우, 작가, 법률가, 활동가, 그리고 대중 연사로서 할리우드와 워싱톤에서 살았다. 삶의 대부분을 마약과 알코올 중독과 싸우며 보냈지만, 회복 후 20년 이상 자신의 경험, 능력으로 사람들의 삶에서 변화를 만들기 위한 희망을 나누고 있다. 그는 뉴욕 타임즈 베스트셀러 목록에 오른 두 권의 책 『명쾌해지는 순간』과 『금단증상의 징후들』의 저자이다. 이 이야기는 메노나이트 제작자/ 감독인 버튼 뷸러와 로포드의 다큐멘터리, '회복을 위한 희망의 발견: 중독자와 사는 가족들'(www.FindingHopeInRecovery.com)을 위한 인터뷰에서 발췌하였다.

3 _ 웃을 수 있는 은혜

한나 하인즈케어

하루 종일 비가 내리다 말다를 반복했다. 버스의 바닥은 사람들의 신발과 우산들과 코트에서 떨어진 물로 질척질척했고 내가 버스 뒤로 갈 때에 내 테니스화가 미끄러지는 것을 느꼈다. 때는 오후 다섯 시였고, 버스는 긴 하루의 일을 끝내고 집으로 향하는 사람들로 북적였다.

나는 누구와도 이야기하고 싶지 않았으나 빈자리는 드물었다. 통로를 지나면서 애써 눈이 마주치는 것을 피해 마침내 밝은 푸른색 교복을 입고 책이 든 큰 가방을 무릎에 올려놓고 있는 대략 열두세 살 먹은 것으로 보이는 어린 소녀 옆 빈자리를 찾았다. 그녀는 귀에 이어폰을 꽂고 있었고, 열심히 물에 젖은 창밖을 응시하고 있었다. 그녀는 자신만의 세상에 빠져 대화에 관심이 없을 것 같은 완벽한 파트너였다.

긴 하루였다. 나는 피곤했고 뼛속까지 느껴지는 마음에서부터 서서히 움찔대며 올라오는 슬픔을 느낄 수 있었다. 오늘 아침 수업은 나를 좌절시켰고 희망은 전혀 보이지 않았다. 나는 북아일랜드의 북부 중심부에 위치한 도시, 데리에서 공부하는 중이며, 가을학기를 절반쯤 보내고 있었다. 우리의 프로그램은 북아일랜드에서 일어났던 "사건들"의 역사에 초점이 맞춰져 있었고, 가톨릭과 개신교 신자들 모두에 의해 시행되고 있었던 평화 만들기와 갈등 중재의 방법에 관해 배우고 있었다. 그날의 토론은 북아일랜드에서의 현재의 정치적 교착상태에 중점을 두고 있었다. 당시 두 극단주의자들의 정당들은 의회를 볼모로 잡고 있었고, 정부 차원에서 어떤 협력적인 작업도 이루어질 수가 없었다.

최근 인디애나에 대한 한 차례의 향수와 함께 도시 전체에 흐르는 사람들을 분열시키고 있는 과거에서 시작된 갈등과 관련된 이 음울한 주제는 나에게 데리에서의 희망이나 새로운 시작에 대한 작은 희망의 징조라도 찾기 어렵게 만들었다. 나는 이곳에 살고 있는 사람들이 지금도 여전히 이 도시를 분열시키고, 서서히 사람들이 교회를 떠나게 만드는, 과거의 역사와 서로간의 불화 속에서 어떻게 행복할 수 있고, 그들의 일상을 살아가는지 이해할 수가 없었다.

게다가, 나는 연안을 따라 위치해 있는 잘 알려진 평화와 화해 센터인 코리밀라에서 실습훈련생을 위한 부서의 장이 될 수 있는지 여부를 가리는 인터뷰를 엉망으로 한 상태에서 침통한 오후를 보냈다. 나는 내가 평화 작업에 관한 지식을 갖추었고, 그 직업을 위해 훌륭한 자격을 갖추고 있다는 점을 분명히 하면서 가장 재치 있고 인상적으로 보일 모든 준비가 되어 있었지만, 그 자리는 내게 과분하다는 걸 알았다. 나는 몇 가지의 의미를 알 수 없는 대답들을 반복했으며 더 지적이고 논리적이라는 인상을 주지 못한 것을 자책하고 있었다.

내가 이 음울한 생각들에 빠져 있는 동안 버스가 섰고, 버스 앞 쪽에 있던 한 노인이 내리기 위해 일어섰다. 비록 천천히 움직였지만, 그는 깔끔하게 옷을 입고 있었으며, 위엄 있는 분위기를 가지고 있었다. 그의 자세로 보아 그가 걷기가 힘들다는 점은 분명했다. 그가 조심스레 버스 문 앞에 도착했고, 문이 열렸을 때 말쑥하게 차려입은 그의 발이 버스의 젖은 바닥에 미끄러졌다. 그는 그만 균형을 잃고 바닥에 넘어졌다. 쿵 소리와 함께 등 쪽으로 넘어졌다. 순식간에 일어난 일에 된 버스 안은 갑자기 조용해졌다.

그때, 버스 앞 쪽에 앉아 있던 두 세 사람이 그들의 자리에서 벌떡 일어나 그를 일으켜 세우려고 재빠르게 그를 부축했다. 일단 몸을 바로 세우자, 그는 조금은 충격을 받고 당황한 표정으로 버스에 타고 있는 사람들을 돌아보며 잠시 서 있었다. 그때 이상한 일이 일어났다. 그는 그의 머리를 뒤로 젖혀가며 큰 소리로 웃기 시작했다. 그는 웃으며 큰 소리로 말했지만, 다른 누구에게 하는 말이 아니라, 자신에게 말하는 것 같았다.

"자, 자, 계속 움직여야지. 이정도 실수로 주저 앉을 수는 없잖아."

그는 인도로 걸어 나가 빗속으로 들어갔다.

나는 그 사람이 넘어진 것에도 놀랐지만, 그의 웃음에 더 큰 충격을 받았다. 여기에 은혜가 있다. 아마도 그 분은 북아일랜드 사람들은 어느 누구랑 비교해도 어리석지 않다는 점을 가르쳐 주는 듯 했다. 우리는 넘어진다, 우리는 다시 일어난다, 우리는 웃는다, 우리는 계속 움직인다. 그리고 우리는 우리 자신에게 은혜를 베푼다. 왜냐하면 웃음이 없다면 어떻게 우리가 우리 자신의 수치심을 처리할 수 있겠는가?

이 모든 것은 단 몇 초간의 순식간에 벌어진 일이었지만, 그날 이후로 나의 의식 속에 깊이 각인된 기억이 되었다. 내가 비에 젖은 길을 바라보고 있는 동안 버스는 나를 집까지 태워다 주었다. 일들이 내가 계획한 대로 풀리지 않아 혼자서 어림짐작하고 나를 책망하는 일들은 종종 있는 일이었다.

대체로, 나는 은혜에 관해 생각할 때, 내가 실패했거나 혹은 무언가를 받기에 부족했던 때를 떠올린다. 또한, 비록 내가 이러한 은혜의 선물들을 받을 만한 자격이 없었지만, 다른 사람들이 나에게 은혜와 용서를 베풀었던 때를 생각한다. 혹은 한 편으로, 나에게 잘못을 저지른 다른 누군가를 내가 기꺼이 용서했을 때, 나는 은혜의 전달자가 될 수 있는 것이다. 때로는 기독교 안에서, 우리는 은혜를 구원 받는 수단으로 이해한다. 그러나 은혜는 하나님과 그리고 예수 그리스도를 통하여 받을만한 자격이 없지만, 참회하는 사람들에게 주어지는 선물이다. 우리가 부족하지만, 그래서 그것은 받을 수 없지만, 우리에게 주어진다.

우리는 우리 자신에게 은혜를 베푸는 것에 대해서는 자주 생각하지 않는다. 이것이 우리가 하기에 가장 어려운 것들 가운데 하나라는 것은 당연하다. 나에게는, 내가 계획한대로 일이 잘 풀리지 않거나 내가 미끄러지거나 넘어져서 당황할 때, 나 자신을 용서하는 것보다 다른 사람들을 그들이 부족하다는 이유로 위로해주는 것이 더 쉽다.

버스에 탔던 그 노인은 수치심을 느끼며 도망치듯 그 자리를 떠나는 선택을 할 수도 있었다. 그는 정신적으로 자신의 서툰 걸음에 대해 자책하며 은혜를 맛보지 못한 채, 구경꾼들의 눈을 피해 버스 문을 지나 잰걸음으로 사라질 수도 있었다. 그러나 그는 그렇게 하는 대신에 웃었고 자신을 곤경에서 벗어나게 하였다.

마찬가지로, 나는 나 자신의 실수에 대해 기꺼이 웃어버리고, 나 자신이 숨을 쉬고 회복할 수 있도록 허락할 필요가 있다. 실패는 인간이 된다는 것의 일부분이지만, 한바탕 웃어젖히는 것은 우리에게 계속 움직일 수 있는 기회를 제공하고 이러한 고통스런 기억들을 사라지게 한다.

    우리는 넘어진다, 우리는 다시 일어난다. 우리는 웃는다. 그리고 우리는 계속 나아간다. 이것 역시 은혜이다.

한나 하인즈케어는 켈리포니아주 클레어몬트에서 남편 저스틴과 어린 딸, 엘레나와 함께 살며 일한다. 그녀는 미국 메노나이트 교회를 위한 회의 계획 조정자로 일하고 있고, 삶, 신학, 그리고 메노나이트가 되는 것에 관한 그녀의 블로그, 'The Femonite'를 운영하고 있다.

4 _ 부모 되기의 두려움

젠 에스벤쉐이드

"모든 만물 안에서 하나님을 볼 수 있는 마음의 상태는
은혜와 감사의 마음이 가져다 준 성숙의 증거이다."
- 찰스 G. 피니

우리 안에 연약한 존재를 창조하는 임신에는 무언가 특별한 것이 있다. 이 작은 생명은 사랑과 애정이 밖으로 흘러 넘쳐 만들어진, 우리의 심장이다. 우리와는 별개이며, 인생의 모든 위험에서 보호하는 것이 불가능한, 돌아다니는 우리의 심장조각을 돌보도록 부모로서 부름을 받았다.

그러나 이 부모가 되는 여정 속에서 하나님의 은혜, 하나님의 분에 넘치는 도우심이 나를 지탱해왔다는 것을 발견했다. 종종 일상의 에피소드들이 하나님의 뜻밖의 갑작스러운 간섭들로 채색된다. 친구의 적절한 위로의 말이 나의 기분을 바꾸어 준다. 내가 성경을 읽을 때 우연히도 적시에 그 필요한 구절을 읽게 된다. 가장 도움이 필요한 순간 더 많은 인내심을 보여주는 나의 남편이 있다. 이런 일들은 우리가 하나님을 자세하게 발견하기 보다는 우연으로

간주하게 만든다.

은혜는 나의 두 살 난 딸, 마일라 그레이스가 낮잠에서 깨어난 그날, 아주 명백해졌다. 내가 그녀의 방에 들어갔을 때, 나는 딸의 두 눈이 코 안쪽으로 모아진 것을 즉시 알아 볼 수 있었다. 믿을 수 없다는 듯이 바라볼 때, 마일라는 내가 왜 그렇게 이상하게 자신을 바라보는지 이해하려고 애를 쓰며 단지 "엄마"라고 부르는 것이 내게 보인 전부의 반응이었다. 나는 남편에게 전화를 걸었다. 그리고 이것이 도대체 무슨 일이며 당장 무엇을 해야 하는지를 알아보기 위해 병원에 전화를 걸었다. 아이를 의사에게 보여야 하는 일은 왜 항상 금요일 오후에 발생하는지…?

의사의 설명을 듣기 위해 전화를 기다릴 때, 우리는 이것이 큰 일이 아닐 것이라며 서로를 안심시키려고 노력했다. 마침내 저녁 여덟시가 가까웠을 때, 전화가 울렸다. 간호사가 매우 침착하고 친절하게 마일라를 응급실로 데려가야 한다고 조금은 단호하게 이야기했다. 나는 그렇게 오래도록 기다린 어리석음과, 그 때문에 치료가 더 어려워지는 상황을 가져온 것인지도 모른다는 생각에 눈물이 쏟아져 나왔다.

물론 그 날 저녁 응급실은 극도로 붐볐다. 나의 남편은 집에 남아서 아들을 돌볼 수밖에 없었고 나는 혼자서 이 모든 일을 처리해야 했다. 나는 망연자실한 채로 내 무릎에 누워있는 나의 심장인, 내 작은 딸을 끌어안았다.

모든 응급실이 만원이었기 때문에 우리는 할 수 없이 실험실로 사용되고 있는 대기실로 가야했다. 시간이 흐를수록 우리는 이 병원의 구석진 곳에서 점점 잊혀 가고 있는 것은 아닌가 하는 두려움이 엄습했다. 바로 그때 문이 열리고 은혜가 걸어 들어왔다.

내 아이들과 함께 "전업주부"로 지내던 시절, 나는 보조 교수로서 대학 스페인어 강좌를 맡았었다. 내가 매 학기마다 맡았던 한 강좌는 많은 다른 나라에서 온, 다른 임상배경을 가진 학생 간호사들을 위한 스페인어 수업이었다. 그 강좌는 언제나 적은 규모였고, 내가 가르치는 학생들은 전체가 75명 정도였다. 우리 지역에서 많은 다른 병원들과 진료소들이 있는 가운데 그들의 교대 시간과 맞춰 일하는 병원 부서들을 고려해 보면 75명 중 한 명의 학생을 우연히 만나게 될 통계적 가능성은 거의 불가능에 가까웠다.

그런데 바로 그 때 그가 서 있었다. 나의 아기가 괜찮다고 안심시켜줄 필요가 있는 바로 그 순간 친숙한 얼굴이 있었던 것이다. 기본적인 신경학적 검사를 마친 후, 그는 아이의 눈이 왜 갑자기 그렇게 되었는가에 대한 여러 가능성들을 설명해 주러 나에게 왔다. 그는 응급실이 그날 밤 밀려든 환자들로 만원이 되었고 단 두 명의 의사가 근무하고 있기 때문에 우리가 기다릴 수밖에 없었던 이유도 설명해주었다.

의사가 들어왔을 때, 그 순간 하나님께서 나를 안심시켜 주시는 순전한 은혜 속에 있음을 깨닫고 웃을 수밖에 없었다. 의사의 청진기에서 나는 미국 메노나이트 교회의 상징을 보았다. 뚜렷한 녹색 비둘기 형상이었다. 어리석게 보일지 모르지만, 메노나이트 신자로서 이것은 하나님이 나의 아이와 나를 돌보시고 계신다는 확신을 주는 징표처럼 보였다.

그날 밤, 우리는 아이의 눈의 문제가 근육이 너무 오랜 시간 강하게 긴장되어 있었기 때문에 피곤해서 오는 일시적인 현상이었다는 것을 알게 되었다. 월요일에 소아안과를 들렀고, 마일라의 두 눈에 안경이 부착되었다. 그러나 하나님의 풍성한 은혜의 수업은 그날 저녁이후로도 끊임없이 계속 되었다.

하나님의 계획은 종종 무늬를 놓은 양탄자에 비유된다. 아래쪽에서 우리는 단지 어떤 모양이나 조화도 맺지 못한 가닥의 덩어리밖에 보지 못하지만,

위로 가면 그 똑같은 가닥들이 형용할 수 없는 아름다운 도안으로 결합된다. 인생의 뒤섞인 사건의 가닥들이 어떻게 이런 그림으로 나타나는가를 오랜 시간동안 지켜보는 것은 완전한 전체 속으로 함께 조화를 이루게 할 것이다. 그 관계들은 하나님의 은혜로 함께 엮어진다. 그리고 그것은 인생의 가장 힘겨운 사건들까지도 회복시켜준다.

나 역시 어떻게 이 인생의 그림이 하나님 앞에서 조화를 이루게 될지 기대하곤 했다. 나는 내 인생의 조각들이 각각 제자리에 맞추어지게 된 것을 보고 싶은 바람이 있었다. 그리고 그때 나는 아이들을 가졌다.

나는 완전한 그림을 빨리 보는 것을 원치 않았다. 왜냐하면, 완전한 그림의 영향력은 내 심장이 감당하기에 너무 컸기 때문이다. 조각들은 너무 끔찍해 보이고 오직 은혜 위에만 서 있을 수밖에 없는 나 자신을 발견했다. 부모가 된다는 것은 그런 것이기 때문에, 은혜는 날마다 끊임없이 흘러오는 것이 아니겠는가?

젠 에스벤쉐이드는 남편, 웨이드와 두 자녀, 데빈과 마일라와 함께 펜실베니아주 뉴 홀랜드에 있는 유기농 농장에 산다. 학기 중에 그녀는 랑카스터 메노나이트 학교에서 스페인어 집중 프로그램 과정의 신입생들을 가르친다.

5 _ 우리는 모두 하나

라이언 듀엑

몇 년 전, 나는 목회학의 첫 일 년 과정에 재학 중인 신선한 신대원생이었다. 나는 신기하고 반가운 곳에서 예상치 못한 교훈을 배울 수 있었고 하나님의 은혜가 이 세상에 드러나는 방식을 보게 되었다.

어느 날 아침, 우리 교파의 한 교회에서 나를 초청 강사로 불렀다. 그곳은 고학력자들인 화이트칼라들로 구성된 공동체였다. 예배는 매우 경건하고 격식을 갖춘, 잘 구성된 예배였다. 교회 안에는 아름다운 예술작품들이 있었고, 노래를 부를 때에는 높은 수준의 음악적 기교가 돋보였다.

예배의 주제는 갈라디아서 3장 26-29절을 본문으로 하는 "공동체로의 부름"이었다. 나의 설교는 복잡하지는 않았다. 기본적인 생각은 우리가 부름 받은 기독교 공동체의 모습은 인종, 성, 사회적 지위, 나이에 상관없이 모두가 환영받는 곳이라는 것이었다. 그 메시지는 아주 잘 받아들여지는 것 같이 보였고, 예배 후에 나는 약간의 격려와 즐거운 대화들을 나누었다. 그 첫 해에 초청 강사로 설교를 마치고 떠날 때, 대개는 실수하지 않았고 대중 앞에서 바보가 되지 않았다는 사실에 스스로 감동하곤 하였다. 하지만, 그날은 정말 조금도 염려하지 않은 채, 모든 경험을 즐길 수 있었다.

그날 늦게 나는 지역 교도소에서 수감자들과의 두 차례의 예배를 위해 고향으로 돌아왔다. 분명히 이것은 내가 그날 아침에 드렸던 예배와는 많이 달랐다. 수감자들은 그들의 붉은 죄수복을 입고 드문드문 왔다. 그 옷은 그들이 우리들과 "분리된 자"들임을 분명하게 깨닫게 하였다. 그들은 장식이 거의 없는 예배당에서 자신들의 자리에 앉았다. 몇 곡의 노래를 불렀는데, 대부분 음정이 틀리고 열정도 다양하였다. 죄수들 가운데 두 사람이 더듬거리며 성경을 봉독하였다. 원목은 형식에 구애받지 않는 설교를 하였다. 기도 시간이 있은 후 몇 곡의 노래와 축도가 있었고 마지막으로 과자와 커피를 먹는 시간이 있었다. 간수가 수감자들을 그들의 방으로 호송하기 위해 도착하기 전, 급히 대화를 하고 음식을 먹었다.

갈라디아서 3:28에서 바울은 이렇게 쓰고 있다.

"다 그리스도 예수 안에서 하나이니라."

하지만, 어떤 면에서 수감자들의 세상과 그날 내가 전에 갔었던 교회의 세상은 "하나"로 보이지 않았다. 바울은 우리가 구분하기 위해 사용하는 선들이 그리스도 안에서 폐지되었다고 말한다. 그러나 나는 그날 매우 실제적으로 그 벽들을 느꼈다. 우리는 교회 안에서조차 여전히 매우 분명한 벽들을 가지고 있다. 교육 받은/받지 않은, 화이트칼라/블루칼라, 격식/비격식, 자발적 참가자/수감자, 내부/외부. 이런 매우 다른 경험들을 회상할 때, 인간들 가운데 그리스도가 만들어 놓으신 하나 됨은 현재의 실제라기보다는 미래의 희망처럼 보였다.

그러나 이 미래의 희망이 현실 속으로 뚫고 들어오는 것을 힐끗 보게 되는 순간들이 있다. 분열과 의심으로 가득 찬 우리의 세상 안에 은혜가 그 갈라진 틈으로 나타난다. 교도소의 두 번째 예배에서 원목은 그의 설교의 일부분으로, 그의 아버지가 약으로 연명하고 있어 자신의 아내와 딸들을 위해 먹을 것을 줄 수 없는 경험을 수감자들과 나누었다. 그리고 빵을 위해 하루에 여섯 시간씩 기도하는 아프가니스탄의 한 작은 소녀에 관한 CNN의 뉴스를 읽어주었다. 그것은 가슴이 찢어지는 이야기였지만, 그것을 읽는 그 시간에는 별로 충격적이지 않았다.

내가 생각하기에 그랬다. 하지만, 기도 시간에 한 크고 붉은 얼굴을 가진 젊은 사람이 다음과 같이 크게 기도했다.

"안녕하세요? 하나님. 또 저 타일러입니다. 저는 화요일에 출소합니다. 그 시간에 잘 나갈 수 있도록 저를 도와주세요. … 저의 필요를 채워주시고, 제가 갈 수 있는 길을 보여주시고, 저와 제가 사랑하는 이들을 보호해 주세요. 제발 저를 지켜주세요, 하나님. 그리고 하나님, 아프가니스탄에 있는 이 소녀에게 빵을 좀 주십시오. 나는 부엌에서 일합니다. 그리고 매일 많은 빵들이 쓰레기통에 버려진다는 걸 알고 있습니다. 그것은 끔찍한 일입니다. 우리는 그러지 말아야 합니다. 우리가 매일 버리는 빵의 양은 아마도 그 마을 전체를 먹일 수 있을 것입니다. 하나님, 저는 그 애가 우리 빵 가운데 얼마만큼의 양을 필요로 하는지 모릅니다. 제발, 이 작은 소녀에게 빵을 좀 주십시오."

그것은 진리와 하나님 나라의 권능이 빛나고, 평범한 인간성이 우리를 분리하기 위해 만들어 놓은 벽들과 분열들보다 강하고 지속적임을 보여주는, 소중한 은혜에 젖는 순간이었다. 나는 아침에 그리스도 안에서의 하나 됨에 관해 설교했지만, 진짜 설교는 그날 늦게 어떻게 그리스도의 사랑이 인간들 사이의 벽들을 허무는가를 보여주는 단순하고, 실제적인 표현을 목격했을 때 이루어졌다.

우리 모두는 그리스도 안에서 정말 하나인가?

정말로 우리들은 모두 하나이다.

박사 후 과정까지 올라가 있는 사람들, 그리고 지난 십 년 동안 다섯 번 교도소에 간 사람들. 그들의 기도가 신학적 진리에 있어 감명적이고 풍부한 사람들, 그리고 이번에는 단지 출감하기만을 바라며 필사적으로 도움을 청하는 기도를 하는 사람들. 아름다운 4성부 화음으로 장엄한 찬양을 하는 사람들, 그리고 음도 맞지 않고 성의 없이 비틀거리며 단순한 제창을 부르는 사람들. 미적으로 만족스러운 예배당에서 깨끗하고 편안하게 예배를 드리는 사람들, 그리고 낡은 피아노와 단순한 나무 십자가 밖에 없는 콘크리트 방의 플라스틱 의자에 앉은 사람들. 여분의 빵이 있는 사람들, 그리고 그 여분의 빵마저도 간절히 바라는 사람들.

라이언 듀엑은 캐나다 남부 앨버타에서 아내 나오미와 쌍둥이 클레어와 니콜라스와 살고 있다. 그의 블로그는 www.rynomi.wordpress.com이고 최근에는 시끄럽고 갈등이 많은 문화 속에서 평화, 소박함, 그리고 그리스도의 복음의 희망을 구현할 방법을 찾는 작은 메노나이트 교회를 이끌며 섬기고 있다.

6 _ 찻잔

알란 스터키

2009년 캔자스 주 하퍼 교회에서 내가 목회를 시작한지 얼마 안 되어, 1980년대에 내가 메노나이트 중앙 위원회에서 일하는 동안 알게 된, 볼리비아에서 온 몇 명의 지체들을 만났다. 그들은 우리 교회가 볼리비아의 산타크루즈 주변에 있는 교회들과 연결되기 시작하는 것을 도왔다. 처음에는 단순히 서로를 위해 기도하였다. 캔자스의 교회에서 산타크루즈로 몇 번의 봉사 여행이 있었지만, 주로 단순하게 캔자스와 산타크루즈 교회들 사이의 상호 관계를 구축하기 위한 것이었다.

2010년에 나는 우리의 청년 그룹을 대동하고 구아르데리아 사무엘리토 Little Samuel Daycare에서 봉사하기 위해 여행을 떠났다. 그 여행은 멋진 서막이었고 그것은 나에게 우리 교회가 그들과의 교제를 심화할 필요가 있다는 강한 느낌을 남겨주었다. 그래서 몇 주 동안 우리는 캔자스에서 볼리비아 메노나이트 교회에서 온 목사들 가운데 한 사람인 레오니다스 소씨도 Ona를 대접했다. 그 기간 중에 나의 아내는 "내가 이걸 말하는 걸 후회할지도 모르지만, 당신이 내년에 안식년을 맞으면 볼리비아에 가는 게 좋겠다고 생각해요."라고 말해 주었다.

비록 이것이 우리가 거의 6주간 헤어져 있어야 한다는 것을 의미하지만, 아내는 나와 우리 교회 모두를 위하여 이 관계를 강화하는 것의 중요성을 너무나 잘 인식하고 있었다. 그래서 나는 교회 성도들과 논의하기 시작했고, 계획을 짜고 집중적으로 전력을 다해야 하는 스페인어 강좌도 들었다.

마침내 작별 키스를 하고 산타크루즈로의 여행을 떠났다. 도착했을 때, 우리 교회의 연인인 젊은이들과 오나 그리고 그의 아이들의 따듯한 환영을 받았다. 그들은 영어를 거의 모르고, 나는 스페인어를 거의 몰랐지만, 그럼에도 불구하고 우리는 서로를 안고 입맞춤으로 인사를 나누었다. 오나의 집에 도착했을 때, 그의 아내는 내가 머물 방을 보여주었다. 에어컨이 설치된 유일한 방이었다. 점심을 차리면서, 그녀는 나에게 무엇이든 필요한 것이 있으면 말하라고 하였다. 그녀는 손님이 편안함을 느낀다면 그것이 자신이 편한 것보다 더 좋다고 했다. 어쨌든, 정말 가장 따뜻한 영접이었다.

몇 주간을 더 지내면서, 나는 내가 오나와 그의 가족에게서 받은 대접이 일상을 벗어난 것이 아니라는 사실과 단순히 기존의 관계 때문도 아니라는 것을 발견했다. 날마다 우리는 새로운 사람들을 만났다. 많은 경우 그들의 집으로 초대를 받았다. 그때마다 나는 열린 마음으로 기쁨 가운데 환영을 받았다. 그 정점은 내가 오나의 어머니의 집으로 다른 가정들과 함께 초대되었을 때였다.

일요일 저녁이면 오나의 가족들은 함께 모였고, 각 가정마다 가지고 있는 특별하게 전해진 전통에 따라 빵을 구웠다. 집 자체는 수수했다. 볼리비아 사람들의 입장에서는 멋있겠지만, 북미 사람들의 눈에는 매우 초라했다. 나는 외국인 바보 같다고 느끼며 오나를 따라 모든 사람들이 모여 있는 마당으로 들어갔다. 모두에게 인사한 후에 곧 모두의 관심이 나에게 집중된 것처럼 느껴졌다. 모두가 앉을 수 있을 만큼 의자가 충분하지 않았지만, 나는 의자 가운데 하나에 앉도록 배려를 받았다. 그들은 갓 구운 신선한 빵과 향기로운 옥수수 과자가 높이 쌓인 접시들이 놓인 식탁을 내 옆에 놓았다. 나는 가능한 많이 드시라는 말을 들으며 그 음식들을 먹기 시작했다. 그들은 나에게 커피나 차를 원하느냐고 물었다. 나는 커피가 좋겠다고 대답했다.

따뜻한 비스킷 몇 개를 우적우적 맛있게 먹은 후, 나는 접시와 완벽하게 잘 어울리는 하얀 찻잔을 제공받았다. 젊은 여인이 그 찻잔을 나에게 건넬 때, 나는 그들이 집 전체에 가지고 있던 것들 중 가장 멋진 중국 도자기 잔을 나에게 주었다는 것을 알았다. 나는 그저 그들의 집에 예고 없이 나타난 이방인에 불과할 뿐인데 나는 그들이 줄 수 있는 최고 중에 최고를 받았던 것이다. 그것은 단순히 내가 친밀한 가족 모임이 있는 동안, 그들의 집에 온 것을 환영했던 것이 아니었다. 그들은 나를 위해 붉은 양탄자를 깔아주었다. 이방인으로서 나는 영광스런 손님이 되었던 것이다. 살진 송아지가 나를 위해 도살되었던 것이다. 나는 특별한 "이방인"이 아니었음에도 모든 손님들이 나와 같은 환영을 받았다는 사실을 알았다.

마태복음 25장에서 예수님은 "내가 이방인이었을 때 너희가 나를 환영하였다"고 말씀하셨다. 나는 환대가 모든 그리스도인들을 위한 명령이 되어야 한다고 믿고 있었지만, 지금까지 단지 거의 최소한으로 반응해 왔다는 사실을 깨달았다. 종종 의무감으로 이방인을 대했다. 내가 할 수 있는 최선을 다하여 기쁨으로 섬기려고 이방인을 주의 깊게 찾아 다니지 못 했던 것이다.

알란 스터키는 캔자스는 하퍼에 있는 Pleasant Valley Mennonite 교회의 목사이다. 괴셀 고등학교, 베델대학, 메노나이트 연합신학교에서 공부했다.

다리

7 _ 은혜로 부드러워지다.

멜로디 밀러 데이비스

내가 열일곱 살이고 고등학교 3학년을 막 시작하려 할 때, 나의 가족은 픽업트럭과 이삿짐 트레일러에 짐을 싣고 인디애나에서 1,400km 떨어진 북 플로리다로 이사했다.

북부 플로리다는 라우더데일 혹은 마이애미의 해변 문화의 관점에서 남부 플로리다로부터 몇 광년이나 떨어진 곳이었다. 북 플로리다는 조지아나 앨라배마의 시골에 사는 것과 더 비슷했다. 억양에서 태도에 이르기까지 모든 면에서 최남단이었다.

그 해는 1969년이었다. 베트남 전쟁이 한창이었고, 공립학교의 완전한 인종 차별이 없어진 첫 번째 해였다. 로버트 케네디와 마틴 루터 킹 주니어가 이에 관련되었다는 이유로 암살되었다.

나는 전학생이었다. 나를 째려보며 "빌어먹을 양키. 너희들은 이곳에 있을 필요가 없어. 만일 우리가 다시 전쟁을 한다면, 이번에는 우리가 이길 거야"라는 말을 내뱉던 한 소년을 아직도 기억한다. 그리고 그가 말하던 것은 베트남 전쟁이 아니었다.

우리는 "아메리카주의 대對 공산주의"라고 부르는 정부 수업을 들었고, 디킨슨 선생님은 날마다 정부, 종교, 자유, 앨라배마 대학 축구의 운명, 그리고 사냥에 관해 이야기하곤 했다.

나는 북부에서 온 새로운 전학생일뿐 아니라 메노나이트교인으로 즉각 분류되었다. 모든 사람들이 메노나이트교인들이 다르다는 것을 알았다. 메노나이트들 가운데 몇 사람은 다른 옷을 입기도 하지만, 나를 포함한 나머지 사람들은 주로 우리의 믿음 때문에 달리 보였다.

나는 내 친구들의 대부분, 선생님들, 그리고 이웃들이 메노나이트, 형제단, 아미쉬, 혹은 보수적인 메노나이트가 사는 장소 가운데 한 곳인 인디애나, 고센 가까운 곳에서 그 외의 세상과는 분리된 삶을 살았다. 나는 고등학교 첫 3년을 메노나이트 고등학교에 다녔고, 수많은 친구들과 즐겁게 지냈다. 우리가 이사하기 전까지 나의 가장 큰 위기는 나의 오랜 남자 친구와 잠시 동안 떨어져 있어야 하는 것이었다.

그래서 비록 처음에는 이사에 관해 흥분했지만, 일단 새로운 곳에서는 고립, 외로움, 그리고 나의 대부분의 동료들과 다르다는 이질감을 느껴야 했다. 내 생애 처음으로 나는 학교 가기를 싫어하고 두려워하였다.

디킨슨 선생님은 종교적인 사람들과 마주치면 예민한 반응을 보였다. 주로 그는 그들이 위선 덩어리라고 생각하며, "주일에는 조~은 신자이지만 토요일 저녁에는 술이 떡이 되어 집에 돌아가는 그런 것들이라는 걸 몰라? 어휴!"라고 말하곤 했다.

새로운 남부 이주자로서, 나는 그의 이야기들에 여전히 매료되었다. 어떤 고등학생이 과제 독서 논쟁에 힘을 쏟는 것보다 믿기 어려운 이야기들과 강력한 확신에 찬 이야기들을 듣는 것을 좋아하지 않을 수 있겠는가? 그 당시 그의 논리와 의견들은 사리에 맞았고, 그는 사냥개와 앨러바마 축구보다 더 깊은 생각을 하고 있다는 것을 나는 알 수 있었다. 그는 결국 그 도시 신문의 편집자가 되었다.

디킨슨 선생님은 내 믿음의 배경에 관해 알게 해주었고 "공산주의자들이 우리나라를 쳐들어온다면 메노나이트들이 어떻게 공산주의자들을 막아낼 수 있을까?"와 같은 질문들로 나를 붙들고 긴 이야기를 하였다. 내가 대답하기가 어려웠을 때 나의 얼굴이 화끈거렸던 것을 기억한다. 나는 "착한" 소녀가 되도록 양육되었기 때문에 결코 그것이 나를 따돌리는 일이거나 괴롭히는 것이라거나 혹은 교실에서 나를 적대적인 사람으로 만들고 있다는 것을 눈치채지 못했다.

우리 메노나이트 가정에서 삶을 인도하는 확고한 규칙들 가운데 하나는 주일은 안식을 위한 날이라는 것이었다. 주일에는 짐승들을 돌보는 것과 같은 꼭 필요한 집안일과 요리하고 설거지하는 "여성들의 일"만을 하였다. 지도자로서 아버지는 월요일까지 트랙터를 몰거나 그 외의 어떤 일도 하지 않았다.

그러나 캘하운에서 사람들을 위한 휴식의 날은 사냥꾼들이 그들의 사냥개들을 데리고 사슴을 찾기 위해 정찰하러 가는 날이기도 했다.

가을 어느 일요일 오후에, 허리케인이 불어오는 시기로 땅이 푹 젖었을 때, 아버지는 들판의 진흙에 빠진 자동차의 헛바퀴 도는 소리를 들었다. 아버지는 묵묵히 나가 그의 트랙터에 단단한 체인을 싣고 들판 사이를 지나 그 소리의 진원지에 도착했다.

뜻밖에도 아버지가 만난 사람은 트럭이 진창에 빠져 고전하고 있는 디킨슨 선생님과 그의 사냥개였다.

아버지는 재빠르게 진흙에서 트럭을 끌어냈다. 나는 아버지가 이웃들이 트랙터 위에 앉은 자신을 보고 그가 주일에도 일을 한다고 판단하는 것에 대해 걱정했는지 안 했는지를 알 수 없다. 그러나 아버지는 나에게 학교 선생님을 발견해서 그를 구해주었다고 말했다.

월요일 아침 디킨슨 선생님은 그의 수업을 "나는 어제 나의 사냥개 레드와 로우디와 함께 사냥 중이었는데…"라는 말로 시작했다. 그리고 우리는 시민론, 정부, 그리고 종교로부터 화제를 돌려 새로이 관계를 만들게 되었다.

"에, 나는 밀러의 농장 가까이 있었지"라고 그는 나에게 목례를 하며 말했다. "그때 우후! 헤! 아이씨! 낡은 트럭이 제기랄 수렁에 빠져서 움짝달싹 못하게 되어 방법이 없었어. 트럭을 앞뒤로 왔다 갔다 했지, 물론 염병할… 더 빠지고 말았지, 그리고 나는 내가 아무것도 할 수 없다는 걸 알았지. 나는 시내에서 13km나 떨어져 있었어."

"한참을 씨름하고 있는데 트렉터 소리가 나더군. 트랙터를 타고 온 사람은 바로 밀러씨였어. 일요일인데 말이지. 그는 체인을 트럭에 걸어 당장 그곳에서 나를 꺼내주었지."

"자, 이 불쌍한 늙은 선생이 진흙에서 빠져나오는 것을 도운 것에 대해, 그의 이웃들이 그가 일요일에 일하지 말아야 한다는 규칙을 어겼다고 생각하는 것을 개의치 않는 사람이 좋은 그리스도인이다."

그는 나를 향해 "나는 어제 일을 결코 잊지 않을 것이야, 밀러양. 너는 좋은 아버지를 뒀구나. 만일 모든 사람들이 교회 다닌다는 것이 이와 같다면 우리는 모두 더 잘 살게 될 거야. 그것이 바로 그리스도인의 사랑이야. 내 대신 그에게 다시 감사하다는 말을 전해다오, 알았지?"

그리고 디킨슨 선생님은 결코 나의 아버지의 단순한 친절의 행위를 잊지 않았다. 그는 그 해의 나머지 종교 토론에서 종종 그 경험을 언급하였다. 나는 "시험"을 덜 받았고 믿음의 전통에 대해 덜 의심하였다.

규범적인 일요일 규칙에도 불구하고 도랑에 빠진 누군가를 돕기 위한 아버지의 은혜의 다리는 그날 까다로운 선생님의 편견을 부드럽게 만들었다. 그리고 그들이 어떤 의견들을 표현하든, 그들이 어디에 살든, 모든 사람을 더 많이 받아들이려면 자신을 개방할 필요가 있었던 이 젊은 독선적인 북부인인 나 역시 그렇게 만들었다. 나는 아버지가 트랙터를 타고 나갈 때 자신을 은혜의 전달자로 여겨서 그일을 했다고 생각하지는 않는다. 하지만, 디킨슨 선생님이 가졌던 그리스도인들, 평화주의자, 그리고 메노나이트들에 대한 생각은 달라졌다.

멜로디 M. 데이비스는 버지니아 주, 해리슨버그에 사는 메노나이트 미디어매체의 작가/제작자이다. 그녀는 특약 칼럼을 쓰고 있고, 8권의 책을 썼다. 가장 최근 작품은 『식사에 무슨 일이 일어났는가? 가정의 식사 시간을 위한 레시피와 반성』 (2010: Herald Press).이다. 멜로디는 블로그, www.FindingHarmonyBlog.com 을 운영하고 있다. 그녀와 남편은 가정교회인 삼위일체 장로교회의 교인이다.

8 _ 그들도 그를 사랑하였다

린다 홀링거 얀센

메노나이트 목사이며 오랫동안 메노나이트 기관 직원인 존 포웰은 그의 아버지 존 시드니가 1948년 가졌던 KKK단원들과의 대면을 회상한다.

*   *   *

존 시드니는 앨라배마 주, 히숍 가까이 있는 그의 농장에서 자른 목재들을 부도난 수표를 받고 KKK단 멤버에게 팔았다. 존 시드니는 이 불의에 대해 침묵하지 않았다. 무장한 KKK단원 가운데 몇몇 사람들이 자신의 집으로 가고 있다는 것을 알았을 때, 존 시드니는 존이라는 똑같은 이름을 가진 그의 일곱 살 난 아들을 안전을 위해 이웃집으로 보낸 후 계획을 세웠다.

그 단원이 포웰의 집 현관 앞에 나타났을 때, 부정한 수표를 발행한 사람은 존 시드니에게 외설스러운 욕을 해대며 나오라고 소리를 질렀다. 존 시드니는 밖으로 나왔다. 침착하게 두 자루의 총을 들고 그는 문으로부터 걸어 나왔다.

KKK단원 가운데 하나가 총을 내려놓으라고 명령했고, 존 시드니는 그에 대해 "더 이상 행동하기 전에 주변을 둘러보는 것이 좋을 거야"라고 말했다.

그들은 존 시드니의 아내, 윌리 매가 창문으로 한 KKK단원에게 라이플을 겨누고 있고, 아들들과 친척들이 더 많은 총을 가지고 창문마다, 그리고 지붕과 나무들 뒤에 자리 잡고 있다는 것을 알게 되었다. 무장 대원들 속에서 소리를 질러대던 사람의 시끄러운 허세는 조용하게 사그라졌다.

그 단원들이 정신을 차리고 잽싸게 포웰의 집에서 물러나자 그 긴장은 깨졌다. 곧 그곳에는 KKK단원들이 거기에 있었다는 것을 보여주는 탈진한 분위기만이 남았다. 며칠 후에 존 시드니는 현금으로 그 목재에 대한 값을 제대로 받았다.

'나는 평화주의자의 유산 속에서 자라지 않았다'고 존 포웰은 회상한다. "폭력에서 비폭력으로의 느린 변화는 내가 평화를 실천하는 사람들에게 둘러싸여 있었기 때문에 가능했지. 저항들이 비폭력으로 이루어졌을 때 나는 사람들과 국가 속에서 변화의 분위기를 보았거든."

포웰이 처음으로 마틴 루터 킹 주니어와 이야기했을 때 그는 고등학생이었다. 그 다음 4년 넘게, 그는 킹의 지도하에 양심적 병역거부자가 되었다.

"마틴의 가르침 중의 하나는 그들이 왜 적이 되었는지를 알아야 해"라고 포웰이 말한다. "그는 만일 우리가 양심적 병역거부자라면 우리 자신들을 역사적 평화 교회와 연결할 필요가 있지"라고도 했다.

평화 교회의 여러 선택사항 가운데서 포웰이 세 곳의 미시건 지역에서 만나고 함께 일했던 자원봉사자의 영향 때문에 메노나이트교회를 택했다. 그 사람들 가운데 한 사람인, 인디아나 주의 코코모에서 만난 셜리 호흐스테들러는 후에 그의 아내가 되었고 사역의 동반자가 되었다.

인종차별은 사회 속에서만 있었던 것은 아니었다. 교회에서도 경험되었다. 존은 메노나이트 교회의 소수인권위원회 Minority Ministries Council 에서 종사하였다. "감사하게도, 나는 조금은 급진적이었어. 나는 와이셔츠에 넥타이를 매지 않았지. 나는 아프리카의 전통 의상 '대쉬키스'를 입었어. 나는 회중의 수준에 맞는 설교를 했고 성도들이 서로의 얼굴을 마주볼 수 있도록 자리를 재정리하였지. 나는 위치타캔사스 폭동이 일어났던 바로 그 자리에 화해 센터를 조직하기도 하였고"라고 포웰은 말했다.

포웰의 위치타에서의 사역은 그가 인디아나 주, 엘크하트의 소수 정책 위원회의 사무총장으로 초청받기 전까지 일 년 간 지속되었다. 이 지위에 있는 동안 그는 아프리카계 미국인, 라틴 아메리카 사람들, 그리고 미국 전역에 있는 미국 원주민 위원회들 안에 있는 메노나이트 회중들의 지위를 향상시키는 구체적인 방식들을 제시하는 문서를 만드는 일을 했다. 1969년에 포웰은 오리건 주, 터너에 있는 많은 교회들의 모임에서 그의 제안들을 제시하였다.

"만일 내가 전에 지옥에 있다고 생각했다면, 지금은 더 심한 지옥에 있어"고 포웰은 말했다. "한 형제가 아침에 일어나, '만일 우리가 존 포웰이 설교한 대로 한다면, 그 다음날 아침 교인들은 나를 설교단에서 쫓아낼 것이며 저 깜둥이를 거기에 세울 거야'라고 말했다."

인종차별주의자들로 이루어진 메노나이트 교회 안에서 5년 동안 일하기 위해 노력한 후에 포웰은 화가 나고 의기소침해졌다. "나는 메노나이트 교회를 떠나 결코 다시는 돌아오지 않을 것이라고 선포하였다."고 포웰은 말한다.

그러나 그 다음 이십년 넘게 미국과 국제적인 대여섯 개의 교단에서 사역하면서 그는 단계적으로 그가 그토록 사랑했던 메노나이트 교회로 되돌아왔다.

"나는 메노나이트 교회로 되돌아왔어"라고 포웰은 말한다. "나를 죽을 때까지 사랑했던 사람들은 형제들과 자매들이었지. 그들은 만남으로 나를 초대하였고 그들은 나에게 귀를 기울였어. 그들은 시민의 권리들을 위한 투쟁 안에 점차로 참여했어."

그의 생애를 통해, 포웰은 그가 설교해온 화해의 사역을 실천해왔다. 한때는 그의 오리건 회의의 반대자였던 사람까지도 형제로 받아들였다. 케냐에서 아프리카와 아프리카계 미국인 신학자들 사이의 대화를 격려하기 위하여 열렸던 회의 기간 동안, 그는 아프리카 말로 셉세베 사만타, 즉 모으는 사람이며 피스메이커라는 세례명으로 불렸다. 그 이전 소련에서는 한 러시아 그리스도인이 그에게 특별한 십자가를 선물했는데, 존은 그것을 그가 새로운 소명과 정체성을 발견함으로 그의 삶 안에 일어난 엄청난 변화의 상징으로 간직했다. 이제 그는 대량의 십자가 수집품들을 가지고 있고 여전히 와이셔츠나 넥타이보다는 그것들을 매곤 한다.

이제 은퇴한 존은 용기, 열정, 그리고 "일흔 번씩 일곱 번 용서하라"라는 주님의 말씀을 그의 사역에 가져왔다. 그는 이러한 특징들을 상속받았다. 그는 나머지는 다 하나님의 은혜의 선물이라고 말한다.

흑인인 존 포웰은 목사로 봉사했고 60년대 이래 다양한 기관, 대학 그리고 교회의 배경을 가진 곳에서 일했다. 1995년에 그는 그가 계속해서 가르치는 서부 뉴욕에 있는 휴스턴 대학에서 사역 훈련 프로그램을 위한 행정을 제공하면서 메노나이트 선교 위원회와 함께 복음과 교회 발전 감독으로서 일하는 지위를 수락하였다. 포웰은 2002년에 메노나이트 선교 네트워크가 된 선교 기관과 함께 다양한 관리자의 능력으로 봉사했다. 비상근일 때, 그는 교회 관계 협력과 선교 동원가로서 일했고, 이제 그는 진짜 은퇴를 즐기고 있다.

린다 홀링거 얀센은 메노나이트 선교 네트워크의 작가이다.

9 _ 예수님의 길 위를 걷다.

사라 톰슨

엘리자베스리즈와 내가 그날 밤 머물기로 한 호텔까지 걸어서 도착하려면 단 몇 킬로미터가 남아있었다. 우리는 이스라엘 군부대의 옆을 지나야만 한다는 것을 알고 있었다. "예수님의 길"이라는 가이드북은 그 지역을 우회하라고 경고했다. 우리는 안전하게 그곳을 지날 수 있게 해달라고 조용히 기도했다. 이것은 예수님의 길을 걷는 우리의 첫 번째 날이었다. 우리는 그날 아침 나사렛에서 헤어졌고 전설적인 도시 가나에서 점심을 먹기 위해 멈추었다. 메시아의 발자국을 따라 걸으며, 예수님이 자랐던 시골과 경치를 감상했다.

우리가 부대의 가장자리를 따라 걷기로 했을 때, 멀리 있는 낡은 군용 트럭들을 볼 수 있었고, 군인들이 그 주변을 걸으며 둘러싸고 있었다. 우리가 군기지를 거의 다 지나갈 무렵 고함소리와 호각 소리가 군용 트럭들과 이스라엘 군인들이 있던 곳에서 부터 들려왔다.

우리는 멈추어 뒤를 돌아다보았다. 나는 겁에 질린 리즈를 보았다. 그녀는 애써 미소 지었다. 나의 해외 경험은 이런 상황, 즉 모르는 낯선 곳에 온 두 젊은 여성들을 무기를 장착한 남자들이 부르고 있다면 손만 흔들고는 반대 방향으로 계속 걸어가야 한다는 것을 상기시켜 주었다.

나는 이 상황이 그렇게 안전한 상황이 아니라는 것을 리즈에게 알릴 수가 없었다. 그녀는 그 상황에서 이스라엘 군대의 생각을 듣기로 결정했다. 우리는 가열된 헤브론/ 알 카릴 주변에 있는 그리스도인 피스메이커 팀 사무실을 방문하고 돌아오는 길이며 예루살렘 북부로부터 갈릴리로 여행 중이었고, 모든 사람들은 최근 발생한 사건 때문에 신경이 곤두서 있었기 때문에 나는 불안했다.

리즈는 우리가 하나님의 보호 아래 있고 우리는 예수님의 길 위에 있기 때문에 예수님이라면 하셨을 방식대로 해야 한다고 생각했다. 그분이라면 군인들에게 다가가 말씀하셨을 것이다. 나는 그녀를 열심히 바라보았다. 우리는 우리를 향해 아직까지 호각을 불며 고함을 치는 곳을 향하여 돌아섰다. 우리 둘은 둘 중 누군가가 불안을 느끼는 즉시 떠나자는 신호로 보내자고 암호까지 정했다. 나는 높은 관목, 무기, 지는 해와 같은 주변 환경을 쳐다보았다. 그리고 시편 19편 14절을 읊조렸다. "나의 반석이시오 나의 구속자이신 여호와여 내 입의 말과 마음의 묵상이 주의 앞에 열납되기를 원하나이다."

군인들이 우리가 접근하는 것을 집중하며 보고 있었다. 영어를 말할 수 있는 사람들이 영어를 못하는 다른 사람들을 위해 통역을 했고 그들은 우리에게 맹렬하게 질문을 퍼부었다.

"당신들은 어디서 왔습니까?"

"나사렛 … 어, 미국과 캐나다."

"이름은?"

"사라와 엘리자베스"

"아, 좋은 유대인 이름이네요! 유대인입니까?"

"우리는 예수의 발자국을 따라 순례 중입니다. 우리는 그의 생애에 대해 더 알기를 원합니다."

"참치 좀 드시겠어요?" 한 사람이 그것을 건네며 이렇게 덧붙였다.

"우리는 2주 동안 여자라곤 본 적이 없어요. 2주 만에 처음이네요!"

나는 그 순간 즉시 암호를 말해야 한다고 생각했지만, 리즈는 그들에게 질문을 던지기 시작했다.

"당신들은 언제 이런 훈련을 하나요? 근무 중인가요? 주둔지가 어딘가요?"라고 그녀가 물었다.

"헤브론을 아시나요?" 그들이 대답했다.

걸프 만이었다. 우리는 이미 이스라엘 국경 경찰에 의해 엄격하게 서안지구 The West Bank로 가지 말라는 경고를 들었다. 우리가 이 군인들에게 우리가 우리의 친구들을 방문하기 위해 그들의 정부에 불순종하고 있다는 것을 감추어야만 하는가? "네 우리는 그곳에 대해 들었습니다." 나는 재빠르게 말을 돌렸다. 그리고 나는 그에게 참치를 좀 더 달라고 했다.

그것이 분위기를 좀 고양시켰다. 그들은 우리를 먹이는 것에 대해 꽤 신나했다. 우리는 하루 종일 걸었기 때문에 배가 고팠던 찰나였다. 그렇게 우리는 함께 빵을 나누었다. 우리는 그들의 엄청난 식량인, 참치, 땅콩, 이스라엘 초콜릿, 분홍색 에너지 음료 게토레이드, 콩 요리와 얇게 썬 빵을 먹었다. 우리는 더 이상 먹을 수 없을 만큼 먹었고, 우리가 먹고 있는 동안 그들끼리 낄낄거리며 떠들었다.

한 나이든 군인이 우리가 며칠 동안 계속 더 걸어갈 것이라는 것을 알고 우리의 목적지는 가버나움이었다. 트럭으로 올라가더니 더 많은 음식을 끄집어냈다. 그는 우리의 가방을 채워야 한다고 우겼다. "우리는 앞으로 여섯 달 동안 먹을 수 있을 만큼 충분한 참치를 가지고 있습니다."라고 웃으며 말했다.

"토다!" 감사하다는 말을 히브리어로 말하는 것으로 나는 우아하게 끝맺음을 하였다. "와, 당신 히브리어도 할 수 있습니까?" 통역을 하던 군인이 물었다. "저," 나는 주저하며 "학교에서 고대 히브리어를 조금 배웠습니다."

"조금 더 말해 보세요!" 다른 군인이 조르듯 말했다. 나는 뒤로 물러나 앉았다. 내가 이스라엘 수비군 대원들에게 하고 싶은 말은 너무도 많았다. 다른 무엇보다, 그들이 팔레스타인 가정을 짐승처럼 침범한 것과 점령당한 팔레스타인 영토 안에서 이주자들을 보호한다는 명목으로 반복적으로 어린이들을 체포하는 것은 옳지 않은 일이지 않은가? 이런 현장에서 그들의 군인으로서의 복무에 관해 생각하는 것은 나를 낙담되고 화나게 한다. 그러나 그 순간, 그렇게 화나는 말들은 나에게 떠오르지 않았다. 나의 마음에 오롯이 떠오른 것은 기초 히브리 과정에서의 한 연구 과제였다. 우리는 짧은 구절을 암기했다. 나는 십계명 부분을 선택했었다. 신명기 5:114. 17-20 그래서 나는 그것을 그들과 나누었다.

"여호와 너의 하나님이 네게 명한 대로 안식일을 지켜 거룩하게 하라. 엿새 동안은 힘써 네 모든 일을 행할 것이나 제 칠 일은 너의 하나님 여호와의 안식인즉 너나 네 아들이나 네 딸이나 네 남종이나 네 여종이나 네 소나 네 나귀나 네 모든 육축이나 네 문 안에 유하는 객이라도 아무 일도 하지 말고 네 남종이나 네 여종으로 너같이 안식하게 할지니라."

비록 잘 알 수는 없었지만, 그들은 감동한 것처럼 보였다. 리즈는 손가락에 묻은 초콜릿을 빨아 먹었다. 나는 내가 그들과 나누기 위해 하는 말들이 우리 모두가 들어야 할 말임을 깨달으며 미소를 띤 채 천천히 계속했다. 아마도 그 말씀구절들은 그들의 무기를 내려놓도록 하는 평화를 강조하는 어떤 말보다 더 깊이 이스라엘 군인들의 마음속에 울려 퍼졌을 것이다. 그 말씀들은 우리 모두가 경배하는 하나님의 말씀이었다. 더구나 명령이 아닌가? 나는 히브리어를 계속하였다.

"살인하지 말지니라. 간음하지도 말지니라. 도적질하지도 말지니라. 네 이웃에 대하여 거짓 증거하지도 말지니라…"

우리는 잠시 동안 서로를 쳐다보았다. 스페인계와 독일 폴란드 러시아계 유대인, 갈색과 흰색의 북미 그리스도인. 침묵이 어색해질 즈음, 또 다른 질문이 침묵을 깨뜨렸다. 그럼에도, 나의 원수들과 협상할 수 있는 용기를 가지고 하나님의 도전과 은혜의 메시지를 말할 때, 하나님이 그날 저녁 정말 은혜롭게 나의 기도에 응답하시고 내 입의 말을 인도해주셨다는 것은 분명했다.

사라 톰슨은 인디아나 주, 엘크하트 출신의 학자 활동가이다. 그녀는 메노나이트 중앙 위원회를 통해 사빌 예루살렘에서 일하기 전 메노나이트 연합 신학교에서 목회학 석사 학위를 취득했다. 그녀는 엘크하트의 그녀의 뿌리와 메노나이트 중앙 총회, 여성 반 전쟁 운동가들, 여성 축구 팀, 풀브라이트 장학회, 그리고 스펠만 대학과 함께한 자원봉사 일을 위해 다녔다. 다섯 대륙에 걸친 그녀의 여행이 그녀를 만들었다. 그녀는 최근에는 그리스도인 피스메이커 팀들과 치명적 갈등 지역에서 전략적 비폭력 개입을 하는 조직의 봉사활동 코디네이터로 일하고 있다.

10 _ 미완성인 부분

로우 고메스 Jr.의 이야기를 엘리자베스 레이드가 적다

나는 어른이 되었을 때 사제가 되고 싶었지만, 그 소명은 가정을 갖고 싶은 나의 소망과 함께할 수가 없었다. 가족을 부양하는 동안 나는 회심의 경험을 했고 침례를 받았다. 나는 교단이 없는 큰 회중 가운데 포함되었고, 그곳에서 아이들과 가정들을 위해 일하는 평신도 사역자로 봉사하였고 집사로서 길거리 사역도 하였다. 직업 환경이 열악한 지역 공장에서 일을 하다 그 일을 그만 두었을 때, 하나님의 심중에 나를 위한 다른 계획을 갖고 계신지 궁금해지기 시작했다.

아직 일을 시작하기 전, 나는 에이즈에 감염된 사람들을 돕기 위해 하나님께서 사람들을 어떻게 사용하시는가를 배우러 교회와 관련된 그룹과 함께 아프리카여행을 떠나기로 했다. 그것이 나를 목회의 길로 들어서게 하는 계기가 되었다. 내가 신학 공부를 시작했을 때 여기까지 오게 된 과정을 생각할 때, 나의 할아버지가 스페인어로 부르시던 노래의 가사가 떠올랐다. "내 마음에 정말 신호가 있어야만 하네. 나를 아직 만지지 말게나. 아직 미완성인 부분이 있다네."

졸업 후에 나는 젊은이들이 1-2년 머물다가는 곧 다른 지역으로 이사를 가곤 하는 작은 시골 교회로 청빙되었다. 나이가 든 사람들도 금방 이사를 가거나 지나가는 도시였다. 그들과 함께 가려면 공동체의 봉사와 비전을 위해서 많은 에너지가 요구되었다.

토요일 아침이면, 예배당 뒤에 앉아 하나님께서 이곳을 그분의 영과 빛으로 채워주시기를 구하는 기도를 하며 시간을 보냈다. 물론 교회의 자리가 채워지면 좋겠다는 기도도 드렸다. 오륙년까지는 나는 하나님께서 이 작은 교회를 포기하신 것이 아닌가? 회의가 들었다. 저도 포기하신 것입니까, 주님?

그때 하나님께서 은혜로 나를 놀라게 하셨다. 어느 일요일 나는 누군가 예배당 안으로 들어오는 것을 알았다. 내가 쳐다보았을 때 나의 형제들이 될 수 있을 것처럼 보이는 두 사람이 가까이 서있었다. 그들 가운데 한 사람은 그가 주간 성경 연구와 기도를 수년간 이끌어 왔다고 말했다. 그들의 늘어나고 있는 모임을 수용할 수 있는 장소를 임대해줄 수 있는 곳을 찾고 있었다. 그들은 하나님께서 그들이 날마다 그들의 길을 계속 가며 일할 수 있도록 이 메노나이트 교회로 이끄셨다고 느꼈다.

몇 달 후에, 우리의 두 회중들이 임대에 동의했을 때, 우리는 그 건물을 나누어 사용하기 시작했다. 기존 교회는 그들의 평상시 모임 시간에 만났고 스페인어를 말하는 그룹은 주일 오후에 스페인어 예배를 위해 모일 수 있었다. 나는 가톨릭과 스페인어를 말하는 가정에서 자랐고 가톨릭교회를 떠나 아나뱁티즘을 받아들였기 때문에 이 새로운 신자들의 그룹과 비슷한 경험을 많이 공유하였다. 히스패닉 교회 목사와 그의 아내와의 식사시간을 통해 아내와 나는 우리 아나뱁티스트 메노나이트 믿음이 어떻게 우리의 가치들을 형성하였는지를 나누었고 우리의 제자도를 알려주었다. 우리는 그들에게 우리가 발견한 이러한 주제들에 관한 모든 글들을 스페인어로 번역해주었다.

이 역할을 하는 동안 나에게는 많은 도전이 있었다. 기존의 회중은 나를 그들의 목사라고 불렀다. 하나님께서 나에게 더 많은 것을 요구하신다고 느꼈다. 어떻게 내가 기존 회중에 대한 약속을 지키면서 히스패닉 그룹이 필요로 하는 목회를 할 수 있을까? 나는 대여섯 가지 방향들이 나를 당기고 있다는 것을 느끼며 누가 나의 진정한 주인인가를 생각해야만 했다.

성령의 인도하심, 우리의 계속된 관계 세우기, 그리고 지역 메노나이트 총회를 위해서 그 히스패닉 목사가 직접 멘토링하고 훈련한 이 새로운 회중은 생기 넘치게 성장하고 있었다. 지난여름 우리 지역 총회는 그들을 개척교회로 인정했다.

비록 그 수가 적지만, 기존 회중은 그 믿음에 있어 굳건하게 남아 있다. 언어, 문화 그리고 이 두 회중의 다른 기대들을 통합하여 서로 교제해야 하는 과제들이 있으나 우리가 같은 하나님, 같은 구세주 예수 그리스도, 같은 침례, 그리고 같은 성령의 축복을 공유하는 한 우리가 어떻게 그 믿음을 표현하고 그 믿음을 따라 사는 것에 크게 다를 수 있겠는가!

특별한 경우에 나누는 교제의 식사들, 격식 없는 대화들과 많은 기도를 통해 우리는 서로에게 듣고 배우기 시작하는 중이다. 하나님의 성령이 각 교인들의 삶과 이 두 회중들의 공유된 삶 안에서 지속적으로 일하신다.

내가 나의 할아버지께서 그토록 자주 부르시던 노래의 가사, "나를 아직 만지지 말게나. 아직 미완성인 부분이 있다네."를 기억할 때, 하나님의 은혜는 그 미완성인 부분이 어떤 모양이 될지를 듣게 하시고, 격려하시고 배울 수 있는 기회들을 통해 계속해서 내가 성장하도록 도우신다는 것을 알게 된다. 할아버지께서 부르시던 노래는 거듭하여 계속되고 있다. 그것은 결코 끝나지 않는다. 그 후렴은 하나님의 은혜가 세대로부터 세대로 이어질 때 계속된다. 이제 열세 명의 어린 손자들의 할아버지로서, 나는 그 노래를 나 자신의 삶과 어떤 방식으로든 하나님께서 언어, 문화, 그리고 관습의 차이를 넘어 다른 이들을 목회하게 하시는 내 삶과 관계 안에서 계속 불려지도록 할 것이다.

엘리자베스 레이드는 캔자스 주 뉴턴에서 자라났다. 그곳에서 그는 대부분의 삶을 살았다. 그의 목회적 소명은 그를 자유로운 도시이자, 통근하는 데만 4시간이나 걸리는 캔자스로 이끌었고, 그곳에서 그는 갈보리 메노나이트 교회를 섬기고 있다. 그는 계속 갈보리와 카미노 데 산티다드 사이의 관계를 강화하려고 일하고 있고 종종 카미노의 목회적 의무들을 돕고 있다. 주중에, 그는 분노 관리와 절도죄로 재판에 회부된 사람들을 상담하는 곳인 OVM (Offender Victim Ministry)을 위해 일한다. 비록 그는 노래하기를 즐기지만, 열한 명의 손자들과 두 명의 손녀들과 함께 소프트볼이나 여러 운동하는 것을 더 좋아한다. 그는 메노나이트 묵상지인 *Rejoice!*에 자주 글을 쓰는 프리랜서 작가이다.

죽음을 넘어서는 은혜

11 _ 샐리 엘시를 위한 은혜

오웬 E. 버크홀더

십삼 년 동안 우리는 샐리 엘시와 지미와 함께 교제하는 것을 좋아했다. 첫째 딸, 민넷이 몇 달 되었고, 내가 버지니아 주, 해리슨버그에 있는 동부 메노나이트 신학교 2학년이 시작되었을 때 우리 가족은 교회주차장이 있는 사택으로 이사를 갔다.

지미와 엘시는 그린 스트리트 건너편에 살았고 우리 딸들의 대리 조부모가 되었다. 지미는 2차 세계대전의 참전 예비역이었으나 그가 전쟁 중에 경험한 일에 대해 말하지 않았다. 그가 국외에 있는 동안 그의 젊은 아내는 다른 남자를 만났고 지미는 결코 재혼하지 않겠다고 맹세하였다. 그는 여름에는 길을 보수하고 겨울에는 눈을 치우는, 버지니아 수송 분야에서 수년간 일했다. 그는 산전수전 다 겪은 노인의 풍모를 풍겼지만, 우리와 우리 아이들에게는 언제나 친절했다.

엘시는 해리슨버그에 있는 몇몇 방직 공장에서 수년 동안 일했고 은퇴한 지미를 위해 요리를 하고 집안일을 하였다. 여러 번 우리는 길을 건너가 지미와 엘시와 함께 현관 앞에 앉아 있곤 했다. 엘시는 너무 진해서 밤에 잠이 오지 않았던 달콤한 차와 다른 먹거리들을 대접하였다. 아기 말라 그리고 곧 미셸이 우리 가정에 태어났고, 이 아이들은 우리의 이웃들의 보살핌을 받았다. 이 아이들은 "지미와 엘시한테 가요."라고 조르곤 했다. 어느 저녁 우리 집 꼬맹이들이 길을 건너 그 집에 가려고 했을 때, 마침 비가 많이 내리고 있었다. 지미가 아이들의 초인종 소리를 듣고 "오리 아니면 메노나이트 아이들이구먼!"이라고 했다.

나의 아내 루스 앤 옥스버거는 오하이오 주, 영스타운에서 개척 교회를 하고 있는 가정에서 자라났다. 그리고 나는 캐나다 북부 앨버타에서 개척 교회를 하고 있는 가정에서 자랐다. 그래서 우리가 아는 사람들은 메노나이트가 아닌 이웃들뿐이었다. 지미와 엘시는 결코 교회에 오려고 길을 건너지 않았다. 그러나 그들은 우리 가족을 가까이에서 보고 있었다.

내가 다른 교회인 파크 뷰 메노나이트에 청빙을 받았을 때 우리는 일마일 반 떨어진 집으로 이사했다. 지미와 엘시는 이웃으로 있다가 떠나는 우리를 아쉬워했다. 우리는 가끔 만남을 이어갔지만 정기적이지는 않았다.

어느 날 밤, 전화벨이 울렸다. 그것은 지역 병원 중환자실에 근무하는 간호사에게서 온 것이었다. 그 간호사는 인공호흡기와 신장투석기를 끼고 있는 엘시가 '버크홀더 목사'를 보기 원한다는 쪽지를 썼다고 말했다. 그녀는 "… 교회에 가고 싶어요"라고 썼다고도 했다. 나는 그 간호사에게 엘시가 괜찮냐고 물었고 간호사가 확신 있게 대답했다. 내가 아침에 지미를 태우고 엘시를 보러 가겠다는 말을 엘시에게 전해달라고 간호사에게 부탁했다. 그리고 만일 엘시가 밤 동안 악화된다면, 다시 전화를 좀 걸어달라고 당부했다.

그 다음날 아침, 나는 지미와 함께 병원으로 갔다. 내 옆에 지미와 그 중환자실 간호사가 함께 앉았고 우리는 침대 발치에서 엘시와 대화를 나누기 시작했다. "사람들이 엘시 당신이 교회에 다니고 싶어 한다는 내용이 적힌 쪽지를 건네주었답니다. 나는 그것을 당신이 죽기 전에 예수님을 영접하고 싶어 한다는 의미로 이해했답니다." 그녀의 몸은 여러 줄들로 연결되어 있어 말을 할 수가 없었지만 고개를 끄덕였다. 그래서 나는 함께 기도하기를 원한다면 그녀를 위해 기도해주겠다고 말하자, 그녀는 그렇게 하라고 고개를 끄덕였다. 그래서 나는 예수님의 사랑을 받고 고개를 끄덕임, 감사하는 고개를 끄덕임, 고백의 기도를 드렸다. 그것을 지미와 간호사가 바라보고 있었다. 나는 엘시에게 침례를 받고 싶으냐고 물었다. 고개를 끄덕였다. 나는 물을 담아다가 그것을 다른 기도와 함께 그녀의 매우 뜨거운 이마에 부었다. 그리고 "엘시 자매"가 믿음의 가족이 된 것을 환영했다.

집으로 오는 길에 나는 지미에게 "엘시는 오늘 하나님과 함께 평화를 누렸습니다"라고 했다. 그는 아무런 대답을 하지 않았다.

엘시는 4일 후에 죽었고, 나는 그녀의 장례를 집도하는 특권을 누렸다. 지미는 그 후 몇 년을 살았다. 나는 요양원으로 그를 찾아갔고 그의 마지막 밤을 포함해 종종 그와 함께 기도하였다. 나는 그의 장례식도 치러주었고 양들이 풀을 뜯고 있는 것을 볼 수 있는 평화로운 언덕에 그를 묻었다.

이 경험들은 엘시, 지미 그리고 나를 위한 오랜 은혜였다. 나는 그들을 언젠가 다시 볼 것을 고대한다.

오웬 E. 버크홀더는 캐나다 앨버타 주, 블루스카이에서 태어나고 자랐다. 그는 앨버타 대학, 동부 메노나이트 신학교에서 공부했다. 지난 40년 넘게 오웬은 파크 메노나이트 공동체의 목사였고, 해리슨버그에 있는 버지니아 메노나이트 총회의 회장으로 봉사했다.

12 _ 정작 은혜가 필요한 사람은 바로 나였다

캐롤 페너

목사로서 나는 죽어가는 사람들의 임종을 지키는 기회를 적지 않게 가져 왔다. 이 경험들은 나의 사역의 가장 심오한 경험들 가운데 하나였다. 그러나 어떤 경우에는 다른 사람들에 비해 그 임종이 어려운 때가 있었다. 불안함이 엄습하여 놀라게 된다.

나는 죽어가고 있는 우리 교회 교인의 임종을 함께 하기 위해 찾아갔다. 내가 잘 알고 있던 이 여인은 내가 아는 한 신랄하고 독선적인 사람이었다. 나는 지난 달 정기적으로 그녀를 방문했고 지금까지 가졌던 그녀의 삶의 태도를 내려놓아야 한다고 조심스럽게 말해 주기도 했다. 그녀는 끝나지 않은 사업과 많은 깨어진 관계들과 함께 죽어가고 있었다.

그녀에게는 사이가 멀어진 딸이 하나 있었다. 그들은 십년 동안 대화가 없었다. 그녀가 인정할 수 없는 가족의 모습이 있었고 그녀는 어쩔 수 없이 집을 떠났다. 그것은 나쁜 일이었다. 이러한 관계들을 회복하고 속죄하는 기회를 갖게 하고자 하는 나의 권고는 다 실패로 끝났다.

그녀와 나의 관계도 다 풀리지 않은 상태였다. 그녀는 대개 기분 좋은 얼굴로 나를 보면서, 다른 사람들에 대한 좋지 않은 말들을 이야기했다. 그녀는 예배를 드리고 우리 교회를 떠날 때, 나와 악수를 하고 미소를 지었지만 그녀의 가족들에게 언제나 나의 설교를 호되게 비난했고 우리 교회에는 더 좋은 목사가 필요하다는 말을 했다는 것을 전해 들었다.

목사로서 이러한 말들을 전해들을 때가 있다. 말은 우리에게 돌아온다. 때로는 우리가 그런 이야기를 할 때도 있다. 그리고 때로는 그 말이 전달되길 바라기도 한다. 만일 어떤 사람이 누군가에 대해 할 말이 많다면 그들은 직접 그 사람을 대면해야 한다. 그래서 그 상황과 문제를 다룰 수 있어야 한다. 이 경우, 이 여인이 나를 대한 방식이 대부분의 사람들을 대한 방식과 다르지 않다는 것을 알고 있었지만, 나는 그것을 문제 삼지 않았다. 그녀는 분명히 나에 대해 가지고 있는 문제보다 더 크고 심각한 문제들을 가지고 있었기 때문이다.

임종이 다가왔을 때, 여전히 그녀의 마음은 매우 분명했다. 나는 모여드는 친척들 몇 명과 대화를 나눌 기회가 있었다. 그들은 마지막으로 은혜의 순간이 있기를 바랐고 어떤 마지막 평화가 그녀에게 있기를 바랐다. 그때까지도 그녀는 몇 명의 사람들은 보고 싶어 하지 않았다.

이 여인의 임종을 위한 심방을 하려고 차를 몰면서, 나는 이번 만남이 마지막 방문이 될 것이라는 것을 알았다. 우리에게는 기적이 필요했고, 우리에게는 한량없는 은혜가 필요했다. 우리는 이 짧은 시간 안에 극적인 변화가 필요했다. 그리고 내가 그녀와 그녀의 성격을 아는 한, 나의 바람이 얼마나 큰 기대인가도 알았다. 내가 그녀의 집 밖에서 차를 내릴 때, 나는 잠시 운전대를 잡고 "하나님, 당신의 성령을 내려주십시오. 정말 이곳에 당신이 필요합니다."라고 기도하였다.

그녀를 방문하는 것은 많은 다른 사람들을 방문하는 것들과 마찬가지였다. 그녀의 목소리는 더욱 약해졌지만, 여전히 다른 모든 사람들을 비난하는 불평의 소리들이였다. 나는 그녀에게 거기에 모인 사람들 가운데 몇 사람과 화해하기를 원하느냐고 물었다. 그녀는 매몰차게, 정리되지 않은 일은 없고 그녀가 해야 할 사과도 없다고 단호히 말했다.

그녀는 침대에 누워있었다. 나는 침대 옆 의자에 앉아 있었다. 내가 그녀의 말을 들었을 때, 기회를 잃은 것에 대한 좌절과 절망이 밀려들었고, 나는 그녀에 대한 미움의 마음이 물결치는 것을 느꼈다. 그리고 그때 무슨 일인가가 일어났다.

나는 그것을 단지 획 하는 소리 같다고 묘사할 수밖에 없다. 그것은 분명히 육체적인 감각이었다. 나는 갑자기 그리고 완벽하게 머리끝부터 발끝까지 이 여인에 대한 사랑으로 넘치게 되었다. 내가 그녀를 바라볼 때 그녀는 갑자기 믿을 수 없을 정도로 나에게 사랑스러운 사람이 되었다. 그녀는 너무도 완벽하게 사랑스러웠다.

나는 그녀의 침대에서 몇 발자국 떨어져 앉아 있었다. 하지만, 즉각적으로 침대로 다가가 무릎을 꿇고 그녀의 손을 잡았다. 나는 다른 손을 그녀의 머리에 얹고 그녀와 함께 기도했다. 강렬한 축복과 그녀가 그녀의 길을 잘 가게 해달라는 기도였다. 나는 그녀의 이마에 작별의 키스를 하였고, 그녀는 "고맙습니다. 사랑합니다"라고 응답하였다. 즉시 간호사가 달려왔고 그녀가 너무 허약했기에 우리를 나가라고 말했다. 나는 그 방에서 비틀거리며 나와 집 밖으로 나왔다. 나는 차에 앉아 떨었다.

"그것이 무엇이었나?" "그것이 무엇이었나?" 나는 나 자신에게 물었다. 나는 성령님께 보여 달라고 기도했다. 그리고 성령님께서 찾아 오셨다. 나는 내가 은혜가 필요한 사람이라는 사실을 알지 못했었다. 나는 내 심령이 변화하는데 얼마나 은혜가 필요한지를 알지 못했었다.

나는 이것이 그저 따뜻하고 편안한 그 무엇이 아니었음을 말하고 싶다. 그것은 내가 하고 있는 많은 일들이 하나님으로부터 얼마나 멀리 떨어져 있는가를 아프게 인식할 수 있게 된 고통스러운 경험이었다. 그토록 자주 여러 사역들을 수행하였지만, 그 사역이 요구하는 사랑이 없었다. 나 자신의 죄가 너무나 자주 방해가 되었다. 이것은 십자가 앞에 무릎 꿇을 때 떨어진 경험이었다. 나는 성령의 책망하시는 임재와 절실하게 필요한 순간에 역사하시는 은혜에 감사한다.

그 여인은 내가 떠난 후 대략 한 시간 후에 임종을 맞이했다. 그녀는 그 집 아래층에서 기다리고 있던 어떤 사람들에게도 평화의 말들을 하지 못했다.

나는 마지막에 이 여인의 마음에 무엇이 있었는지 알지 못한다. 내가 확실하게 알 수 있는 것은 마지막에 하나님께서 그곳에서 그녀에게 은혜를 보여주셨다는 것이다. 은혜의 일부가 내게도 전해졌다. 나는 그녀를 방문한 다른 사람들에게도 전해졌을 것이라고 믿는다. 그녀가 그것을 받을만한 자격이 있을까? 우리 가운데 누가 그것을 받을 자격이 있겠는가? 아마도 그것이 은혜의 정의일 것이다. 받을 자격이 없는 우리가 받는 것이 은혜다.

그 경험과 다른 경험들, 아마도 비슷하지만 덜 극적인 경험들마저 성령님의 은혜를 절실하게 구하게 하며 우리를 변화시키는 은혜의 능력을 더 많이 깨닫게 해주었다.

저를 변화시키소서. 하나님께 감사를!

캐롤 페너는 온타리오 주, 바인랜드에 있는 제일 메노나이트 교회의 목사이다. 그녀는 www.leadinginworship.com에서 예배 자료에 대한 블로그를 쓰고 있다.

13 _ 궁극적인 은혜

낸시 위트머

나에게 2012년은 가장 어려운 시기였지만 가장 복된 시기였다.

그 어려운 시기는 실제로는 나의 오빠, 얼이 다형성 아교모 세포종으로 진단을 받기 2년 전부터 시작되었었다. 문외한의 용어로 하면 그것은 뇌 암 4기이다. 신경외과 의사는 냉혹한 통계를 말하며 우리에게 이 암을 위한 치료법은 없고 단지 그것의 진행을 느리게 할 조치밖에 없다고 말했다. 그리고 수술, 방사선과 화학 요법이 잇따랐다. 재발의 징후를 알고자 정기적으로 종양이 있는 곳을 MRI로 촬영했다.

16개월 동안 얼은 잘 버텼다. 첫 번째 의심스러운 MRI결과는 2011년 말 나타났다. 뒤이은 진단상의 과정들은 그 암이 자라고 있다는 것을 확증했다. 치료는 그것의 진행을 거의 늦추지 못했다.

이 기간 동안, 얼은 이야기를 나누려고 매주 나의 집으로 오기 시작했다. 우리는 어릴 때의 기억들을 추억하였고, 오래 동안 잊고 지냈던 사건들에 대해 웃고, 상처와 오해들에 대해 후회하기도 했다. 이미 성인이 된 오누이들로서 우리는 과거 어느 때보다 가까워지며 깊은 정을 나누었다.

어느 날, 얼이 자신은 성경, 혹은 예수, 혹은 우리가 배웠던 죽음 이후의 삶에 대해 더 이상 믿지 않는다고 고백했다. 나는 그의 입에서 나오는 말들을 거의 믿을 수 없어서 어리벙벙해 하며 듣고만 있었다. 우리는 메노나이트 목사의 자녀로 양육되었고, 같은 교회에 참석했고, 똑같은 성경 이야기들을 읽었고, 똑같은 설교를 들었다. 무엇이 잘못 된 것인가?

그날, 얼이 그의 차로 걸어가는 것을 보면서 나의 마음은 몹시 무거웠다. 그가 내 마음에 떨어뜨린 불신앙의 폭탄고백 때문이 아니었다. 내가 수 주 동안 부정해 온 무엇인가가 고통스럽게도 확실했기 때문이다. 그는 오른 다리를 질질 끌고 있었다. 그 암은 그의 운동능력에 영향을 끼치기 시작했다.

나는 오빠의 육체적 쇠퇴를 슬퍼했지만 그의 영적 상태는 더욱 무겁게 나를 눌렀다. 나는 너무 늦기 전에 하나님께서 그에게 믿음을 주시기를 간절하게 기도했다. 간호사로서, 나는 그 암이 빠르게 퍼질 수 있으며 그것이 생각할 수 있는 그의 지적 능력에 영향을 미친다는 것을 알았다.

날마다 걸으면서, 나는 오빠의 구원을 위해 절규하였다. "주님!" 나는 기도했다. "만일 모든 것이 괜찮아질 것을 알 수만 있다면얼이 믿음으로 돌아오는 것을 의미한다, 저는 느긋하게 앉아서 당신의 하시는 일을 기다릴 것입니다."

즉시, 주님은 나의 심령에 말씀하셨다. "만일 네게 어떤 일이 일어날지를 알 수 있다면, 믿음이 요구되지 않을 것이다. 그렇지 않느냐?"

다른 날, 나는 나 자신이 노래하고 있는 것을 알았다. "조용히 앉아 그의 영광을 보라. 그의 신비들이 펼쳐지는 것에 주목하라. …" 나는 하나님께서 어떻게 나의 기도에 응답하실지 알 수 없었지만, 하나님께서 오빠의 삶 안에서 일하고 계시다는 것을 믿기로 작정하였다.

얼과 나는 대화를 계속하였다. 그는 나의 믿음에 관해 물었고, 내가 성경은 하나님의 진리이고 예수는 하나님의 아들이시라는 나의 믿음을 나눌 때 그는 들었다. 나는 그리스도인의 삶을 지속적으로 살려는 나의 분투에 관해 말했다. 나는 종종 실패하지만, 나의 죄를 고백하면 그분은 나를 용서하시고, 모든 불의로부터 나를 깨끗케 하신다는 것을 인정했다.

얼은 공손하게 들었지만, 불신의 수렁에 여전히 빠져 있었다. 나는 얼의 구원을 위하여 나와 함께 중보기도를 드릴 다른 형제자매들을 불러 모았다. 나는 심지어 하나님께 내 오빠에게 주목해야 한다며 떼를 쓰고 있다는 것을 발견했다. 그 순간 모순이라는 생각이 들었다. 나의 오빠를 창조하신 분께서 그에게 믿음을 가지도록 하는 방법을 정확하게 알고 계실 것이다.

얼의 상태는 악화되었다. 그는 지팡이의 도움 없이는 걸을 수 없었고 휠체어에 의존하게 되었다. 늦은 봄, 그는 더 이상 운전할 수가 없었다. 그래서 나는 그를 방문하려고 그의 집으로 갔다. 우리는 많은 것들을 이야기했지만, 그의 영적인 상태에 관해 말하는 것을 막는 방해자가 내 영 안에 있다는 것을 느꼈다. 그럼에도, 하나님께서 그의 삶 속에 일하고 계신다는 평화가 있었다.

미국 독립 기념일 7월 4일이 지난 후 얼마 안 되어 얼은 혼자 있지 못하게 되었다. 호스피스가 그의 거실에 의료용 침대를 놓았다. 간호사는 그가 그 침대로 이동하는 것을 도왔고 그 침대에서 그는 남은 7주를 보냈다.

그때부터 얼에게 전적인 보살핌이 필요했다. 그는 오른쪽이 마비되었고 왼쪽도 빠르게 마비되어가고 있었다. 얼의 아내와 나는 그를 돌보았다. 나는 낮 시간에 돌보았고 종종 올케언니의 휴식을 위해 밤새 머물기도 했다.

어느 일요일 오후, 올케언니가 전화를 걸어 얼이 울면서 나를 찾는다고 했다. 남편과 내가 차를 몰고 그의 집으로 갈 때 영적 상태에 대해 얼과 다시 대화해야할 시간이 되었다는 것을 느꼈다. 나는 하나님께 그에게 할 말을 주십사고 기도했다.

"나는 살아야 할 이유가 없어," 얼이 약한 목소리로 말했다. "나는 죽고 싶어." 고통이 그의 수척한 얼굴에 깊은 자국을 남겼다.

나는 그의 생기 없는 손을 잡고 말했다. "뭐 하나 물어도 돼? 나는 오빠가 언제 죽을지 몰라. 하지만, 그때가 지금이건 지금부터 두 달 후이건, 하나님을 만날 준비가 된거야?"

"응." 그가 대답했다.

"예수님께서 오빠를 사랑하고 오빠의 죄를 위해 십자가에서 돌아가신 것을 믿어?"

"그럼."

오빠의 고통에 대한 슬픔과 하나님의 신실하심에 대한 기쁨이 뒤섞인 감정이 내 영 안에서 충돌했다. 우리는 얼의 침상에 모여 그를 위해 기도했다. 그는 편안하게 잠이 들었다.

그날부터, 남편과 나는 매일 저녁 얼에게 갔다. 우리는 위안을 주는 말씀을 읽어주었다. 시편 23편과 요한복음 14장이 단골이었다. 얼의 요청에 따라 50년대와 60년대 교회에서 우리가 즐겨 부르던 찬송가 『생명의 노래』에 수록된 노래들을 불렀다. 곧 그것을 실제로 경험하게 될 사람을 위해 부르는 노래는 옛 가사에 새로운 의미를 주었다. 대부분의 시간 동안 얼은 눈을 감고 듣고 있었지만, 어느 날 저녁 우리를 따라 노래를 불렀다. "흰 눈보다 더 희게, 나를 씻어주시고 나는 눈보다 희어지겠네."

매 저녁 우리가 떠나기 전, 우리는 얼 둘레에 모여 하나님의 평화를 그 집에 내려달라고 기도하였다. 천사가 그 침대 주변을 둘러쌀 것을 청하였다. 예수님께서 얼을 그의 병든 몸에서 풀어주시고 본향으로 데려가 달라고 기도했다.

하나님께서 8월 29일 기도에 응답하셨다. 오빠를 잃은 슬픔에 깊이 잠겨 있을 때, 나는 그를 하나님의 집으로 돌아가게 하신 믿을 수 없는 그분의 은혜를 누렸다.

낸시 위트머 펜실베이니아 주, 만하임 근처에 살고 있다. 낸시는 그들 가족의 자동차 정비소에서 사무를 본다. 그녀는 헤른리 메노나이트 교회에서 여성들을 위한 주일학교 수업을 가르치고, 여성들 그룹에서 이야기를 나누며, 프리랜서로 글을 쓰고 있다. 낸시는 독서, 사진 찍기, 여행, 보석 만들기를 즐긴다.

14 _ 말과 행동

아니타 홀리 요더

메노나이트로 양육되었지만, 나는 은혜에 관해 들었던 기억이 없다. 신앙에서 가장 강조되었던 것은 봉사였다. 나의 부모들은 그들 주변의 많은 가난한 사람들을 돕는 봉사의 삶의 모델이었다. 나는 "봉사를 위한 문화"라는 좌우명을 가지고 대학에 갔다. 대학을 마친 후에, 내 친구들그리고나 가운데 많은 사람들이 일 년 혹은 그 이상 자원봉사로 시간을 보냈다. 믿음이란, 당신이 믿거나 말하는 것에 대한 것이 아니라 당신이 행하는 것에 관한 것이다.

공정하게 말해서, 이 모든 봉사는 하나님의 호의를 얻기 위하여 하는 그 무엇이 아니라 하나님의 은혜, 사랑의 응답으로서 이해되어야 한다. 그러나 그 응답은 중요하다. 은혜는 모두 좋은 것이고 선한 것이지만, 구체적이고 도움이 되는 행동이 수반되는 것이 더 바람직하다.

삶에 대한 이런 이해가 내게는 완벽하게 이치에 맞는 생각이었다. 내가 시를 읽고 쓰기 시작할 때까지는. 아마 더 중요한 것은 시를 쓰는 방법에 대해 읽기 시작하기 까지는. 이상하게도 이런 정황 가운데서 은혜에 관해 많은 것을 배우기 시작했다.

바바라 킹솔버가 쓴 글이 그녀의 글을 쓰는 과정의 창조성을 이야기했다.

"나는 시를 내가 만들 수 있는 그 무엇으로 생각지 않았다. 더 정확히 말하면 그것은 나에게 일어난 무엇인가이다. … 그것은 한 영혼에서 다른 영혼으로 전달되는 기초적인 은혜였다."『작은 경이』Harper Collins Publisher, 2002, 229. 한 신학교 수업이 "창조적인 작업은 세상이 당신이 인식하는 것보다 더 크고 깊으며, 하나님께서 당신의 영혼에 여러 가지 방식으로 말하고 있고, 영혼 그 자체가 당신이 전에는 알아차리지 못했던 많은 지혜를 소유하고 있다."라고 쓴 비니타 햄톤 라이트Vinita Hampton Wright에 대해 소개해주었다.『이야기를 말하는 영혼: 쓰는 생활 안에서 영성과 함께하는 매력적인 창조성』InterVarsity Press, 2005, 33. 그것은 나에게 은혜로 들렸다.

나는 대학 시절까지도 그런 것을 몰랐으나 그 이후에 글이라는 것이 어떤 반응을 요구하지 않지만 놀랍고 경이로운 은혜의 통로가 될 수 있는 방법임을 깨닫기 시작했다. 그리고 시와 이야기들과 아름답게 공들여 쓴 수필들에 대한 사랑을 더 깊이 조사했을 때, 나는 이 사랑이 처음부터 나와 함께 했음을 알았다.

열한 살이나 열두 살 즈음에, 나는 인용한 것들을 적어놓는 책을 쓰기 시작했다. 머릿속으로 그것을 "그 책"이라 불렀다. 첫 번째 책은 나 자신의 시 습작들과 더불어 대부분 성경 구절과 유명한 노래의 가사로 가득 찼다. 무언가 의미 있거나 재미있는 것을 들었을 때마다, 내가 확실히 공감하거나 내가 전혀 동의할 수 없지만 흥미로운 것들을 그 책에 적어 두었다.

첫 번째로 그 책이 채워졌을 즈음, 나는 우리 교회 청소년부에서 인생의 의미와 믿음과 씨름하고 있는 친구 데빈을 만났다. 데빈과 나는 직접 만나거나 온라인상에서 많은 대화를 나누었지만, 그에게 어떤 말을 해야 주어야 할지 전혀 잘 알지 못했다. 어느 날, 나는 그에게 그 책을 빌려주기로 했다. "있지,

나는 네가 이 책에서 어떤 도움이 될 만한 것을 찾을 수 있을지 모르겠지만, 이곳에 내가 찾은 의미 있고 희망에 찬 많은 것들이 있어. 아, 그리고 내가 쓴 시들도 있어. 그게 마음에 들지 않으면 제발 그냥 지나쳐주었으면 좋겠어."라고 말했다.

몇 주 후에, 데빈이 그 책을 나에게 돌려주었다. "고마워" 그는 나의 눈을 바라보며 진심을 담아 말했다. "그리고 나는 정말로 너의 시가 좋았어."

몇 년 후에 고등학교에서 샤이나라는 한 친구가 같은 문제를 경험하고 있었다. 그녀는 손으로 쓴 깔끔하고 조그만 글씨로 서너 페이지가 넘는 가슴이 미어지는 이야기들을 적어 보내곤 하였다. 나는 그녀에게 어떤 답장을 보내야 할지 몰랐다. 그녀의 삶은 나와 너무도 달랐다. 그녀는 학대와 가난과 절망의 도전에 직면하고 있었다. 나의 말이 그녀에게 도움이 될 수만 있다면 남의 말이라도 좋을 것 같다는 생각이 들어 그녀에게 그 책을 빌려주기로 결정했다.

샤이나는 그 책이 자신에게 도움이 되었다고 말한 적이 없다는 것을 알았지만, 그녀가 졸업 단상에서 했던 우리 모두가 졸업이 가까울 즈음 하게 되는 3학년 연설을 분명히 기억한다. 그녀의 연설에서 샤이나는 고등학교에 다니는 동안 자신의 삶을 구해주었던 몇 명의 친구들이 있다고 고백했다. 그들은 모를지라도 그들이 그녀의 가장 암담한 시기에 자신이 자살 하는 것을 막아주었다고 말했다.

내가 처음으로 나의 깊은 이야기들이 담겨 있는 그 책을 빌려갔던 데빈도 샤이나의 연설을 들었다. 우리는 그날 학교에서 집으로 가는 차를 함께 타고 돌아왔다. 주유소에서 나올 때, 그는 나를 향해 물었다. "그녀의 삶을 구해준 사람들 가운데 하나가 너라고 말했던 거야?"

"잘 몰라." 나는 말했다. "하지만, 그럴지도 몰라. 그렇다고 생각해."

"음" 그는 대답했다. "그렇다면, 우리 둘 모두를 구했는지도 몰라."

나는 내 앞에 있는 그를 똑바로 쳐다보았다. 그 자신도 역시 내가 그녀를 도왔던 것처럼 그의 삶을 구했다고 말하고 있지 않은가?

나는 내가 어떻게 데빈이나 샤이나를 도울 수 있었는지 정확하게 알지 못했다. 그것이 나의 이야기였는지, 내가 그들에게 준 다른 사람들의 이야기였는지 혹은 그들의 걱정스러운 갈망들을 진정시켜 준 것이 단지 나의 존재였는지 알지 못했다. 그날 오후, 차에 앉아 나는 내가 정말 아무것도 하지 않았다는 것을 깨달았다. 무언가가 나를 통해 일했다. 내게는 데빈이나 샤이나를 "구하기" 위한 시도가 없었다. 나는 단지 그들에게 나의 이야기와 다른 사람들의 이야기들을 제공했을 뿐이었다. 그리고 하나님의 은혜가 임했던 것 같다.

나는 내가 시 혹은 설교 혹은 수필이나 주일학교 교과과정을 쓰건 간에 하나님의 은혜가 이야기들을 통해 임한다는 사실을 여전히 발견하고 있다. 나는 좀 더 구체적인 봉사로, 재난이 있은 후 가르침 혹은 돌봄, 혹은 청소로 하나님의 은혜를 나누어야 하는 부르심을 느끼는 사람들을 깊이 존경한다. 혼자 앉아서 그 책에다 무엇인가를 인용하여 적어 내려가는 것은 언제나, 아니 가끔이라도 유익한 일로 느껴지지 않았다. 이제 그 책은 다섯 권이 되었다 나는 그것을 누군가 보게 될 것이라는 생각조차 하지 않고 그것을 적는다. 봉사하기 위한 목적으로 몇 시간 혹은 단 하루도 그렇게 한 적이 없다. 그러나 그것이 바로 은혜가 내게 그리고 나를 통하여 임하는 방식이었다.

시인 W. H. 오든이 "나는 모든 사람이 아는 것을 제외하고는 아무것도 모른다. 만일 은혜가 춤추는 시간이 있다면, 나도 춤을 추어야만 한다."라고 말했을 때 그는 신실한 삶에 화려한 묘사를 덧입혔다. 앤 라못Anne Lamott, 『자비 여행: 믿음에 관한 어떤 생각』 Random House, 1999, 138.에서 인용 우리 모두는 그것을 정말 하나님의 명령을 받은 봉사로 느끼든 느끼지 않든 은혜가 흘러갈 수 있는 통로의 선두 주자로 부름을 받았다. 우리는 춤추고 쓰고 노래하도록 부름을 받았다. 어떤 삶들을 우리가 구하고 있는지 결코 알지 못해도….

아니타 훌리 요더는 남편 벤과 함께 오하이오 주, 클리블랜드 하이츠에 살고 있다. 그녀는 최근에 베다니 신학대학에서 목회학 석사 과정을 이수한 프랜드쉽 메노나이트교회의 교인이다. 그녀는 Gather Round를 위한 주일학교 교과과정을 쓰고 있고, Purpose 잡지를 포함한 여러 다른 출판사들에 기고하고 있다. 아니타는 고센 대학에서 영어를 전공했고 교육학을 부전공 했고, 메노나이트 시인들의 모임 안에서 새로운 발전을 연구하는 여름학기를 보내고 있다. 그녀는 좋은 책, 스포츠, 시, 각국 음식, 여행, 게임 그리고 야외에서 시간 보내기를 좋아한다.

15 _ 모두를 변화시킨 은혜

자넷 게맨

내가 중국에서 학생들을 가르치며 보냈던 2년의 시간은 조금은 힘든 시기였지만, 나의 학생 하나는 좋은 친구가 되었다. 보통 학생들보다 나이가 많았고 이미 영어를 가르친 얼마간의 경험도 있었던 로다는 나를 방문하는 시간을 즐거워했다. 그녀의 질문들에 답하면서 내가 중국에서 영어를 가르치고 있는 이유를 포함하여 많은 것들에 대해 이야기를 나누었다. 나는 그녀에게 하나님께서 나에게 이 일을 하길 원하신다고 말했다. 그녀가 하나님에 대해 물었을 때, 나는 기꺼이 그 물음에 대해 대답하려고 노력했다. 그것은 로다가 하나님의 은혜를 받아들일 미래를 위한 여행의 첫 걸음이었다.

로다는 후에 그 여행에 대해 이렇게 썼다. "저는 하나님이 없는 나라에서 태어났습니다." 비록 우리가 성서 이야기와 하나님의 사랑에 관해 이야기하였지만, 자신이 들은 것들을 말없이 비웃었다. "그것은 논리적이지 않고 동화처럼 들렸습니다." 그러나 놀랍게도 그녀는 내가 건네준 성서와 다른 책들을 읽었다. "왜냐하면 영어 선생에게는 지식이 필요했습니다."

다음 해, 나는 다른 대학으로 옮겨갔고, 로다도 학교에서 가르치기 위해 자신의 직장으로 돌아갔다. 어느 주말, 그녀는 나를 방문하기 위해 긴 버스 여행을 했다. 그녀는 슬픔의 구름 아래 있는 것처럼 보였다. 그녀는 나와 함께 교회에 갔지만, 그것은 그녀에게 "늙은 사람들에게나 필요한 곳"이라는 인상을 주었다.

내가 중국을 떠난 후, 로다와 나는 연락을 지속했고, 우리가 이메일을 가지게 된 후에는 더더욱 그랬다.

그 다음 몇 년간은 로다에게 매우 힘든 시기였다. 건강 문제, 그녀의 가르치는 지위가 부당하게 취급당하고 있다는 느낌, 독신과 불안의 원인이 되는 외로움은 그녀로 하여금 평화를 갈망하게 하였다.

어느 날 저녁, 그녀는 외롭게 앉아 미래에 대해 생각하였다. 그녀는 "저는 제 앞에 있는 길이 점점 더 좁아지는 것을 발견하였습니다."라고 썼다. 슬픔과 두려움에 잠겨 있던 그녀에게 갑자기 한 가지 생각이 떠올랐다. 그것은 그녀가 일찍 사임할 수 있다는 것이었다. 비록 돈을 덜 벌게 되겠지만, 그녀는 즉시 위안을 느꼈다. "어쩐지 초자연적인 힘이 저를 돕고 저를 어려움으로부터 구해주시는 것 같이 느껴졌습니다." 그것이 하나님일까? 그녀는 의심했다. 그녀는 일찍 사임한다는 생각에 따라 행동했다.

그 후 몇 년 동안, 그녀의 마음속에서는 논쟁이 이어졌다. 그녀는 볼 수 없는 하나님을 믿을 수 없었지만, 무엇인가가 그녀를 평화로 인도한다고 믿을 수밖에 없는 어떤 힘을 의식할 수 있었다.

어느 날, 그녀는 미국에서 공부할 때 남편과 함께 공부한 한 친구의 이메일을 받았다. 거기에는 중국 학생들이 어떻게 하나님을 믿게 되었는지에 대한 글들이 포함되어 있었다. "저는 그 글들 모두를 쉬지 않고 다 읽었습니다. 그리고 마침내 제가 그동안 찾았던 대답들을 발견하였습니다."라고 로다는 말했다.

그녀에게 교회가 필요하다는 것을 알고, 전화를 걸어 주소를 알아냈다. 그 부활절 아침 그녀가 예배를 드리며 앉아서 나이든 여성의 말에 열심히 귀를 기울일 때 그녀의 얼굴에 눈물이 흘러내렸다. "저는 왜 그런지 알 수 없었습니다." 그녀는 말했다. "그것은 학대당한 후의 감사에서 나온 것이거나 제가 마침내 영혼의 고향을 찾았기 때문일까요? 예, 저는 마침내 어둠 속에서 저를 돕고 있던 놀라운 힘을 발견했습니다."

그녀가 새로운 신자들이 침례 받는 것을 보았을 때, 그녀 역시 침례받기를 원했다. 나이 든 목사님은 그녀가 성경을 더 잘 이해할 때까지 기다리는 것이 좋겠다고 하셨다. "저는 정말 부활을 느꼈습니다." 그녀가 말했다. "비록 새로운 삶이 여전히 약하고 어렸지만, 그것은 시작되었습니다. 그리고 그것은 날마다 자라고 있습니다." 그녀는 크리스마스에 침례를 받았다.

건강상의 문제로, 로다는 도시로부터 떨어진 곳에 집을 얻었다. 거기에서 그녀는 하나님에 대한 단단한 믿음의 기초를 쌓도록 도와주는 성숙한 교회를 발견했다. "제가 어디로 갈지라도, 혹은 미래에 어떤 변화가 찾아올지라도, 저는 제가 믿게 된 하나님으로부터 떠나지 않을 것입니다."

그녀가 다시 이사가야 할 때, 하나님께서는 그녀를 작지만 친밀함이 있는 교회로 인도하셨다. "저는 이곳이 하나님께서 제가 가기 원하시는 곳이라는 것을 확실히 믿습니다. 이사는 너무도 쉽고 자연스러웠습니다. 저는 저의 길을 주장하시는 하나님께 감사했고 그것을 기쁘게 받아들였습니다. 그곳에서 저는 사랑으로 가득 찬 교회를 발견했습니다. 거기서 저는 사랑, 용서 그리고 평안을 배웠습니다."

로다는 가족들과 친구들을 사랑하는데 아무 문제가 없었다. 하지만, 성경은 그녀에게 그녀의 삶을 그토록 어렵게 만들었던 사람들, 즉 원수를 사랑하라고 도전하였다. 처음에는 순종할 수 없다고 느꼈다. 그녀는 자신에게 모르고 상처를 준 사람들을 용서하는 데에는 아무런 문제가 없었다. "하지만, 저는 저에게 고의적으로 반복해서 상처를 준 사람들을 용서할 수 없었습니다."

갈등이 언제나 로다를 흔들었다. 그녀는 그것을 피할 도리가 없는 것처럼 보였다. 비록 그녀가 차분한 것처럼 말하지만, 그녀의 마음은 상처 입고 두려웠다. 그러나 하나님의 은혜가 그녀를 변화시켰다. 이제 그녀는 말한다. "하나님에 대한 굳건한 믿음을 가지고 있기 때문에 저는 사랑과 관용을 배웠습니다. 그리고 이 모든 문제들이 해결되었습니다." 그녀는 이렇게 덧붙였다. "하나님의 은혜 가운데 사는 것이 얼마나 아름다운지요. 저는 하나님께서 저를 선택해주신 것에 대해 감사합니다. 제가 제 삶 안에서 자랄 수 있도록 도와주신 분들에게도 감사합니다. 저는 이 땅 위에서 하나님의 축복을 즐길 것입니다. 그리고 천국에서는 상상할 수 없도록 행복한 삶을 가지게 될 것입니다."

로다는 자신의 이야기를 2009년에 썼다. 그 이후의 세월 속에서 그녀는 성경 연구와 교회 안에서 다양한 형태로 섬기는 것을 계속하기 위한 길을 발견했다. 그녀는 말한다. "제게 주신 하나님의 은혜에 대한 보답으로 저는 하나님을 위해 제가 무엇을 할 수 있는가를 생각하고 있습니다. 제가 어떤 일을 하건 그것은 평생토록 하나님이 주신 구원과 비교할 수 없을 것입니다."

로다가 알지 못했던 것은, 그녀의 우정, 편지, 이야기, 서로를 위한 우리의 기도들은 나를 위한 하나님의 은혜이기도 했다는 것이다.

자넷 게멘은 은퇴한 교사이다. 그녀는 랑카스터 메노나이트 고등학교에서 영어를 가르쳤다. 그녀는 중국, 탄자니아, 리투아니아에서도 가르쳤다. 지금 그녀는 자유롭게 글쓰기와 편집을 하며 Booksaver에서 중고 책들을 다루는 일과 지역 양로원에서 어르신들을 가르치는 일을 포함하여 자원봉사자로 일하고 있다.

16 _ 그리스도 안에서 - 구부러진 것들이 곧게 된다.

에바 에벌리

시모나와 살보 롬바르도는 이탈리아, 팔레르모에 살고 있다. 각자는 그들의 이야기를 에바 에벌리와 공유한다. 남편 살보는 이렇게 시작한다:

"만일 올해 학교 성적이 오르지 않으면, 너를 죽여 버릴 것이다!" 아버지는 내가 숙제를 잘하지 못하거나 그 밖의 어리석은 실수를 할 때 나를 심하게 야단쳤기 때문에 아이였던 나는 아버지가 정말 그 위협적인 말들을 실천할 것으로 믿었다. 아버지는 폭력이 존경과 통제권을 획득하기 위한 수단으로 간주되던 마피아 성향을 가진 집안에서 자라났다. 그는 공포, 혼란 그리고 불신의 분위기를 조성하며 그런 생활방식을 우리 모두에게 주입하려고 하였다. 그는 종종 결코 가치도 없는, "쓸모없는 것"이라고 말하면서 나에게 모욕감을 주었다. 여러 유형의 학대는 우리 집에서는 일반적인 일이었다. 결과적으로, 나는 낮은 자존감을 가지고 성장하였다. 나는 고통스럽고 끔찍한 삶으로부터 벗어나기 위해 죽기를 바랐던 적이 있었다. 무엇을 위해 내가 이렇게 살 필요가 있는가를 생각했었다.

나의 숙모가 메노나이트 선교사의 사역을 통해 회심했을 때, 나는 그들의 삶 속에서 극적인 변화들을 보았다. 열두 살에 나는 예수님을 내 삶 안에 받아들이고 우리 팔레르모 지역 안에 위치한 샬롬 메노나이트 교회에 가끔씩 참석하기로 결정했다. 그러나 나는 괴롭고 영적으로는 혼란스러운 상태에 있었다. 내가 열여섯 살일 때, 아버지는 투옥되었고, 우리 가정은 흩어졌다. 이것은 우리 모두에게 큰 역경의 시기였다.

나는 나쁜 회사에 나가 마약을 다루기 시작했다. 내가 가졌던 직업은 나를 사기와 속이는 일로 밀어 넣었고, 나는 법적으로 집행 유예에 처해지게 되었다. 나의 중독이 심해짐에 따라 내 삶은 아래로 곤두박질쳤다. 모든 자존심, 존엄성을 다 던져버린 채 길에서 구걸을 하며 살았다. 그리고 내가 찾던 자유와 사랑을 바람 속으로 날려버렸다. 그럼에도, 나의 심장은 텅 비었고 차가워지고 있다는 것을 나는 비통하게 깨달을 수 있었다. 어느 날, 길거리 동료가 경멸하며 내 얼굴에 침을 뱉었다. 나는 화가 나서 언젠간 그를 죽일 것이라고 맹세했다. 그러나 감사하게도 하나님께서 내가 이 폭력적인 범죄를 저지르지 못하도록 막으셨다. 오늘 나는 그 동료에게 오직 연민만을 느낀다.

이 의미 없는 삶에서 8년 후에 나는 최종적으로 바닥에 닿았고 하나님에 대해 생각하기 시작했다. 샬롬 교회에서 내 영혼에 심겼던 그분의 말씀은 여전히 나에게 이야기하고 있었다. 무시무시한 내적 전쟁이 격렬하게 시작되었다. 비록 깊은 죄의식과 함께 교회로 되돌아가고 싶었지만, 나는 여전히 강하게 세상의 친구들과 함께 악의 족쇄에 채워져 있었다.

그 기간에 교회는 나를 위해 열심히 기도하였다. 나의 목사, 피노 아레나는 아버지처럼 나를 사랑했고, 나를 돕는 것이라면 모든 것을 했다. 어느 날 저녁, 술에 취해 나는 그의 초인종을 눌렀다. 그가 나를 집 안으로 환영하며 들였을 때, 나는 온 집안에 토해 놓았다. 그의 아내가 조용히 그것을 닦아낼 때, 아레나 목사님은 "살보, 너는 더 이상 이렇게 계속 살 수는 없어, 너는 반드시 선택을 해야 해!"

그러고 나서 나는 하나님께서 나에게 분명하게 다시 태어나야 하는 거듭남이 필요하다고 말씀하시는 생생한 꿈을 꾸었다. 나는 즉시로 침대에 무릎을 꿇고, 진실한 회개의 눈물을 흘리며, 하나님께 나의 모든 죄악을 깨끗이 제거해 달라고 기도했다. '이제부터, 다른 사람들이 무얼 생각하든 상관하지 않겠습니다. 똑바로 앞만 쳐다보게 저를 도와주시고 계속 당신을 찬양할 수 있도록 저를 도와주십시오. 왜냐하면 당신만이 나를 구원하시고 자유하게 하시는 분이심을 알 기 때문입니다!' 주님께서는 내 마음의 외침에 은혜롭게 응답하셨을 뿐 아니라 그의 풍성한 은혜 가운데, 사랑스러운 그리스도인 시모나를 나에게 보내주셨다. 그녀는 나의 고통스런 과거에서 벗어나고 나의 "구부러진" 생활방식을 버리려는 투쟁에서 나를 돕는 배필이 되었다. 우리는 함께 다른 사람들과 교제하며 새로운 삶을 재건하였다. 내 삶의 주제가 되는 구절들 가운데 하나는 "너는 범사에 그를 인정하라. 그리하면 네 길을 지도하시리라."이다. 잠언 3:6

시모나의 이야기. 하나님의 관점으로 보는 결혼의 중요성에 대한 완전한 무지와 하나님의 귀중한 가르침에 대한 무지 때문에 아주 이른 나이에 이루어진 나의 결혼은 곧 비극적 실수로 끝나버리고 말았다. 고뇌의 올무에서 도피한 이후, 나는 지금까지 발견하지 못했던 사랑, 이해, 수용, 안전을 추구하기 시작했다. 그러나 이 열정적인 탐닉은 나를 더 고통스럽게 만들었다. 차례로, 처음에는 내가 그토록 바라는 "왕자 같이 매력적인" 사람들을 만날 수 있었다. 그러나 모든 관계는 나를 점점 더 실망에 처하게 하였다. 왜냐하면 아무도 내 안에서 점점 더 커져가는 공허감을 채워줄 수가 없었기 때문이었다.

그 기간 동안에, 나의 언니는 그리스도에게로 회심하였다. 그분이 얼마나 내게 필요한지 알기 때문에, 그녀는 그리스도께서 내 삶에서 행하실 수 있는 놀라운 일들에 대해 이야기하였다. 나는 그리스도를 따르는 것이 내가 따르고 있는 매력적인 일들을 포기하는 것이라 느꼈기 때문에 듣기를 거절하였다. 나의 영적인 무지 안에서 "실제로" 내가 알고 있고, 볼 수 있는 사람들도 나를 만족시킬 수 없는데, 어떻게 보이지 않는 하나님이 나의 필요를 만족시킬 수 있겠느냐고 의심했다. 나의 환멸 안에서, 나는 어떤 빛도 희망도 볼 수 없었다. 죽음만이 유일한 탈출구로 보였다. 어느 날, 극단적인 피로 속에서 나는 하나님께 도전했다. '만일 당신이 사랑의 하나님이라면, 저에게 이 미로에서 빠져나갈 수 있는 길을 알려주세요. 저 스스로는 저의 길을 발견할 수가 없습니다!'

그리고 나서 곧, 나는 샬롬 메노나이트 교회에 참석하는 임마누엘을 만났다. 우리가 함께 이야기할 때, 그는 하나님에 대한 자신의 믿음을 말하기 시작했다. 이 특별한 사람은 곧 단순함으로 나의 마음을 얻었고, 내 안에 계셨고 그의 입술 위에 끊임없이 계시는 하나님에 대해 알고 싶은 욕망을 불러 일으켰다. 하나님께서 나의 도전에 응답하시는 것을 깨닫기 시작했다. 그분은 과거에 대해 용서를 받고 싶던 나의 인생에 새로운 장을 여셨다. 비참하게도, 이 희망과 계획으로 가득 찬 관계는 기대한 것처럼 끝나지 않았다. 내가 외롭지 않았던 시기는 이때뿐이었다. 엠마누엘은 나에게 과거의 어떤 만남보다 더 큰 고통을 남긴 채 주님 곁으로 갑자기 부르심을 받았다. 예수님의 존재는 나에게 용기, 힘, 존엄성과 그 고통스러운 상실의 의미에 대한 깨달음을 주었다. 무엇보다, 그는 나에게 엠마누엘을 다시 볼 것이라는, 기쁨과 평화로 넘치는 영원이라는 죽음 너머의 희망을 주었다.

하나님은 이 슬픔과 은혜를 엠마누엘의 가정의 심장에 도달하도록 사용했다. 나의 증언을 통해, 그의 어머니와 형제들 역시 그들의 삶을 하나님의 은혜를 향해 열었다. 하나님은 내 삶을 다시 세우셨고, 살보를 나의 길로 건너오게 하셨다. 살보는 나의 믿음과 주님을 위한 봉사를 나누는 멋진 남편이 되었다. 우리 둘 모두는 극복해야 할 많은 장애들을 가지고 있었지만, 예수님은 모든 치열한 전장 한 가운데 계셔서 우리를 치료하시고, 새로운 지평을 여시고, 삶의 새로운 비전을 주셨다. 하나님 안에서 나는 안전하고, 나의 마음의 빈 공간은 채워진다.

시모나와 살보 롬바르도는 시실리 섬의 수도인 팔레르모에 있는 샬롬 메노나이트 교회의 교인들이다. 이 교회는 범죄와 마피아로 악명 높은 도시에 있다. 살보와 시모나는 기회가 있을 때마다 기꺼이 예수 그리스도께서 그들의 삶 안에 행하신 일들을 이웃들과 친지들과 나눈다. 그들은 열정을 가지고 이탈리아 메노나이트 교회의 훈련 학교에서 제자도를 열심히 연구하고 있다. 살보는 설교 사역을 돕고 있고, 시모나는 샬롬 교회의 여성들을 위한 주간 성경 공부를 인도한다. 피노와 로산나 아레나는 그들의 목사이자 멘토다.

에바 에벌리는 버지니아 메노나이트 선교회 소속으로 그녀의 남편과 함께 이탈리아에서 40년간 봉사하고 있는 장기 선교사이며 그녀가 이글을 소개하였다

사랑하기

17 _ 죽음, 이혼 그리고 해방

스티브 카펜터

은혜는 종종 예상치 않은 방식으로 그리고 생각지도 못한 곳에서 온다. 그러나 은혜는 언제나 그것이 가장 필요한 시기에 정확하게 온다.

1995년 12월 26일 수요일 밤, 나의 전처의 자동차가 술에 취한 여인이 운전하는 자동차와 충돌하였다. 36살의 신디와 11살인 막내 딸 미셸이 모두 그 비극적인 밤에 죽었다. 신디는 사랑스러운 딸 미셸의 체조 연습을 위해 워싱턴 D.C. 외곽의 굴곡진 언덕으로 되어 있는 도로를 지나 구부러진 길을 따라 운전하고 있었다.

그날 일찍, 사고를 낸 운전자는 일을 마치고 집으로 곧장 가기보다 퇴근시간의 교통 혼잡을 피하여 여흥을 즐기다 가려고 술집에 들렀다. 경찰이 충돌 후, 아침까지 혈중 알코올 농도를 측정하지 않았기 때문에 그녀가 얼마나 많이 마셨는지를 아무도 정확히 몰랐다. 사람의 알코올을 분해시킬 수 있는 능력의 폭넓은 가변성을 고려하더라도 그 전날 밤, 앞선 차가 길 안으로 우회전하기 위해 속도를 낮추기 전 그녀가 알코올의 "영향 하에" 운전하고 있었다는 것은 법적으로 분명했다.

그러나 판단력이 마비된 운전자는 참지 못하고 두 개의 진한 황색 선을 가로질러 가서는 안 되는 구역임에도 불구하고 길 중앙선을 침범했다. 바로 그 때, 소형 포드 에스코트를 운전하며 반대 방향으로 운전하고 있던 신디가 언덕 꼭대기에 이르러 술 취한 운전자가 모는 훨씬 더 큰 자동차와 정면으로 충돌했다.

비록 신디와 미셀이 안전벨트를 하고 있었지만, 그들의 차에는 에어백이 장착되어 있지 않았다. 정면충돌의 결과로 신디는 즉사했다. 미셀은 등이 부러졌고, 그로부터 얼마 후 근처에 있는 병원 응급실에서 죽었다. 술 취한 운전자의 차에는 에어백이 있었다. 그녀는 작은 부상을 입었고 며칠 후에 병원에서 퇴원했다.

나는 하나님이 이혼을 싫어하신다는 것을 안다. 나도 그렇다. 그러나 나는 1989년 밸런타인데이에 하와이에 머무는 동안 만난 아름다운 젊은 여인과 8년 간의 결혼 생활 후에 이혼했다. 비록 우리는 다른 섬에 살고 있었지만, 신디와 나는 기독교 변증에 관한 프란시스 쉐퍼 회의에 참여하기 위해 호놀룰루에 있었다. 내가 처음 그녀를 보았을 때, 그녀는 긴 갈색 머리와 거부할 수 없는 매혹적인 미소로 눈이 부시게 아름다웠다. 우리의 연애기간은 짧았다. 만난 지 6개월 후에 결혼했다. 그 후, 곧바로 아름다운 여자 아기들, 자넬과 미셀이 태어났다.

그러나 모든 것이 항상 천국과 같은 것은 아니었다. 아름다움은 양날을 가진 검이다. 그것의 열매는 달콤하고 매혹적이다. 무수한 신디의 무분별한 행동 후에 나는 더 이상 은혜를 확장하지 못하고 이혼소송을 제기하였다. 일 년 간의 법정 별거기간 후에 우리의 이혼은 확정되었다. 나는 서둘러 재혼하려 하지 않았다. 그래서 나는 그 다음 일 년간 아무와도 데이트를 하지 않았다. 오히려 내적 성찰을 통해 나 자신에게 묻고 있었다. 이 실패한 결혼에 내가 얼마큼의 큰 책임이 있는가? 미래의 관계에서 성공하려면 나는 무엇을 바꿀 필요가 있는가?

그 지점에서 나는 많은 젊은이들이 여성에서 벗어나려고 선택하는 방식을 택했다. 선원이 되었다. 나는 코네티컷 주 뉴잉글랜드에 있는 연안 경비 학교에 주둔하는, 사각의 돛을 세 개 달고 있는 범선인 훈련용 배, 이글Eagle 항해의 행정관 임무를 신청했다.

이글호의 2년 간의 유럽 항해 그리고 미국의 서해안을 오르내리는 항해 후에 나는 워싱턴 D.C.에 있는 연안 경비대 사령관으로 전보되었고, 그것은 나의 딸들과 가까이 지내려는 방편이었다. 내가 "메노나이트 교회 소속인 복음주의적인 여러 교단들의 회중인 워싱턴 공동체 교제WCF"에 참여하기 시작한 것은 그때였다. 내가 크리스틴 앨더퍼와 만난 것은 바로 그곳이었다. 그녀는 나를 위한 하나님의 은혜가 베푼 계획 속에 있었다.

크리스는 메노나이트 가정에서 양육되었다. 메노나이트 선교 위원회의 원조 하에 간호사로서 일 년 동안 자원봉사자로서 워싱턴 D.C.에 처음 오게 되었다. 그녀는 콜롬비아 거리 건강 서비스Columbia Road Health Service에 배치되었는데, 그곳은 정부의 원조가 불충분한 도시 사람들을 위해 일하는 곳이었다. 우리는 WCF 어른들을 위한 주일 학교에서 1991년에 만났다. 그리고 3년 후인 1994년 7월 16일 결혼하였다.

나는 우리가 데이트하던 시절과 결혼한 후 몇 년 동안 현역으로 근무하였다. 크리스가 처음 그녀의 부모들을 만나려고 그녀의 집으로 데려갔을 때, 그들은 매우 친절했다. 이곳에서 그녀는 보수적이고, 평화주의자인 메노나이트 부모들에게 이혼한 경력이 있는, 현역 근무 중인 군인 남자친구를 소개했다. 그러나 그들은 내가 메노나이트 평화주의자가 되기 전에도 나를 사랑하고 받아들여주었다. 3년 후에 나는 평화주의자가 되었다. 그것은 은혜였다.

그러나 하나님 은혜의 가장 위대한 섭리는 내가 전처 신디의 이웃으로부터 "병원으로 오세요. 사고가 났어요. 스티브, 상황이 좋지 않아요."라는 전화를 받았던 사고 당일 발생했다. 나의 큰 딸 자넬은 그때 열세 살이었다. 감사하게도 그녀는 그날 차에 타고 있지 않았다. 대신, 그녀는 숙제를 하면서 집에 있었다. 신디는 재혼하지 않았고 그래서 신디와 미셀이 죽던 날 자넬은 혼자 남겨졌다. 그녀의 가족 전체가 순식간에 사라졌다. 죽었다는 사실이 확인된 후에, 나는 자넬에게 그 슬픈 소식을 전하려고 갔었고 크리스와 함께 자넬을 집으로 데려왔다.

대부분의 이혼한 남자들처럼, 나는 아이들을 주말에 캐피탈 힐에 있는 연립주택에 데려오는 시간제 아빠였다. 우리는 함께 스미소니언박물관을 가거나 최신 디즈니 영화를 보았다. 그들이 크리스를 처음 만났을 때, 우리는 아이들을 서커스에 데리고 갔다. 크리스는 39살이었고 결혼한 적이 없었지만, 아이들을 사랑했다. 나는 그녀가 조카들과 친한 친구들의 아이들과 빚어가는 특별한 관계에 감동을 받았다. 자넬과 미셀은 금방 그녀를 사랑하게 되었다. 나는 우리가 약혼했다고 그들에게 말하던 날을 기억한다. 우리는 도시락을 가지고 그 도시의 북쪽에 있는 포토맥 강에 있는 큰 폭포, 메릴랜드를 향했다. 우리의 약혼소식을 말할 때, 그들은 바위사이 오솔길을 올라가 떨어지는 물에 감탄하는 중이었다. 그들은 우리의 소식을 듣고 몹시 즐거워했다.

하나님께서 그의 지혜로 자넬을 위한 준비된 또 다른 엄마를 예비하셨다. 그녀는 슬퍼하는 아이에게 엄마가 되어주었고 마음이 산란해진 아빠를 사랑해주었다. 크리스는 나와 자넬에게 하나님의 가장 뛰어난 은혜의 선물이었다. 그녀의 사랑과 보살핌이 없었다면, 그 사건 뒤에 이어진 그 긴 저녁들의 어두움을 견디지 못했을 것이다. 자넬의 험한 십대의 중간에, 크리스는 우리와 함께 했고 우리가 그것을 견딜 수 있도록 도왔다.

그녀의 사랑과 하나님의 은혜를 나는 영원히 감사한다.

스티브 카펜터는 메노나이트 미디어팀의 개발 감독이다. 그는 장로교 집안에서 자랐지만, 마국 연안 경비대에서 20년을 근무한 후인 1997년에 메노나이트 믿음을 받아들였다. 스티브와 간호사인 그의 아내 크리스틴은 버지니아 주 해리슨버그에 살고 있다. 그곳에서 그는 버지니아 메노나이트 회의 코오디네이터로 8년 이상 봉사하고 있다. 스티브는 튤레인 대학에서 목회학 석사, 서부 메노나이트 신학교에서 종교에 관한 미술 석사를 취득했다. 그곳에서 그는 메노나이트와 미디어를 탐구했다.

18 _ 나오미

루벤 첩

산고. 목사로서 오늘은 나의 안식일이다. 나는 계획들을 가지고 있다. 그러나 이델라에게서 온 두 문장이 모든 것을 바꿔 놓았다. "할아버지가 될 준비가 되었나요? 산모의 양수가 터졌어요." 갑자기 그 밖의 모든 일들은 대기상태가 된다. 딸 에이미가 첫 번째 아이를 낳으려고 산고를 치르고 있는 동안 우리는 어정쩡하게 서서 서성거린다. 우리는 산고의 소리를 듣는다. 애처로운 울음이 우리의 첫 번째 손주의 탄생을 알린다. 너무나 놀라운 일이다.

출산. 나는 위대한 신비를 깊이 생각한다. 사랑은 어떻게 순식간에 늘어나는가? 어떻게 나의 사랑은 나오미 파예 크라체르가 내 품에 안기는 순간 확대되는가? 인간의 영혼 안에서 사랑은 이 신성한 본질의 수원지로부터 솟아나는 끝없는 공급 안에서 강력하게 앞으로 흐른다. 그 양이 얼마이든, 언제나 더 많아진다. 부어지고, 흠뻑 적시고, 마음에 쏟아지고, 분출하고, 돌진하고, 충돌하는 은혜처럼 그리고 해변에 부딪치는 파도처럼 내가 이 작은 나오미에게 느꼈던 이 놀랍고 놀라운 감정은 그렇게 온다.

"안아 보실래요?" 이 작은 아이가 살며시 나의 품에 안길 때, 새로운 놀라운 기쁨이 내게 찾아들었다. 이유는 모르겠지만, 뜨거운 눈물이 나의 안경을 얼룩지게 했다. 나는 스스로에게 조언했다. 깊게 숨을 들이쉬고, 조용하게 듣고, 열심히 바라보았다. 나는 가볍게 조그마한 발과 손을 조몰락거렸다. 섬세하고 부드러운 볼에 입을 맞추었다. 부드러운 천국의 향기가 느껴졌다. "새" 할머니는 내 어깨 너머를 응시했다. 이델라의 손은 나의 팔을 쓰다듬었다. 나는 이 아이에게서 눈을 뗄 수가 없었다. 나의 시선은 고정되었다. 나오미 외에는 아무것도 보이지 않았다. 고귀하고 전례 없는 그 무엇이 나의 삶 안으로 들어왔다. 나의 가슴에서 발전하고 확장하고 있는 그 무엇을 흡입하는 것처럼 나는 크게 숨을 쉬었다.

할아버지가 된다는 것은 놀라운 경험이었다. 나오미의 존재는 삶에 대한 나의 모든 기대들보다 훨씬 뛰어난 존재였다. 나에게는 드문 일이다 그녀의 탄생 덕분에 나는 매우 재미있는 질문들을 생각했다. 내가 갑자기 그녀를 그토록 흠모하게 된 이유는 무엇인가? 그녀가 태어난 저녁 이전까지 나는 그녀를 소개받은 적이 없다. 그녀는 존재도, 형태도, 인격도 없었다. 그러나 병원에서 그녀의 첫 번째 울음소리가 울려 퍼졌을 때 나의 심장에 무언가가 발생했다. 그것은 즉각적이었다. 그것은 강력했다. 그것은 감정적이었다. 바로 그때 그곳에서, 그 중간에, 긴 기다림 끝에, 나는 이 아이를 사랑하게 되었다. 아주 많이. 내가 표현할 수 없을 만큼.

석 달. 나오미가 태어난 지 석 달이 되었을 때, 초록 잔디에 낙엽이 떨어지는 것처럼 어두운 천이 흩어지며 나오미의 작은 엉덩이에서 분홍색 실 보푸라기가 내 검은 바지 위에 떨어졌다. 그러나 내 바지는 이미 분홍색 유약으로 얼룩이 져 있었기 때문에 그것은 그다지 문제가 되지 않았다. 나는 나오미의 향기를 맡았고, 볼에 입을 맞추었고, 목에 코를 들이박았고, 미소에 사로잡혀 나오미와 다시 함께 할 수 있었다.

내가 이 작은 아이를 기다면서 내가 얼마나 많이 변했는지 놀랐다. 평화가 나의 영혼에 더욱 진정한 일부가 되었다. 중요하지 않은 일은 그저 중요하지 않은 일이 되었고 긴박하게 처리해야 하는 일들도 관계의 중요성을 앞서지 못하게 되었다. 내가 나오미의 얼굴을 응시할 때 나는 하나님의 형상을 인지했다. 하나님은 그녀의 영혼 속으로 숨을 쉬고 그녀의 심장에 하늘의 초상을 찍으셨다. 하나님은 나오미의 가장 깊은 본질을 창조하셨다. 하나님은 그녀에게 생각하고, 추론하고, 느끼고, 선택할 수 있는 능력을 주셨다. 하나님은 이 사랑스러운 아이를 임신 때부터 알고 계셨다. 그녀는 대단히 경이롭게 만들어졌다. 그리고 그녀는 분명히 가장 멋진 손주이다. 물론 당신의 손주를 제외하고.

나오미가 태어났을 때, 가족 사랑의 잠자던 내적 감각이 깨어났다. 내 손녀가 태어났기 때문에 이러한 감정들을 느끼는 것이 아니다. 도대체 어디에서 그와 같은 사랑이 올 수 있겠는가? 나는 모든 사랑은 하나님에게서 온다고 생각한다. 하나님이 그것을 창조하셨고, 그것을 선이라 이름 지으셨다.

아홉 달. 이제 아홉 달이 되자, 나오미는 우리의 작은 여왕이 되었다. 나오미가 방으로 들어오면, 우리의 모든 관심을 차지한다. 가정의 어른들은 그녀를 보고 야단법석을 떤다. 그녀는 거기에 미소와 강아지를 유순하게 만드는 것 같은 풍부한 몸의 언어를 선사한다. 누가 누구를 기쁘게 하는지 모르겠다.

조부모가 된다는 것은 지치게 하는 일이기도하다. 이 작은 여자 아이는 우리의 심장을 장악하고, 우리의 관심을 사로잡고 그리고 우리의 생각을 하나로 만든다. 나오미는 불가사의한 존재이다. 그래서 그녀에 대한 우리의 반응도 그렇다. 우리의 귀여운 작은 여왕인 나오미가 오면, 인생은 온통 좋은 것으로 변한다. 좋은 것이 아니었던 것도 좋은 것이 된다. 나오미는 그처럼 위대한 힘을 지녔다.

나오미의 키는 겨우 25인치이다. 그녀의 몸무게는 약 17파운드다. 그녀의 잇몸에는 4개의 이가 솟아 있다. 그녀의 말투는 딸각, 끼익, 쿠우 그리고 천국의 종을 울리는 웃음에 한정된다. 나오미는 누가 안아 주지 않아도 어디로든 기어간다. 깨어 있어라, 끊임없는 그녀의 움직임은 재빠르기까지 하다. 그리고 그녀는 작은 치료자이다.

나는 목사다. 내가 하고 싶은 다른 일은 없다. 그러나 때로, 너무 많은 교회 일이 있고, 나의 능력은 충분치 않다. 목회적 리더십은 짜증스러울 수 있고, 분노가 친구가 된다. 나는 어제 밤 분노하며 잤다. 동이 텄어도 그 분노는 아직도 남아 있었다. 나는 사내아이가 새 야구공의 솔기를 엄지로 돌리는 것과 같이 인식의 톱니바퀴에 분노를 되감아 돌리고 있었다. 나는 아내 이델라의 생일을 축하하려고 에이미, 나오미를 이델라와 함께 만났다. 아내, 딸 그리고 딸의 딸이 할머니의 생일을 KFC에서 축하했다. 나는 나오미를 꼭 안았다. 그녀도 나를 꼭 안았다. 그녀의 엄마와 할머니가 이야기하는 동안, 나오미와 나는 밖으로 나갔다. 나오미는 완전히 집중하여 나무 위에 잎들을 열심히 쳐다보았다. 그녀는 그녀의 머리를 내 어깨에 기댔고 내 목 뒤를 한 손으로 쓰다듬었다. 나는 그녀의 숨소리를 들었다. 나는 나오미의 향을 들이마셨고 나오미의 목을 비볐다. 나는 조건 없이 사랑했다. 나오미도 똑같은 방식으로 나를 사랑했다.

식당에서 돌아오면서, 나오미를 나의 무릎에 앉혔다. 그녀는 콜라 잔의 가장 자리를 씹고 있었다. 나의 분노는 사라졌다. 걱정은 흩어졌다. 구원이 찾아

들었다. 샬롬이 이 작은 아이와 함께 하는 순간 나를 방문했다. 하나님의 다스림은 손닿는 곳에 있는 듯 했다. 이 작은 아이에 의해 만들어진 감정적 구원은 그 전날 밤부터 계속된 거룩하지 못한 몰두를 쫓아냈다. 다시 온 세상이 평온해졌다. 나의 치료자는 가족 중에 가장 작은 식구, 아주 작은 나오미 파예 크라체르였다.

나오미를 위한 기도. 하나님, 당신은 나의 나오미를 잉태로부터 아셨습니다. 그 아이의 가장 깊은 존재를 창조하시고, 엄마의 태 안에서 그 아이를 결합하셨습니다. 당신은 그 아이의 몸 구석구석을 다 알고 계십니다. 나오미가 크고 건강하게 자랄 수 있도록 도와주십시오. 나오미의 영혼 속에 예수의 본질을 빛으소서. 나의 첫 번째 손녀에게 그리스도의 길과 뜻을 아는 지혜를 내려주소서. 그녀의 모든 날 동안 예수를 따르게 하소서. 저에게 손녀를 안을 수 있게 하시니 감사하나이다. 이 작은 아이와 함께 하는 순간, 거룩한 권능이 저를 잠잠하게 하였나이다. 내 손녀는 저에게 은혜입니다. 감사합니다. 아멘.

루벤 첩은 아나뱁티스트를 확신하는 예수를 따르는 제자, 남편, 아버지, 할아버지, 메노나이트 목사이다. 그리고 그를 둘러싼 세상의 관찰자이기도 하다. 그의 인생에는 많은 의미 있고 중요한 변화가 있었지만, 손자들은 그에게 섭리, 은혜와 조건없는 사랑 같은 것에 대해 많은 것을 가르쳐주었다. 그는 독서, 쓰기, 사진 찍기, 그리고 여행을 열정적으로 좋아하지만, 가장 그가 원하는 것은 그의 손자들과 우노 게임을 하고, 그들과 함께 책을 읽고, 주의 깊게 듣고, 그들의 눈을 통해 삶을 생각하며 어울리는 것이다.

19 _ 입양과 이민을 통한 은혜

로벨라 셀렌버그

나는 가끔 혁명기간 동안 열세 번째 아이를 갖고 싶어했던 나의 할머니 헬레나 클라센이 자신이 임신하고 있던 아이에게 앞으로 어떤 일이 일어날지에 대해 예측하며 걱정하지는 않으셨는지 궁금했었다. 그 아이가 갓난아이일 때 그녀가 죽는다면, 그 작은 아이는 하나님의 은혜를 믿는 것 외에는 다른 선택이 없었다.

그 아들, 아론은 볼셰비키 당원들이 차르 정부를 전복시킨 일 년 후인 1918년 러시아 오렌버그 수보르포카의 메노나이트 마을에 태어났다. 그 마을은 살아남기 위해 애를 썼고, 1920년까지 약탈하려고 돌아다니는 강도들에게서 간신히 숨겨놓았던 얼마간의 씨들을 기르는데 실패하고 말았다. 왜냐하면 그들에게 절실하게 필요했던 비가 내리지 않았기 때문이다.

같은 마을에서 1911년에 결혼했지만 아이를 임신하지 못했던 잘 준비된 젊은 부부의 마음을 흔들어 놓으셨다. 그들은 나의 할아버지에게 다가와 아장아장 걷는 그 작은 아이를 자신들이 입양하는 것에 대해 생각해 봐달라고 부탁했다. 아론은 어렸지만, 어린 소녀가 자신을 젊은 부부 버나드와 카트리나의 집으로 데려가고 있었던 희미한 기억을 가지고 있다. 그는 엄마가 정표로 준 작은 녹색 벨벳 지갑을 가지고 있었고, 비록 가족들이 아론을 계속해서 방문하려고 노력했지만, 눈물 가득한 이별 때문에 그것은 그들에게 마지막이 되었다. 아론은 피터의 집에서 엘리아노라고 불리는 또 다른 입양아와 만났다. 비록 상황이 계속해서 나빠지고 있었지만, 그 새로운 가정은 러시아에서 살아남기 위해 최선을 다했다. 버나드와 카트리나는 용기 있게 그들의 작은 가정을 캐나다로 옮기기로 결정했다. 그들은 다른 가족들에게 그들과 함께 가자고 간청했지만, 그들은 낯선 곳에 대한 두려움 때문에 가지 않기로 결정했다.

여행을 위해 필요한 충분한 옷과, 약간의 사진과 토지문서를 가지고 네 사람은 다시는 볼 수 없을 것이라는 것을 알고 그들의 사랑하는 사람들과 작별했다. 아이들이 홍역으로 심하게 아팠기 때문에 모스코바로 가는 그들의 여정이 지체되었다. 속임수와 거짓으로 가득 찬 것처럼 보이는 낯선 도시에 머물면서 그들은 자신의 안전에 대해 두려워했고, 너무 어려운 길을 선택한 것이 아닌가 하는 회의가 들기도 했다. 마침내 그들에게 캐나다로 가는 배에 타기 전 최종 심사를 통과해야 하는 곳인 영국으로 여행할 수 있는 허가가 주어졌다. 부끄럼을 타는 아론은 말을 하지 않았다. 그의 지적인 능력이 의심되었고, 처음에는 그가 벙어리가 되었다는 판단을 받았다. 그의 아버지는 걱정이 되어 북부 독일 방언을 말하는 관계자에게 어린 아론을 데리고 갔다. 아론이 그의 누이와 하고 싶은 게임이 무엇이냐고 묻는 것으로 그가 말을 하도록 부추겨보았다.

그들은 몽캄호에 승선하여 갑판 밑 낮은 곳으로 갔다. 그리고 바다 밖에 보이지 않는 망망대해를 몇 주 지난 후 1925년 3월 22일, 뉴브런즈윅의 세인트 존에 도착했다. 나의 조부모들은 외로웠고, 아주 작은 땅의 권리 밖에 없었지만, 하나님의 은혜 덕분에 겸손하게 되었으며 공산주의로부터 해방되어 체포에 대한 두려움 없이 자유롭게 예배드릴 수 있게 되었다는 것을 분명하게 알았다.

색카치완, 발트하임의 공동체에 정착한 후 그들에게는 네 사람이 한 침대 위에서 비스듬히 자야하는, 다른 메노나이트 가족이 소유하고 있는 집이 은신처가 되었다. 아론과 엘리아노는 영어 단어를 하나도 모른 채, 지역 만물상에서 산 직물로 만든 재활용 누런 종이 한 장을 들고 학교로 보내졌다. 만일 언어 장벽과 눈에 띠는 가난이 기를 죽게 하지 않았다 해도, 그들이 입었던 옷차림이 단번에 이방인처럼 표나게 한다는 것쯤은 알아차렸을 것이다.

성공하려는 가열찬 결심으로, 나의 할아버지는 땅을 고르고 장작을 패는 일을 시작하셨다. 이 일은 러시아에서 할아버지 땅에서 했던 어떤 일보다 더 힘들었다. 그러나 살려면 그 방법 밖에 없다는 것을 알고 할아버지는 계속 거듭해서 "나는 해야만 해, 나는 해야만 해, 다른 길은 없어!"를 반복했다.

비록 나의 아버지 아론이 이따금 그 어린 시절의 어려움에 관하여 말했지만, 결코 그들이 공산주의를 떠나 자유의 나라 안에 살 수 있게 해주신 하나님의 은혜에 관해 얼마나 감사하고 있는지를 우리에게 표현하기를 잊은 적이 없으시다. 아론의 학업은 그가 어린 십대였을 때 할아버지와 함께 일하는것 때문에 중단되었다. 그러나 열일곱 되던 해, 그는 자손들에게 물려줄 자신의 삶의 기록을 손으로 공들여 썼다. 그가 인생에서 경험한 것들을 종이 위에 옮긴다는 것이 그냥된 것이 아니라는 사실을 알고, 그 시작을 이렇게 썼다. "나의 하나님께서 나에게 은혜를 주셔서 그분이 내 인생에서 어떻게 나를 인도하셨고 그것이 다른 사람에게 해가 되지 않고 어떻게 축복이 되었는가를 쓸 수 있게 해주십시오."

아버지 아론은 인생에서 세 분의 어머니를 가질 수 있었다는 사실에 대해 감사했다. 그의 첫 번째 어머니는 그에게 생명을 주셨고, 또 한 분은 그를 키워 주셨고 나머지 한 분은 나중에 만난 장모님이시다. 이것은 그가 세 번 입양되었다는 사실과 비슷하다고 말했다. 그는 첫 번째로 버나드와 카트리나 페터즈에게 입양되었고, 후에 그가 결혼했을 때 사위로 입양되었다. 하지만, 그는 세 번째 입양을 가장 의미 있는 것으로 간주하였는데, 그가 그리스도를 그의 구세주로 받아들였을 때, 하나님의 가족으로 입양되었다.

칠십 년 후에 아버지 아론은 마지막으로 그의 친형제들을 보았다. 그는 유럽으로 여행을 떠났다. 아론이 비행기 승무원에게 그의 친 가족들과 상봉하게 될 것이라고 말하자, 승무원은 조종실에서 떠오르는 해를 볼 수 있도록 자리를 마련해주었다. 그는 앞에 있는 찬란한 붉은 하늘을 경탄하며 서 있었고, 곧 놀라운 재회를 한다는 사실에 흥분했다. 열세 명의 남매 가운데 셋만 남은 남매들의 칠십 년만의 재회였다. "하나님의 위대한 사랑이 이것을 가능하게 하셨다"고 나의 아버지는 말했다.

그들이 누나의 집으로 차를 타고 갈 때, 그들은 주일에 입는 가장 좋은 옷을 입고, 스카프를 두른 한 나이 들어 보이는 여인을 보았다. 말없이 그들은 포옹하고 서로에게 매달렸다. 나중에 이 장면은 그의 형이 그를 감싸 안으며 떨리는 목소리로 "내 가장 사랑하는 동생"이라고 독일어로 말할 때 다시 한 번 재연되었다.

아버지는 하나님의 은혜의 보좌에 겸손하게 다가선 겸손한 사람이었다. 그는 다른 사람이 나누어준 은혜에 감사해, 그가 받은 친절한 행위에 대한 감격을 회상하는 한 권의 책을 썼다. 그의 어머니는 그가 어린 아이였을 때 돌아가셨고, 그의 아버지는 기아로 사망했고, 그는 낯선 이들과 함께 살게 되었다.

그러나 그는 언제나 분에 넘치는 은혜를 받았다는 인상을 나에게 주었다. 81세의 나이에 고향으로 부르심을 받고자 병원 침대에 누워있을 때, 나는 아버지의 손을 잡고 느리게 내쉬는 그의 호흡과 그의 영이 은혜의 삶에서 다음으로 옮겨가는 것을 지켜보았다.

로벨라 슐렌버그는 캐나다 브리티시 콜롬비아, 아보스포드에서 남편과 함께 양계 농장을 한다. 그녀는 2008년에 '메노나이트 소녀들은 요리할 수 있다' 라는 블로그를 시작했고, 두 권의 요리책을 공동집필했다, 2013년에 출판된 『메노나이트 소녀들은 축하 행사 요리를 할 수 있다』가 그 중 하나이다.

20 _ 꼭 맞는 옳은 일

조앤 클라쎈

구하라, 주실 것이요… (마 7:7)

어렸을 때, 내 남동생 돈Don은 아주 귀찮은 존재였다. 십대 때 우리는 관심사가 달랐고 노는 친구들도 달랐다. 어른이 되서는 서로 십년 간 각자의 일로 떨어져 있기도 했다. 거의 천 마일이나 떨어져 살았다. 나는 마니토바 주, 위니펙에 살았고 돈은 앨버타 주 에드먼턴에 살았다. 우리 각자의 삶은 일, 공동체 그리고 가족에 대한 책임들로 늘 벅찼다. 그리고 나서 그를 두 번 본 것은 우리 부모의 장례식에 가려고 계획에 없었던 미시건으로의 여행 때였다. 아버지는 2월에 어머니는 그보다 한 달 정도 후였다. 돈과 나는 모두 슬픔에 싸였다. 이 방문은 눈 깜짝할 사이에 지나갔다.

후에 나는 에드먼턴에 있는 작품 토론회를 인도해 달라는 요청을 받고 돈을 만날 수 있다는 생각에 기뻤다. 그래서 일을 끝낸 후에 돈의 집에 며칠 동안 방문해도 좋은지를 알아보려고 전화를 걸었다. 지금도 내가 받은 대대적인 환영에 마음이 따뜻해진다. 멋진 집에서 만든 음식과 날마다 타오르는 불, 그들의 개와 함께 가까이 있는 호수 산책, 과거와 미래를 오가는 대화, 어린 시절을 함께 누렸기 때문에 서로의 삶 안에 공통분모를 가지고 있는 사람들만이 나눌 수 있는 친근한 대화가 있었다. 내가 동생과 함께 한 시간은 내게 너무나 필요했던 개인적 휴양의 시간이 되었다. 나는 성인이 된 이후 동생의 집에 머문 적이 없었기에 함께 하는 시간은 감사한 것들과 감사에 대해 생각할 많은 것들을 선사해주었다.

돈은 도시 안에 있는, 천 개의 침상 규모를 가진 병원의 사회복지사이다. 65세이고, 육 피트가 조금 넘는 키에 튼튼한 스칸디나비아 사람의 체격을 가진 사람으로 존경할 만한 사람이다. 그의 사회복지사로서의 일은 결코 평탄치 않았다. 그는 개인적인 문제들을 가진 사람을 만났고, 역기능가정의 비극을 알고 있었다. 돈의 차분하고 기운을 북돋는 태도는 사람에게 생길 수 있는 가장 최악의 길을 지나온 덕분이며 다른 사람들의 삶 속에서 절벽을 잘 지나갈 수 있도록 도울 수 있었던 그의 경험에 기인하기도 한다.

십대에 장래가 촉망되는 축구 선수였던 동생은 시즌 초반 경기에서 다시는 경기를 할 수 없을 정도로 열 손가락이 모두 부러지는 심각한 부상을 당했다. 그는 고등학교를 졸업한 후 결혼했지만, 곧 아내 없이 두 아이를 키우는 아빠가 되었다. 동생은 캐나다로 이사 가서 철도 회사에서 전기 노동자가 되기 전 십 년 넘게 우편부였다. 몸에 큰 부담을 주는 야외노동일은 상당한 대가를 치르게 했다. 나이 사십에 장애 수당을 받았고, 날마다 몸을 뒤틀리게 하는 요통과 함께 사는 법을 배워야 했다. 많은 영적 방황 후에, 그는 대학에 들어가 사회복지사 학위를 취득했다. 돈은 여러 다양한 배경에서 일했고, 결국 그가 지금 살고 있는 앨버타로 이사했다.

돈은 공식적으로든 비공식적으로든 종종 경험이 적은 사회복지사들의 전화를 받는다. 여러 번의 임종을 경험한 돈은 사랑하는 사람의 임박한 죽음의 슬픔을 경험하고 있는 가족들은 당연하거니와 죽음에 직면한 사람들에게도 확실한 영향력을 발휘할 수 있었다.

돈이 일하는 병원의 한 젊은 동료는 나에게 "돈은 무엇을 해야 하고 말해야 할 지를 정확하게 알아요, 상황은 전부 다른 데도 말이지요."라고 말했다.

나는 놀라움을 가지고 돈에게 "너는 어떻게 언제나 상황에 딱 맞는 일을 알 수 있니?"라고 물었다.

돈은 그가 다른 사람들에게 어떤 말을 하는지 알려 주었다. "나는 질문을 해. 예를 들어, 만일 어떤 사람에게 방문하는 사람이 많지 않다면, 나는 '당신은 친구들이 왔으면 좋겠습니까? 아니면 그냥 혼자 있기를 원하십니까?'라고 물어. 때로는 아무런 말도 하지 않지만, 그들은 손가락을 들어올거나 아니면 고갯짓을 해. 그러면 나는 '내가 당신의 손을 잡아드릴까요?'라고 물어."

돈은 위로가 될 수 있는 것을 제공할 수 있도록 그가 마주치게 되는 전통들과 관습들에 대해 가능한 많이 배우기로 결심했다. 하지만, 그는 결코 그가 원하는 것을 다 알고 있다고 생각하지 않았다. 그는 죽어가는 친척의 침상 곁에 둘러서 있던 한 대가족에 대해 말했다. 그들이 성직자가 오기를 기다리고 있을 때 돈은 그들을 위해 무엇을 해드릴까를 물었다. 그들은 기도해달라고 부탁했다. 그들의 종교는 그의 종교와 달랐지만, 그는 경험으로 그들의 믿음 안에서의 위로의 말을 알았고 확신을 가지고 기도했다. 그들은 그를 경이의 눈빛으로 쳐다보며 감사를 표했다.

돈과 죽음에 대한 이러한 대화들을 할 기회를 가졌던 것은 우연이 아니었다. 나는 지난 세 달 동안 세 번의 장례식에 참석했다. 그 전날도 나는 사랑하는 빌의 죽음 때문에 에드먼턴을 다녀왔다. 남편과 내가 빌의 아내 캐롤를 방문하고 돌아오는 길에 그녀에게 어떻게 다가가야 했었는지에 대해 많은 생각을 했다. 나는 돈의 동료 사회복지사와 마찬가지로 혼자 남겨진 캐롤을 위해 무엇을 하고 무슨 말을 해야 할지 몰랐다. 돈의 안내로 나는 캐롤에게 전화를 걸어 그녀가 버틸 수 있도록 그녀에게 꼭 맞는 옳은 일이 무엇인가를 물었다. 우리는 그녀를 다시 방문하기로 하였다. 그녀가 전화로 친구들이 와주기를 바랐기 때문이다. 나는 내가 그렇게 물을 수 있었던 것이 너무 기뻤다.

집으로 돌아오면서, 나는 내 동생의 지혜의 그의 말, "물어보세요."를 선물로 가지고 왔다. 나는 내 동생, 돈을 나의 길로 이끄신 하나님께 감사드린다. 그것은 적시의 꼭 맞는 옳은 일이었다. 이것은 하나님의 사인으로 부족하지 않았다.

조앤 클라쎈은 인간 발전을 위한 센터(The Center for Human Development) 설립을 돕고 있다. 그녀의 첫 번째 책 『사는 법 배우기, 사랑하는 법 배우기』(Jalmar Press, 1985)는 그리스어와 러시아어로 번역되었다. 그녀는 많은 책을 썼고, 수많은 잡지에 기고했다. 그녀는 영국 버밍햄에 있는 우드브루크 퀘이커 연구 센터와 위니펙에 있는 캐나다 메노나이트 대학에서 변화시키는 힘이 있는 글쓰기를 가르친다. 그녀는 변화를 위한 생활 글쓰기를 위한 유럽인 센터의 공동설립자이다.

21 _ 은혜를 통해 사랑은 더해간다.

루스 스미스 메이어

나는 4월의 그날을 믿을 수가 없었다. 그날은 내 남편의 삶을 기념하고 추억하면서, 혼자서 보냈던 나의 다섯 번째 생일이었다. 나는 그가 수년간 나에게 보내준 편지와 카드들을 집어 들고 가죽 의자에 편하게 앉았다. 나는 거의 한 시간 동안 그것을 읽으며 나를 향한 남편의 사랑을 느꼈다. 그 중 하나를 읽다가 남편이 죽기 전 며칠 동안 나누었던 대화가 떠올랐다.

"루스." 나를 부르며 그가 속삭였다. "당신이 내가 죽은 후에 다시 좋은 사람을 만나 결혼했으면 해요."

"오, 노만!" 나는 고개를 좌우로 흔들었다.

"당신이 지금 이 말을 듣고 싶지 않다는 걸 알아. 하지만, 당신이 좋은 사람을 만나 다시 사랑을 느끼게 되는 날이 오면, 당신의 새출발에 내가 찬성했었다는 걸 기억해 주세요. 당신은 나에게 너무나 많은 사랑을 주었고 아직도 여전히 그래요. 나는 당신과 함께 더 나은 인생을 살아갈 누군가를 발견하기를 바래요."

나는 의자에 기대 앉아, 한 숨을 쉬며, 크게 말했다. "노만, 나는 그런 일이 일어날 것이라고 생각지 않아. 하지만, 알았어. 나는 혼자 사는 법을 배울 거야. 나는 나의 인생을 채워줄 다른 것들을 찾을 거야."

얼굴을 들고, 나는 기도했다. "그렇지만 하나님, 만일 원하신다면, 제발 제가 너무 오래 살지 않게 해주세요."

바로 그때 전화벨이 울렸다. 나는 다시 한 번 깊게 숨을 쉰 후에 전화를 받았다. "여보세요?"

"여보세요. 나 폴 메이어야."

폴 메이어! 우리는 일 마일도 안 떨어진 곳에서, 여름이면 같은 곳에서 수영을 하고 우리의 집들 사이에 있는 언덕에서 함께 썰매를 타며 살았다. 우리는 젊은 기혼자들로 서로를 방문하였다. 노만은 폴을 존경했다. 왜냐하면 그들은 많은 공통점을 가지고 있었다. 후에 우리 모두는 다른 방향으로 이사를 갔고 만남이 끊어졌다.

폴의 아내가 죽었을 때, 나는 장례식 후까지 그것을 듣지 못했다. 그래서 나는 카드와 애도의 뜻을 전하는 메모를 보냈다. 다른 배우자가 죽은 사람에게도 그랬듯이, 나는 배우자를 잃은 사람이 누군가 대화를 나누며 이해해줄 사람이 필요한 때를 위해 전화번호를 적어놓았다. 지금, 그 일 년 후에 그가 전화를 한 것이었다. 그는 마리온이 죽은 후에 나의 조문 카드를 받았고 나의 메모를 우연히 찾아내었다.

따뜻하고 즐겁게 만족한 대화의 기분 좋은 시간을 가졌다. 같이 알고 있는 친한 사람들을 추억하며 두 시간 후에 우리는 전화를 끊었다. 나는 언제나 폴을 조용한 사람으로 알고 있었는데, 너무 쉽고 편안하게 우리가 소통할 수 있다는 사실에 놀랐다. 우리의 대화에 대해 생각할 때 나는 하나님께서 나를 향해 웃고 계시는 것처럼 느껴졌다.

"와, 이곳에 하나님이 계시다니!" 나는 반박했다. "그가 내 메모에 대해 지금 막 고맙다는 전화를 했습니다. 그게 다라니깐요!"

그러나 나는 하나님께서 더 웃는 것처럼 느껴질 뿐이었다.

몇 번의 전화통화가 더 있었고, 어느 오후에 우리 둘 모두가 그렇게 원했던 만남을 약속했다. 정말 편안한 감정과 교제가 서로에게 있었다.

우리는 정기적으로 서로 만나기 시작했다. 매번, 편안함은 깊어졌고 사랑은 자라났다. 그때 쯤 나의 마음에는 그분의 은혜 안에서 그분이 계획해 오셨던 선물이 우리에게 주어진 것이라는 확신이 들었다.

후에 나는 폴에게 그의 전화가 처음 왔을 때, 내가 드리고 있었던 기도를 나누었다. 그의 눈은 반짝거렸고 그의 얼굴에 미소가 번졌다.

"내가 나머지 이야기를 다할 때까지 기다려!"

"나머지 이야기?" "그날 저녁 전화할 용기를 내기까지 시간이 좀 걸렸어. 사실 나는 전에 네다섯 번 당신의 전화번호를 돌린 적이 있어. 하지만, 그 전화가 당신에게 닿을 때까지 울리도록 내버려둘 수가 없었어." 그는 잠시 쉰 후, "나는 당신이 그 기도를 드릴 때까지 기다려야 할 필요가 있다고 생각했어."

이런 체험과 함께, 폴과 나는 하나님께서 우리 둘 모두를 이끄셨다는 걸 알았다. 우리는 하나님의 선하심과 은혜 안에 묶여있음을 느꼈다.

그는 나에게 무릎 수술을 기다리는 중이라고 말했고, 나는 그를 위해 함께 갈 수 있어 기뻤다. 우리의 결혼식 6주 전, 정기 검진에서 폴의 가정의는 그의 전립선의 특정한 항원이 약간 상승했기 때문에 전문의를 찾아볼 것을 권고했다. 그는 그것이 심각하게 우려할 일은 아니고 단지 권고라고 확신시켰다. 전문의도 같은 반응이었지만, 모든 것이 정상인지를 확인하려고 생체검사 계획을 잡았다.

"내가 암인지 아닌지를 알 때까지, 우리의 결혼을 연기해야 하는 것이 아닐까?" 폴이 물었다.

"미안, 폴, 하지만, 그렇게 하기에는 너무 늦었어. 나는 이미 당신을 깊이 사랑하고 그것이 암으로 확인된다면 당신 혼자 그것을 직면하도록 하기보다는 당신과 함께 그것을 통과하는 것이 낫다고 생각해."

우리의 조용한 12월 결혼식이 있은 후 두 주일 후, 우리는 생체검사의 결과를 보기 위해 갔다.

"좋지 않은 소식입니다." 의사는 우울한 표현으로 말했다. "스무 개의 샘플 모두 악성인데, 열 개는 매우 공격적인 유형의 암입니다. 대안이 없습니다. 수술을 가능한 빨리 해야 합니다."

나는 패닉 상태가 되었지만, 하나님이 원하시는 바른 곳에 있으며, 만일 그것이 아주 짧은 기간이 될지라도 폴의 삶을 공유할 수 있는 특권을 가질 수 있다는 기쁨으로 압도당하는 강한 느낌이 있었다.

1월에 있었던 그의 수술은 잘 되었다. 4월에는 그의 첫 번째 무릎을 교체하였다. 그가 건강을 회복하는 동안, 우리는 사랑스런 여름을 보냈다. 9월과 10월에 그는 33번의 항암 치료를 받았다. 물집이 생긴 것은 마지막 몇 번뿐이었다. 비록 그것이 우리를 놀라게 했지만, 그의 두 번째 무릎 교체는 11월로 예정되어 있었다. 그 후 곧이어 그는 그의 엉덩이와 무릎 사이의 연결 느낌에 대해 고통을 호소하였다. 그 다음 5월 그의 경막이 문제가 되어 그는 발을 자르는 경험을 하였다. 그것은 버팀대를 필요로 하였다.

결혼 이후 7년은 그의 왼쪽 근육이 약화되어 갔고 여러 물리치료 기간으로 폴에게 극심한 고통의 시간의 연장이었다. 그의 척추 안쪽에서 종양이 발견된 금년에, 그의 등 수술에 실패하였고, 다섯 번의 방사능 치료와 화학요법이 이어졌다.

많은 사람들이 우리의 결혼 이후 우리의 삶 안에 일어난 비극적인 일에 관심을 갖고 위로의 말을 전했다. 하지만, 우리는 여러 방법으로 하나님의 은혜를 경험하고 있다. 여러 달 동안 계속되던 통증에서 해방되었고, 우리의 가족, 교회와 친구들의 감동적인 지원, 우리가 서로에게 발견한 강렬하고 지속적인 기쁨, 우리가 그것을 필요로 할 때 날마다 넘치던 은혜와 무엇보다, 우리가 하나님이 계획하신 곳에 정확히 머물고 있고 우리 길의 모든 발걸음을 인도하신다는 확실한 믿음, 이 모든 것이 기적이다. 우리는 찬송 작사자 애니 존슨의 "더해진 고통에 그분은 그의 자비를 더하신다네. 늘어난 시험에 그분은 평화를 늘리신다네."를 발견했다. 얼마나 놀라운 발견인가!

루스 스미스 메이어는 캐나다의 가장 큰 그리스도인 작가들의 모임인 "The Word Guild"와 "Inscribe Christian Writers Fellowship"의 회원이다. 그녀는 일상의 신앙을 위한 잡지 Rejoice!의 정기적인 기고가이다. 두 권의 소설과 한 권의 어린이 책의 저자이다. 그녀의 글들은 다양한 잡지들에 기고되며, 그녀의 영감을 주는 연설 때문에 온타리오 지역과 미국 여러 곳으로 초청 강연을 하고 있다. 웹사이트는 www.ruthsmithmeyer.com이다.

고통

22 _ 극단적인 용서

존 퍼킨스와의 인터뷰

60년대 후반, 우리들 가운데 몇 명은 미시시피 주, 멘덴홀에서 경제적인 보이콧을 전개했고 그곳 감옥에 구금되었다. 근처 대학생들이 금요일에 와서 그 보이콧에 참가했다. 시위 후에 집으로 돌아오는 길에 우리는 행진을 했다. 우리는 그들이 흑인들을 대하는 방식을 바꿀 때까지 연설을 할 것이며 계속 저항할 것이라고 말했다.

그러나 1970년에 브랜든 감옥 사건이 발생했고, 이것은 다른 이야기였다. 어느 날, 열아홉 명의 사람들이 체포되어 브랜든 교도소에 수감되었다. 우리는 그들을 교도소에서 석방하기 위해 연대할 필요가 있었기 때문에 교도소로 갔다. 교도소는 고속도로 순찰차들에 의해 둘러싸여 있었다. 누군가 보안관에게 가서 우리가 연대하려고 그곳에 왔다고 보고했다. 보안관은 우리가 정말 교도소에 수감자들과 연대하려고 왔다는 것을 거의 믿지 않았다. 지금 돌아보면, 나는 그 사람들이 가지고 있던 적의에 대해 전혀 알지 못했다.

그들은 우리가 교도소 안으로 들어가기 전에 우리 가운데 세 사람을 때리기 시작했다. 일단 우리가 안으로 들어가자, 보안관은 우리를 저주하기 시작하며 말했다. "얘네들이 그 잘난 깜둥이야. 이제부터는 새로운 상황이라고. 여긴

멘덴홀이 아니야. 너희들은 이제 내 구역에 있다고." 그들은 때리기 시작했고 우리를 고문했고, 그 후의 이야기는 그저 처참할 뿐이었다.

우리는 짓밟혔고, 그 중 가장 끔찍한 일은 보안관들 가운데 하나가 총을 꺼내 노리쇠를 뒤로 젖혀 내 머리 옆에 대고 방아쇠를 당겼던 일이다. 물론 총알은 들어 있지 않았다. 그것은 발사되지 않았다. 그러나 내 마음에 나는 죽은 것 같았다. 그것은 고문의 한 부분이었다. 그들은 나를 파괴시키고 싶어 했다. 그들 모두는 내 사타구니를 찼다. 그것은 나로 하여금 내가 어떤 부정적인 성적 대상인 것처럼 느끼게 했고, 그들은 이 흑인, 검둥이, 성적 대상을 파괴시키고 싶어 했다. 나는 그것을 무의식적으로 직감했고, 그것은 그들이 죄수들을 다루던 방식과 같은 것이었다.

교도소에서 나는 그들의 눈에서 나를 위협하는 인종 차별을 보았다. 그 사람들은 인종차별을 했고, 나는 그것이 내 삶의 일부분이 될까 두려웠다. 그래서 나는 말했다. "이곳은 어두운 곳이고 나는 이 어두움을 내 자신의 삶 안에 놓고 싶지 않다." 그날 밤 나는 교도소에서 나 자신에게 약속을 했다. 나는 하나님과 거래를 하고 있었고 내가 뭔가를 할 수 없다는 것을 알았다. 나는 영웅처럼 행동하는 것이 아니었다. 나는 두려웠다. 나는 죽게 될 것이라고 생각하고 있었다. 그리고 하나님과 거래를 하고 있었다. 나는 "하나님, 만일 당신이 나를 이 교도소에서 나가게 해주신다면, 나는 정말로 나의 인종보다 강한, 어떤 경제적 이익보다 더 강한 복음을 설교하기를 원합니다. 나는 흑인과 백인뿐만 아니라 그리스도의 몸 안에서 흑인과 백인도 화해할 수 있는 복음을 설교하기를 원합니다."라고 말했다. 그것이 지금 나를 계속 이끌고 있다.

아마도 나는 그 시기보이콧 당시의 그 폭행을 경험한 첫 번째 사람들 가운데 하나일 것이다. 그리고 내가 감옥에서 막 나와서 나의 이야기를 할 때, 그들은 나의 머리와 눈이 붓고 모든 게 엉망이었던 것을 볼 수 있었다. 그들의 고요함에서, 나는 일반적인 미시시피의 사람들은 무슨 일이 일어났었는지를 알고 있다고 생각한다. 그것은 거의 부인할 수 없다. 만일 내가 마이크에 대고 소리를 질렀더라면, 그들은 '그는 그런 대접을 받을 만 했어. 그들이 그를 때릴 만한 이유가 있었을 거야. 그는 맞아도 당연해.'라고 말했을 것이라고 생각한다.

그때, 나는 다른 지역의 보안관과 친구가 되었다. 가끔 우리는 누군가를 만나고, 공감대가 형성되는 것을 본다. 나는 경쟁심이 강한 종류의 사람인데 그도 나만큼이나 경쟁심이 있어 보였다. 우리는 바로 친해졌다. 그는 교도소 체제의 실패와 우리가 어떻게 이러한 젊은 사람들을 사회로 복귀시킬 체제를 수립할 수 있는지에 대해 관심을 가지고 있음을 피력했다. 그리고 그는 "많은 사람들이 이렇게 긴 기간 동안 감옥에 있어서는 안 됩니다."라고 말했다. 그리고 많은 교회들과 기관들이 감옥에 와서 함께 예배를 드리는 것도 옳고 좋은 것이지만, 더 큰 문제는 출소자들 가운데 80%가 다시 되돌아온다는 것이라고 강조했다. "그러므로 이런 사람들을 위해 필요한 모든 돌봄이 외부에서 이루어져야 합니다"라고 말했다. "우리는 그들을 위한 교도소 밖에서 이루어지는 양육이 필요합니다." 그는 나에게 왜 우리가 함께 교도소 안과 밖에서 젊은이들과 함께 일하려는 어떤 교회들을 조직하려고하지 않는지에 대해 의아해 했다.

그래서 나는 우리가 이곳 잭슨에서 설립해온 화해사역에 관해 정말로, 정말로, 기대하였다. 그 화해사역은 나를 고문하던 보안관에 대한 것도 아니었고. 백인들을 향한 것도 아니었다. 그것은 정말 나를 위한 은혜였다. 나는 나를 고문하던 사람들의 눈동자에 서려있던 부담, 고뇌, 증오를 볼 수 있었다. 그 증오는 나를 두렵게 했다.

나는 하나님께 순종하며 내가 하고 있는 것을 계속 하고 있다. 하지만, 거기에는 순종에서 오는 기쁨과 자유하게 하는 영이 있다. 하나님께 감사하는 마음이 있다. 주님의 기쁨이 나의 힘이다.

존 M. 퍼킨스는 미시시피 주, 헤브론에서 소작인의 아들로 자라났다. 그의 형이 경찰서장에게 살해된 후에, 존은 다시는 돌아오지 않겠다며 캘리포니아로 떠났다. 그러나 1960년 기독교인으로 회심한 후, 그는 미시시피 멘덴홀로 그리스도의 복음을 나누기 위해 돌아왔다. 미시시피에 있는 동안 시민권 시위에서 보여준 그의 리더십은 반복되는 괴롭힘, 구타, 그리고 투옥을 초래하였다. 퍼킨스는 '화해와 발전을 위한 존 M. 퍼킨스 재단'의 설립자이고 고전, 『정의를 강물처럼』(대장간 역간)과 최근의 『리더십의 혁명: 비전의 발전 & 자유의 실천 & 정의』(Regal Books, 2012)와 『사랑은 마지막 싸움: 회고록』(Regal Books, 2011)의 저자이다.

살아 있는 성자라 불리는 존 퍼킨스를 메노나이트 미디어가 2001년 제작한 다큐멘터리, "용서를 향한 여정"의 제작자 제리 L. 홀소플이 인터뷰했다.

23 _ 파괴의 함정

세나 프리센 마일루어

> 네가 여기와 무슨 관계가 있느냐 여기에 누가 있기에 여기서 너를 위하여 묘실을 팠느냐 높은 곳에 자기를 위하여 묘실을 팠고 반석에 자기를 위하여 처소를 쪼아내었도다. 사 22:16

이웃 운동장에서 작은 리그 경기가 열리고 있었다. 나는 스탠드에 앉아 아이들이 배트를 휘두르고 볼을 던지고, 달리고 또 달리는 것을 덤덤히 바라보고 있었다. 아이들의 시끄러운 소리와 고함소리가 여름의 푸른 하늘로 떠다닐 때 그것들을 보고 들으며, 무릎 위에 손을 올려놓은 채 배를 감싸고 앉아 있었다.

움직일 시간이다. 나는 거리를 배회했다. 그리고 잠이 들기를 바라고 나무의 뿌리들이 따로 따로 움직일 수 있어서 나를 시원한 땅 아래로, 아래로 데려가 마침내 내가 쉴 수 있는 곳으로 데려가기를 바라면서, 나무 아래 잠시 동안 앉아 있었다.

나는 깨어 걸어갔다. 나의 발은 집으로 향하고 있었다. 그러나 내 길목으로 들어섰을 때, 나는 남편의 차가 우리 집 차로 안에 있는 것을 보았다. 나는 발길을 돌려 반대방향으로 무작정 걸었다.

이틀 후에 나는 결혼과 가족 치료사로 박사 학위를 딴 레오라 블랙의 사무실 안에 앉아 있었다. 말없이 흐느끼면서 간신히 말을 했다.

더는 결혼생활을 견딜 수가 없다.

그것이 내가 그 호된 경험에 대해 말할 수 있는 전부였다. 그리고 나는 우리가 그토록 행복했던 때인 지난 몇 년 전 내 남편과 내가 그토록 흥분하며 구입했던 그 집으로 돌아갔다.

그 다음 주, 블랙 박사의 사무실에 다시 왔을 때, 나는 앉아 더 많이 울었다. 마침내 나는 그녀에게 나의 계획에 대해 말했다. 나의 차를 차고에 넣고 잠근 다음에 영원히 잠들겠다고.

그녀는 조금도 충격을 받은 것처럼 보이지 않았다. 그것이 내가 블랙 박사를 좋아하는 한 가지 이유이다. 어떤 것도 그녀에게 충격을 주지 못하는 것처럼 보였다. 나의 실패한 결혼에 관한 부끄러운 인정도 나의 죽음에 대한 계획도 그녀에게 충격을 주지 못했다. 그녀는 그녀의 의자에 똑바로 기대고 앉아 부드럽게 말했다. "세나, 또 다른 방법이 있어요."

"아니요." 나는 머리를 천천히 흔들며 나의 결혼반지를 쳐다보았다. "나는 내가 결혼생활을 계속 유지하든지 아니면 죽든지 해야 해요. 나는 이제 결혼생활을 할 수가 없게 되었기에, 살고 싶지도 않아요."

"결혼생활을 계속하라…아니면 죽어라." 그녀는 아무 말 하지 않고 잠시 그대로 있었다. "세 번째 방법이 있어요."

"아니요." 나는 다시 말했다. "내가 이혼했다는 것을 믿을 수 없어요."

그녀는 의자에 기대앉아 거의 알아차리지 못할 정도로 어깨를 들썩였다.

흐느낌이 내 가슴을 떨게 할 때, 다시 한 번 그녀는 침묵 속에 잠겼다. 나는 다시 말했다. "나는 이혼한다는 걸 믿지 못하겠어요."

"그러면 차라리 죽겠다?" 그녀는 말했다. "당신은 정말로 그것이 하나님이 당신에게 원하는 것이라고 느끼나요?"

"나는 하나님이 원하는 것을 모르겠어요." 나는 비참하게 말했다. "하나님은 수년 동안 나에게 말하지 않았어요."

"그렇다면 하나님에 대해 잊어요." 그녀는 거의 참지 못하고 말했다. "세상, 우주, 인간. 누가 어떻게 당신의 계획을 수행하도록 당신을 도울 수 있겠어요? 당신의 가족? 당신의 언니? 당신의 어머니?"

흐느낌이 몸서리를 치며 터져 나왔다. 나는 나의 사랑하는 언니의 얼굴을 생각했다. 그녀는 전에 이렇게 말했다. "세나야, 만일 네가 자살한다면, 나도 데려가줘." 그녀는 심연의 끝자락에서 나를 끌어당겼다. 그녀의 생각이 나를 구하기에 부족하지 않을 것으로 보인다.

레오라의 말이 나의 뇌리 속에서 속삭인다. 세 번째 방법이 있다.

어쨌든 나는 그렇게 이혼했다. 나의 심장은 가슴에서 깨진 돌같이 느껴졌다. 나는 그때 죄의식에 압도되어 부서진 것같이 느껴졌다.

두 해가 지나갔다. 일들이 잘 되어갔다. 나는 작은 아파트를 샀고, 개를 기르게 됐고, 멋진 남자와 데이트를 하고 있었다. 그 남자는 나에게 다시 교회에 나가자고 설득했고, 천천히, 날마다, 나는 다시 숨을 쉬게 되었다.

그러나 나는 여전히 결혼과 이혼과 슬픔에 괴롭힘을 당하고 있는 나를 발견한다. 이러한 생각들이 나의 개 밴딧과 산보하는 중에 떠오른다. 사람의 마음을 산만하게 이끄는 모든 잔디 잎들과 자갈의 냄새를 맡는 개 뒤에 쑤시는 것 같은 그 무엇이 있다.

어느 여름 밤, 밴딧과 산보하는 중, 나의 생각은 다시 슬픔과 죄의식의 느낌으로 바뀌었다. 나는 내가 얼마동안 이렇게 느낄 것인지, 과연 나아질 수는 있을 것인지 궁금했다. 나는 내가 무엇을 해야 하는가를 안다. 나는 나 자신을 용서해야 한다. 그러나 나는 그렇게 할 수 있을지 확신할 수가 없다.

공기는 따뜻하고 조용했다. 내 머리 위 어둠 속에서 새 한 마리가 속삭였고, 가로등불빛이 길옆을 비추고 있었다. 밴딧은 불빛 속으로 달려가 공기 냄새를 맡으려고 멈췄고 그렇게 하기를 반복했다.

나는 용서에 대해 계속 생각했다. 나는 오래 전에 우리의 이혼에 대한 전 남편의 역할에 대해 그를 용서했다. 하지만, 나 자신을 용서하지는 못한 것 같다. 내 마음 속의 목소리는 너는 용서받을 자격이 없다고 말한다.

밴딧이 죽은 잎들을 살피는 동안 나는 멈추었다. 그것이 사실일까? 나는 용서 받을만한 가치가 없는가? 나는 밤공기를 들이마시며 밤에게 물었다. 하나님이 나를 용서할까?

그럼.

대답은 즉각적으로 내 마음 안에 있었다. 그리고 너무도 분명하게 그 대답이 내가 한 것이 아니라는 걸 알았다. 내 생각은 결코 그렇게 분명하지 않다.

그럼. 너는 용서받았고 사랑받고 있어.

그렇게 사랑받고 있는 것을 이해조차 못하고 있었다니!

내가 기도를 안 한지는 매우 오래되었다. 나는 정말 무엇을 할 수 있는지 몰랐다. 나는 부드러운 바람이 나의 머리를 휘젓는 동안 밴딧의 잔디더미 속에서 쿵쿵거리는 소리를 들으며 어둠 속에 그렇게 서 있었다. 나는 그냥 서서 내가 사랑을 느낄 수 있도록 했다. 나는 뭘 해야 할지 알지도 못했다.

그리고 그때, 용서와 사랑이 내 뼛속으로 스며들자, 나는 무슨 일이 일어났는지를 인식하고 기쁨으로 그걸 움켜쥐고 있는 것을 느꼈다. 하나님이 내게 말씀하셨다! 나에게! 한 손에 개 용변을 담는 봉지를 들고 가로등불빛 아래 보도에 서서…하나님이 내게 말씀하셨다! 나는 한꺼번에 소리 지르고, 웃고, 울면서 기뻐했다.

대신, 집으로 돌아오면서, 밴딧을 부르자, 나와 함께 집으로 들어가려고 빠른 걸음으로 튀어 올랐다. 하나님의 음성을 다시 듣게 될 것이라는 걸 알고, 마음 가득히 감동하며 나는 문을 잠갔고 현관 불을 껐다.

> 보옵소서. 내게 큰 고통을 더하신 것은 내게 평안을 주려 하심이라 주께서 내 영혼을 사랑하사 멸망의 구덩이에서 건지셨고 내 모든 죄를 주의 등 뒤에 던지셨나이다. 사 38:17

세나 프리센 마일루어는 버몬트에 살며 회중교회의 교인이다. 세나는 2004년에 유니온연구소와 대학을 졸업했다. 그녀는 작가이며 미술가이다. 그녀의 글은 *With Magazine*, 십대를 위한 *Guidepost, Purpose, Discovery and Teen life* 등 많은 정기간행물에 실리고 있다. 세나는 그리스도인 저널리스트에게 수여하는 복음언론협회의 Higher Goals상을 수상하였다(1998).

24 _ 사랑의 산고

고든 하우저

1985년은 나에게 가장 나쁜 해라고 기술하는 해이다. 내가 결코 선택하지 않았던 방식으로 나에게 다가온 하나님의 은혜의 이상한 권능을 발견한 해이기도 하다. 사실, 나는 이 사실을 인정하지 않았다.

나는 지니와 결혼했고, 두 살 반 된 에단의 아버지였으며 두 번째 아이를 원했었다. 우리는 이미 그 이전 해에 두 번의 유산이 있었고 다시 또 그렇게 될지 알 수 없었다. 지니는 임신 12주였고 우리는 다음 산부인과 의사와 약속된 검진에서 아이의 심장소리를 듣기를 희망하고 있었다. 그때 지니는 약간의 출혈이 있었다. 우리는 각자 기도했다. 그리고 우리들 각자가 아이가 괜찮을 것이라는 주님의 음성을 느꼈다.

우리 교회는 "주님의 음성 듣기"를 격려한다. 그것은 사람에게 말씀을 주시는 주님을 상상하는 것(예수, 성령, 그러나 하나님의 음성을 상상하는 것)을 포함하는 기도로 기도의 한 형태이다. 그것은 들리는 소리가 아니라 느낌이다. 교회는 이 연습을 격려한다. 하지만, 다른 사람들과 함께 받은 메시지가 정말 "주님으로부터 온" 것인가를 분별해야 할 필요성도 강조한다.

지니와 나는 각자 주님께서 우리 아이가 안전하다고 확신하게 하는 느낌을 받았다. 그러나 아이는 이미 죽은 것으로 밝혀졌다. 우리는 의사에게 가서 태아가 8주경에 성장을 멈추었다는 것을 알았다. 의사의 사무실에서 집으로 오는 길에 차창에 기대어 하늘에 대고 소리를 질렀다. "이 사생아야!" 예수에 대한
지독한 욕설

나는 이것이 어떤 사람들에게는 어리석게 또 어떤 사람들에게는 신성모독으로 들릴 수도 있다는 것을 안다. 어리석다. 왜냐하면, 하나님은 아이를 죽게 만든 원인이 아니다. 그리고 신성모독이다. 왜냐하면, 사람들은 그런 식으로 하나님을 부르지 않기 때문이다. 그러나 나의 외침은 이성적인 부분에서 나온 것이 아니라 심장, 애간장에서 나온 것이다. 그것은 고뇌와 분노, 상실감 그리고 버림받은 느낌의 외침이었다. 그 점에서 나는 믿음의 상실을 경험하였다. 하나님의 음성을 듣고 내가 기도하는 분인 하나님에 대한 나 자신의 능력을 잃었다.

내가 후에 발견할 수 있었던 것은, 하나님에 대한 믿음을 잃은 것이 아니라 내가 하나님에 대해 가지고 있던 이미지를 잃은 것이었다. 그리고 나는 여전히 그분에게 소리를 지를 만큼 충분히 그분을 믿고 있던 것이다.

나는 기도하기를 멈췄다. 그게 무슨 소용이 있냐고 생각했다. 하나님은 내가 가장 절실히 느끼는 기도에 응답하지 않았다. 도대체 왜 기도하는가? 그 것은 거짓, 단지 시늉만하는 것, 불신처럼 보였다. 나는 나의 소그룹과 교회의 다른 사람들에게 내가 느낀 것을 말했다. 그들은 나를 정죄하지 않았지만, 이렇게 말했다. "우리는 당신의 믿음이 회복될 거라 믿습니다." 나에 대한 가장 의미 있는 반응 중에 하나는 평소에 "화려한" 언어를 사용하지 않는 절친 비키의 말이었다. 그녀가 유산에 대해 들었을 때, 그녀는 "제기랄!"이라고 말했다. 그 순간 나는 그녀를 공감했다. 나는 그녀가 이해했다는 걸 알았다. 그리고 나

는 내 믿음의 위기가 다른 사람들을 실족시키지 않을 것이라는 안도감을 얻었다. 이것이 나에게 믿음의 위기를 온전하게 경험할 자유를 주었다.

다음 몇 달은 암담했다. 비록 나의 일을 계속할 수는 있었지만 나는 우울함에 빠졌다. 여전히 나는 슬픔을 견디고 있는 지니에게 위로를 주지 못하는 형편없는 남편이었다.

우리 교회의 도움 외에, 두 개의 편지가 나를 돌아보도록 도움을 주었다. 하나는 1977년 함께 몇 날을 머문 적이 있는 가톨릭 사제인 로어가 보낸 편지였다. 당시 그는 신시내티에 있는 새 예루살렘 공동체의 지도자였다. 후에 그는 뉴멕시코, 알부퀘크에 있는 '행동과 명상을 위한 센터'를 설립했다. 우리는 정기적으로 편지 왕래를 했고, 그가 피정을 인도하고 있을 때 몇 번 그를 보았다. 1985년 그 가을에, 나는 그에게 편지를 썼고 나의 믿음의 상실에 대해 묘사했다. 10월 2일에 그는 내가 받았던 편지 가운데 가장 아름다운 편지 하나를 보냈다. 공감과 긍정으로 가득 찬 그 편지는 하나님께서 나를 "더 깊은 중심, … 가장 순수한 곳이고, 당신과 그분이 이미 하나이고 이미 깊이 사랑하고 있는 곳인 당신의 진짜 중심으로그의 강조" 초대하고 있다고 말했다. 다른 한 사람인 리차드는 내가 "말도 안 되는 사랑을 위해 창조되었고, 그것을 위한 공간이 지금 당신 안에서 자라고 있지요."고 썼다. 그는 위로를 약속하지 않았지만, "사랑의 산고는 아마도 길고 매우 현실적이지요.… 낳는 것은 당신 몫입니다."라고 썼다.

내가 느낄 수 있는 것은 고통뿐이었다. 그러나 리차드는 이것은 나의 요구나 변덕스러운 폭군을 위해 일하는 하인이 아니라 말도 안 되는 사랑을 위한 나를 창조하시는 아버지이신 하나님께로 이끄시는 과정의 일부분이라고 했다. 그 편지는 나에게 희망의 불을 밝혔다.

일주일 전에 나는 리차드의 편지를 받았다. 나는 트라피스트 겟세마니 수도원에서 1960년대에 토마스 머튼의 초심자였던 명상 작가, 제임스 핀리가 이끄는 켄사스 주, 콘코디아에 있는 기도의 만나 하우스에서 열리고 있는 피정에 참석하고 있었다. 그는 무한한 현재이시고, 사랑의 자비이신 "실제 중에 실제"인 하나님에 대해 언급했다. 나는 핀리와 함께 탄원의 기도자인 하나님께 무엇인가를 요구하기만 하는 기도에 대한 나의 무능력에 대해 나누었다. 그는 우리가 하나님을 더욱 현실적이고, 돌보시고, 혹은 우리의 요청에 자비로운 분으로 만들 수 없지만, 우리가 돌보심과 자비하심에 대한 우리의 인식을 증가시킬 수 있을지도 모른다고 말했다.

이것은 도움이 되었지만, 여전히 기도는 너무 많이 허구처럼 보였다. 여러 달 동안 내가 매일 할 수 있었던 기도는 시편 62편 1절이였다. "나의 영혼이 잠잠히 하나님만 바람이여!" 다른 모든 것은 거짓처럼 보였다.

마침내 나는 나 자신만이 아니라 다른 사람들을 위해 기도하는 자리에 도달했다. 그러나 나는 이러한 기도들이 변화에 영향을 줄 것이라는 어떠한 기대도 없이 그렇게 하고 있었다. 나는 그것이 사실이건 아니건 내가 하나님께서 하실 지도 모르는 일을 조금도 통제할 수 없다는 것을 배웠다. 그러나 나는 내 기도에 정직해야 한다는 것을 믿기에 이르렀다. 하나님께 내가 원하는 것을 말하고, 나의 부족을 고백하고, 감사를 표현하고, 바로 나의 숨결이 하나님께 의존하고 있다는 것을 인식하게 되었다.

두 번째 은혜의 요소는 우리가 보았던 유전학을 전공한 의사에게서 왔다. 그의 직설적이고, 합리적이고, 과학적인 접근은 이상하게 위로가 되었다. 그는 유산은 태아에게 무언가가 잘못되었기 때문이라고 설명했고 이것은 임신 초기 2-3개월 즈음에 발생하며 가끔은 발견되지 않는다고 했다. 그는 유산된 태아가 태어났을 시점까지 다시 임신 시도를 하지 말고 기다려야 한다는 조언도 해주었다.

나의 믿음을 급격하게 악화시켰던 유산이 있은 지 일 년 팔 개월 만에 우리 딸, 애드리가 태어났다. 또 다른 은혜의 표시였다.

고든 하우저는 전임 메노나이트 기자이며 교인이다. 그는 현재 '메노나이트 영성 (케스케디아)', '상대적으로 말하기:가족의 연대를 강화하기', '하나님과 씨름하는 것에의 헌신' 과 같은 곳에서 활동하고 있는 작가이다. 그는 미국 메노나이트 교회의 잡지인, *The Menonite*의 부편집자이다. 그는 뉴 크리에이숀 펠로우십 교회의 회원이다.

25 _ 빗속에서 춤을 추다

존 에비

"인생은 폭풍우가 지나기를 기다리는 것이 아니라
빗속에서 춤추는 법을 배우는 것이다" 비비안 그린

지난 2년 동안 나는 위의 구절을 거의 날마다 읽었다. 대여섯 번 읽은 날도 많았다. 그것은 내가 어느 날 저녁 잔뜩 낀 구름사이로 살짝 드러난 해를 찍었던 사진 위에 새겨져 부엌 찬장에 붙어 있다. 2011년 1월 우리의 안락한 삶이 불편한 나의 아내 조이스의 복부에 있는 세 개의 작은 신경내분비 세포가 매우 희귀한 암 말기라는 소식에 의해 산산이 부서진 채 종양학자의 사무실을 나설 때도, 나는 사무실액자에서 그것을 읽었다.

내가 이해할 수 없거나, 혹은 그것을 기꺼이 받아들일 수 없는 이유들이 있기에, 하나님은 폭풍우를 막지 않거나 혹은 그 폭풍우가 멀리 떠나가게 하지 않으신다. 암과 같은 나쁜 일들이 좋은 사람들에게 발생한다. 지난 2년 넘게 나는 사랑과 가족의 보살핌과 친구들, 특별히 우리 교회 식구들과 하나님의 특별한 개입이 절대적으로 필요한 시기를 통해 폭풍 속 하나님의 은혜를 경험했다.

조이스는 놀라운 끈기를 가지고 가능한 평소처럼 살기로 결심했다. 화학요법 치료를 위해 빈번하게 차를 타고 다니는 시간도 우리에게는 의미 있는 대화를 위한 시간이 되었다. 다행스럽게도 수술과 화학요법 치료가 그녀를 그렇게 불편하게 만들지는 않았다. 그녀가 화학 치료의 영향으로 지쳐서 라운지 의자에서 하루 중 대부분의 시간을 잠으로 보낼 때에도, 자금 조달 채권을 팔고, 여자들을 일터로 혹은 일터로부터 태워주고, 면허를 딸 수 있도록 도와주고, 그녀들이 직접 운전할 수 있도록 자동차를 기부하는 위원회와 회의에 참석하였고, 그녀는 꾸준히 미혼모들의 자립을 돕는 사역인 희망의 다리Bridge of Hope에 계속 참여하였다.

우리 교회 공동체와 우리를 보살피는 그룹은 하나님의 은혜의 통로였다. 조이스는 주일 예배, 수요일 저녁 봉사, 교회 위원회의 월별 회의, 금요 여성 친교 모임에 빠지지 않았으며, 그녀가 시작한 월간 독서 모임에도 빠지지 않았다. 그녀의 강한 의지 안에서 "만들어진" 은혜가 발생했다.

조이스는 거의 매주 우리 가족이 함께 어떤 일을 하기 위한 방법들을 창안해 냈으며, 그녀의 지역 뜨개질 자매들의 점심이나 아침을 정기적으로 마련했다. 축구가 열리는 기간 동안에 우리는 세 명의 손자들의 경기를 참관했다. 마지막 경기가 열리던 날의 기후는 춥고 비가 내렸지만, 그녀는 몇 겹의 옷을 껴입은채 모직 담요를 두르고 경기장 옆줄에 끝까지 앉아 있기를 고집했다.

그녀의 진단 결과가 나온 몇 달 후, 올해의 인물을 추천하기 위한 5학년 글쓰기 과제에서 우리 손자들 가운데 두 명이 조이스에 대한 존경의 글을 썼다. 아직도 우리의 냉장고 문을 은혜의 선물로 기다리는 열 살 난 소년들이 쓴 이 두 개의 존경의 글은 그녀를 관대하고, 긍정적이고, 근면하고 이기심이 없는 사람으로 그렸다.

40년 전 대학원 시절, 우리는 공부 스트레스를 기분전환 하려고 스키를 배웠다. 그것은 우리가 함께 할 수 있는 특별한 것이 되었다. 수년 동안 우리는 조이스의 형제 둘과 함께 유타로 스키 여행을 갔다. 물론 암은 2012년에 우리가 갈 수 있는지 없는지를 결정하기 망설이게 했지만, 우리는 갔다. 조이스는 죽을 때까지 그 주 내내 하루 종일 우리들과 보조를 맞출 수 있다고 허풍을 떨었다. 그녀의 의사는 자랑스럽게 환자들이 화학 요법 치료를 받는 방 안에 스키장에 있는 그녀의 사진을 전시했다.

그녀가 죽기 전에 우리가 했던 일들 가운데 하나는 알라스카로의 여행이었다. 그녀의 건강이 나빠지고 있다는 사실이 분명해졌을 때, 우리는 다른 약속들 사이에 있는 8월의 3번 째 주에 우리가 갈 수 있는 시간을 결정하였다. 몇몇 여행 안내자들은 우리에게 그와 같이 짧은 기한의 여행을 찾기는 불가능하다고 말했지만, 한 사람이 우리가 좋아하는 장소와 크루즈여행을 발견했다. 크루즈 여행의 편안한 시간은 우리에게 함께 하는 풍부한 삶과 내년 6월에 축하할 수 없는 결혼 50주년 기념을 미리 축하할 기회를 주었다.

그 여행의 많은 하이라이트들 가운데 하나는 아름답고 맑은 날, 맥킨리 산을 보는 것이었다. 우리 여행안내자는 그것은 그 시즌에 자신이 보았던 것 가운데 최고의 경치였다고 말했다. 계속된 그곳에서의 여행기간 대부분 비가 왔지만, 알라스카는 빗속에서 특별히 더 아름다웠다. 우리가 암과 마주하고 있는 동안 우리는 그와 같은 장엄하고 웅대한 산맥을 창조하신 하나님의 권능을 보는 모순에 대해 이야기했다. 우리는 그녀의 추도 예배를 위한 병상보고서의 표지에 그 맥킨리 산맥의 사진을 사용했다.

2011년 가을 랑카스터 메노나이트 학교의 자선 경매의 경매 품목 가운데 특이하게도 열기구 탑승권이 있었다. 나는 알지 못했었지만, 조이스는 열기구 탑승을 꿈꾸어왔었다. 그래서 우리는 그것을 샀다. 날씨 탓에 몇 번 취소되었지만, 우리의 탑승은 2012년 선거일로 예정되었다. 우리 손자들이 학교를 쉬는 날이어서 가족 전체가 우리가 이륙하는 것을 와서 볼 수 있었고 우리가 착륙했을 때 만날 수 있었다. 우리가 도착했을 때, 이전의 취소 때문에 조종사는 4장의 티켓을 반값에 제공해주었다. 그것은 조이스가 죽은 지 18일 째 되는 날, 우리가 네 명의 손자들과 함께 화창한 날 랑카스터 지역 상공을 열기구를 탑승하는 스릴을 함께할 수 있도록 상황이, 심지어 취소까지도 합력하여 이루어진 예기치 않았던 은혜의 선물이었다.

추수감사절이 지난 토요일, 조이스가 죽기 전날 밤, 마지막 진료 과정이 실패했다는 것을 들은 후에, 하나님께서 특별히 놀라운 방식으로 나타나셨다. 우리 모든 가족들은 그녀와 함께 병원에 있었다. 우리는 찬양하고 기도하고 즐겁게 회상하였다. 우리의 가장 큰 손자가 그의 바이올린으로 잊을 수 없을 정도로 아름다운 아쇼칸 페어웰 TV 미니 시리즈 남북 전쟁에 사용되었던 OST로, 이별의 왈츠을 연주하였다. 그것은 우리들 각자가 함께 우리들의 방식으로 우리들 각자에게 이별을 고하는 은혜의 귀중한 선물이었다. 휴식의 밤 후에 그녀는 평화롭게 눈을 감았다. 그날은 휴일이었기 때문에 병원은 붐비지 않았다. 각막 기증을 위해 그녀의 시신이 보내졌을 때, 우리 모든 가족과 그녀의 친구들이 함께 몇 시간을 보냈다.

폭풍우는 지나가지 않지만, 하나님의 은혜의 선물을 통해, 우리는 "빗속에서 춤을 추었다!"

존 E. 에비는 펜실베이니아 주 메시아 대학에서 사회학을 가르치다 은퇴한 교수이다. 존은 슬레이트 힐 메노나이트 교회에 참석한다.

26 _ 나보다 더 큰 희생자

버드 웰치

내 외동딸은 1995년 4월 19일 오클라호마 시내의 머라 빌딩에서 일하고 있었다. 폭탄이 터졌을 때, 그 충격은 시내에서 8마일이나 떨어진 우리 집까지 격렬하게 흔들었다. 나는 무슨 일이 일어났는지 상상조차 할 수 없었다.

몇 분 후에 내 동생 하나가 텔레비전이 켜 있으면 얼른 보라는 전화를 했다. 나는 안 보고 있다고 대답했고, 그는 "켜보세요, 시내에서 큰 일이 일어났어요"라고 했다. 그는 고속도로를 운전하고 있는 중이었고, 커다란 구름덩어리 같은 연기가 피어오르는 것을 보았다. 그는 라디오를 뉴스에 맞추었고, 몇 분 후 연방 법원 청사가 폭발했다는 것을 들었다.

몇 분후, 나는 TV를 켜서 교통 헬리콥터가 아침 출근 시간에 공중에 떠있는 것을 보았고, 그중 한 대가 머라 빌딩 북쪽에 초점을 맞추고 있었다. 내 딸 줄리는 그 건물 1층에서 스페인어 번역가로 일했다. 내가 그 3층의 잡석 덩어리를 보았을 때, 나는 솔직히 그 순간 줄리가 살아있을 것이라는 어떤 희망도 포기했다.

오전 9시에 줄리는 친구가 데려온 고객을 맞이하려고 그 건물 뒤에 있는 그녀의 일터에서 나갔다. 9시 2분 폭탄이 폭발했을 때 그들은 줄리의 사무실로 돌아오는 중이었다. 총 세 구의 시신이 함께 발견되었다.

줄리가 살해된 후, 분노와 복수심이 나를 사로잡았다. 나는 폭발이 있은 후 첫 주간을 회상할 때 그 때를 일시적인 정신이상 시기라고 부른다. 나는 술을 마시기 시작했고 점점 더 술에 취했다. 나는 그때 담배를 피기 시작했고, 하루에 세 갑씩 피우게 되었다. 1996년 1월말 경 나는 문자 그대로 하루 24시간 취해 있었다.

그후 날마다 폭탄이 터진 장소에 갔고, 이 특별한 1월의 마지막 날, 정신적으로 육체적으로 환자가 되었다. 나는 2005년 4월 19일에 붙들려 있었으며 어떻게든 앞으로 나가야 했지만, 그렇게 할 수 없었다. 나 자신에게 물었다. 앞으로 어떻게 할 것인가? 재판을 시작할 필요가 있는가? 사실 폭발이 있은 후 2년 동안 재판이 시작되지도 않았다. 확신이 필요한가? 사형집행이 필요한가? 내가 가지고 있던 분노와 복수심을 느끼기 시작한 이후 2-3주 동안 이러한 질문들과 싸웠다. 나는 마침내 줄리와 167명의 사람들이 유죄 판결을 받은 폭파범 티모시 맥베이와 공모자 테리 니콜의 분노와 복수심 때문에 그 큰 도시에서 희생자가 되었다는 사실을 알게 되었다. 그 문제를 해결할 수 있게 화해의 일을 시작한 이후, 나의 건강이 본래의 상태로 돌아올 수 있었다.

그러던 어느 날 밤, 미디어에서 티모시 맥베이의 아버지 빌의 모습이 나의 주의를 끌었다. 나는 정신이 나갔던 그 시기, 첫 번째 몇 주 동안 텔레비전에서 빌 맥베이을 보았던 것을 기억했다. 그의 집 앞에 리포터가 있었고 빌은 화단 옆에 서 있었다. 그는 거구였고, 화단에서 잡초들을 뽑고 있는 것처럼 몸을 굽히고 있었다. 빌이 한번은 거의 똑바로 서서 텔레비전 카메라의 렌즈를 쳐다보던 모습을 기억한다. 그때, 나는 그가 슬픔 속에서 몸을 웅크리고 있다는 것을 알았다. 나는 그의 눈에서 깊은 고통을 보았다. 다른 사람들은 알 수 없었겠지만, 나도 고통 속에 살고 있었기 때문에 그것이 보였다. 언젠가는 나의 온전한 정신 회복을 위해서라도 정말 그가 어떻게 느끼고 있는지 마음 쓰고 있다는 것을 알려주고 싶었다. 그리고 아들이 한 행위 때문에 그와 가족들을 비난하지 않는다는 것을 그에게 말해 주러 찾아가고 싶었다.

그것은 대략 4년이 걸렸지만, 결과적으로 맥베이의 집 근처인 서부 뉴욕주의 교도소 사역에 봉사하는 한 수녀가 그 만남을 주선하였다. 나는 팀의 아버지에게 무엇을 할 수 있는가를 알아보려고 노력하였다. 나는 그가 매우 수줍으며 말을 많이 하는 사람이 아니라는 것을 알았다. 여름에 그의 취미는 큰 정원을 돌보는 것이었다. 그래서 내가 그의 문을 두드렸을 때, 그에게 물은 첫 번째 말은 "빌, 나는 당신이 당신의 뒷마당에 큰 정원을 가지고 있다는 것을 압니다"였다. 과거에 당신이 범죄자의 가족에 대한 호기심 때문에 관심을 두었다면 이제 더는 관심을 두지 않을 것이다. 그는 그 순간 조금도 부끄러워하지 않았다. 그는 단순하게 "예, 그걸 보러 가시겠어요?"라고 말했다. 나는 그와 공통의 분모를 발견하게 될 것이라는 걸 알았다. 이 두 늙은이들은 그곳에서 나와서 정원에서 흙덩어리들을 걷어찼다. 우리는 그렇게 함께 했다.

그리고 우리는 안으로 들어가 팀의 누이인 제니퍼를 만났다. 법정에서 몇 번 제니퍼를 본 적이 있었지만, 그녀를 만난 적은 없었다. 제니퍼는 부엌 식탁 끝에 앉았고, 나는 반대쪽 끝에 앉았다. 빌은 나의 왼쪽에 앉았고, 테이블 오른쪽에는 주로 스냅사진들인 가족사진들이 걸린 벽이 있었다. 가장 큰 사진은 팀 사진이었다. 내가 방문했던 한 시간 반 동안 나는 주기적으로 너무 자주 그 벽을 쳐다보았다. 나도 그 사실을 자각하기 시작했고 내가 생각하고 있는 것들을 그들은 어떻게 생각하는지 알고 싶어졌다. 그래서 마침내 다시 내가 사진을 쳐다보는 것을 눈치챘을 때, 그 사진을 단순하게 쳐다보며 말했다. "참 좋은 아이 같네요." 그 말을 했을 때, 부엌에는 침묵이 흘렀다.

그 침묵이 끝났을 때, 빌은 벽을 쳐다보며 간단히 말했다. "저게 팀이 고등학교 졸업 사진입니다." 그가 말했을 때 굵은 눈물이 그의 오른쪽 눈에서 흘러내렸다. 나는 갈 준비를 하고 빌과 악수했다. 나는 제니퍼에게도 손을 뻗었다. 그런데 그녀는 나의 손을 잡지 않았다. 대신 나를 끌어안았다. 우리는 울기 시작했고, 나는 소리내어 흐느끼기 시작했다. 그것은 막을 수 없는 흐느낌이었다. 어떻게 해야 할지 어떻게 울음을 멈추어야 할지 몰랐다. 그래서 나는 손으로 그녀의 얼굴을 만졌고 그녀에게 단순하게 말했다. "애야, 우리 셋은 나머지 인생은 이렇게 살 수 있단다. 그리고 우리가 선택만 한다면 그 시간을 가장 잘 이용할 수 있어. 나는 제니퍼의 오빠가 죽기를 바라지 않아. 그리고 나는 그것을 막을 수 있는 모든 걸 할 거야."

우리는 다시 부여안았다. 떠난 후에도, 나는 거의 45분간 울었다. 그 과정을 지난 이후에 그것을 내가 과정이라고 부르는 것은 그것이 일회적인 사건이 아니었기 때문이다 나는 거대한 것이 떨어져나가는 느낌이 들었다. 그리고 그 순간 내가 느꼈던 어떤 순간보다도 하나님과 가까이 있음을 느꼈다. 내가 그 토요일 아침 서부 뉴욕에서 발견한 것은 나 자신보다 더 큰 오클라호마 시 폭탄사건의 희생자였다.

버드 웰치는 폭탄이 머라 연방 빌딩에서 터져 23살 딸이 죽었을 때, 오클라호마에서 작은 자동차수리점을 운영하고 있었다. 버드는 그녀가 희생되고 수 개월이 지난 후 범인 티모시 맥베이와 테리 니콜의 사형선고를 지지하던 입장에서 반대하는 입장으로 돌아섰다. 2001년에 티모시 맥베이는 폭발사건의 주모자로 사형 당했다. 웰치는 은퇴했지만 계속 그의 딸의 삶과 죽음 이야기를 나누고 있다. 그는 '희망의 여정: 폭력으로부터 치유'와 다른 기획들을 통해 변호에 참여하였고, '메노나이트 미디어의 용서를 향한 여정' 다큐멘터리를 위해 제리 L. 홀소플과 인터뷰하였다. 이 이야기는 여기서 발췌되었다.

화해

27 _ 닭고기 스프

앤 휘트먼

　휘젓고 휘젓다. 쪼고 쪼다. 저놈의 닭들은 씨앗을 심으려고 준비한 우리 마당의 남쪽 끝을 반복해서 문질러대며 망가뜨리고 있었다. 2월의 얼어붙은 차가운 땅들 때문에 닭들은 먹이를 찾아 숲을 떠나서 우리 집 경계까지 침범하였다. 비록 그 닭들은 야생 닭처럼 움직였지만, 우리 이웃의 소유였다.
　그 때만 해도 닭들은 어떤 해도 끼치지 않았다. 하지만, 땅이 녹자마자 남편은 닭들이 먹이를 찾아 경계를 넘어오는 것 때문에 몹시 불쾌해 했다. 우리가 처음 완두콩을 심었을 때, 그 콩들을 닭들의 모이로 줄 생각이 전혀 없었다.
　그 범죄자들닭들의 소유주는 우리 집 부엌의 창을 통해 잎이 다 떨어진 나무들 사이로 쉽게 볼 수 있는 곳에 산다. 금속으로 골이 지고 데크가 볼품없이 늘어진 트레일러 두 개에 기대어 중축한 집이다. 나의 눈이 닭들과 그 주인이 사는 트레일러를 따라 오갈 때마다, 머릿속에는 개, 총, 그리고 담에 대한 생각이 차례로 이어졌다.
　빌리는 결코 가까이하기 쉬운 부류의 이웃이 아니었다. 우리가 그곳에서 6개월을 살면서도, 관계의 진전이 전혀 없었다. 통행금지라는 사인이 그의 차도에 있었고, 그를 욕하는 말들을 이웃들을 통해 들었고, 그가 습관적으로 술에 취하고 자신의 아내를 두들겨 팬다는 소문이 떠돌았다. 그래서 그의 닭들에 대해 말하려고 빌리에게 접근한다는 것은 현실적이 아닌 것처럼 보였다. 내가 가장 원하지 않는 일은 그를 화나게 하는 것이었기 때문이다.

나의 남편은 개에 대한 알레르기 때문에, 오래 전부터 집 안에서 개를 키우는 것에 절대 반대였다. 그러나 순찰해야 할 3천평의 땅에서 밖에서 기르는 개는 실컷 뛰어다니며 삶을 즐길 수 있고, 그 곳은 알레르기를 악화시키지 않는 충분한 공간이 되었다. 그리고 개들이 좋아할만한 닭들을 닭장으로 몰아넣는 충분한 재밋거리도 있었다. 젊은 부부를 위한 새로운 애완동물로 위장한 그 개가 닭들의 침범에 대한 우리의 해결책이 될 수 있겠는가?

지하실 구석에는 소총이 있었다. 목표를 향해 조심스럽게 방아쇠를 당기면 빌리가 저녁에 외출할 때 그 닭 문제를 해결할 좋은 기회가 될 수 있었다. 물론 죽은 닭의 문제는 책임을 떠안아야 하겠지만 말이다. 아니면 몇 방의 공포탄이 닭들을 쫓아버리기에 충분할 수도 있겠다고 예측할 수도 있을 것이다.

그러나 담을 쌓는 일은 물론 살펴야 할 것들이 있었다. 우리의 경계에 장식을 좀 해야 하겠지만, 중요한 점은 그것이 영구적인 해결책이 될 수도 있었다. 닭들은 우리가 빌리에게 말할 필요 없이 알아서 건너오지 못할 것이다. 좋은 담이 좋은 친구를 만든다는 말이 맞지 않겠는가?

안도의 숨을 쉬며, 나는 수도꼭지를 틀어 시원한 물이 내 움푹한 손에 담겨있는 딸기 위로 쏟아지는 것을 보았다. 내가 직접 나가서 철물점 가게의 비닐과 나무의 가격을 비교해보고 싶은 마음의 무게만큼 내심 무언가가 편하게 느껴지지 않는 부분이 있었다. 내가 얼굴을 대면하는 만남, 웃음과 대화의 은혜의 가치를 무시한다면 빌리는 나에게 어떻게 할까?

나는 딸기를 보던 눈을 들어 메마른 겨울의 경치 속에서 어둡고, 불길한 예감이 드는 그의 트레일러를 보았다. 친절한 기류가 내 손가락들을 스쳐 지나갈 때 나는 지혜를 위한 기도의 호흡을 들이마셨다. 우리 집에서 그의 집으로 향하는 짧은 걸음이 이전 어느 때보다도 길어보였다. 그러나 다시 대충 훑어보았을 때, 갑자기 내가 무엇을 해야 하는지 느껴졌다. 나는 한 움큼의 딸기를 닦고 나서 그것을 녹색 플라스틱 박스 안에 넣었다.

나는 단단하게 내 겨울 코트의 지퍼를 잠갔다. 나는 우리 관계에 평화를 이루기를 바라고, 서로가 난처해지는 길이 아니기를 바라며 딱딱하게 굳은 땅을 가로질러 지나는 내내 기도했다. 닭들은 깃털과 말라빠진 발로 허둥대며 내 앞에서 흩어졌다. 내 발이 나의 이성적인 사고보다 앞서서 나를 이끌고 있을 때 나는 내가 할 말들을 속으로 연습했다.

나는 썩은 나무 파편들을 피해 울퉁불퉁한 바닥 위로 조심스럽게 발을 옮겼다. 나는 문을 찾아냈고, 문의 벗겨진 회색 페인트는 음침한 겨울 공기와 내 기분과도 사뭇 어울렸다. 지금 난 어리석게도 이 안에 있는 사람에게 다가가고 있는 것인가? 그가 내 기분을 상하게 하지 않기를 바라는데 과연 그게 가능할까?

나는 힘없이 문을 두드리며 아래를 내려다보았다. 빈 맥주 깡통이 발 옆에 있었다. 닦아 온 딸기가 갑자기 손에서 차갑게 느껴졌다. 문의 손잡이가 천천히 돌아갔고, 녹슨 경첩이 삐걱거리고, 떠다니는 퀴퀴한 연기가 나의 정신을 들게 하였다.

"오, 안녕하세요. 빌리, 저를 잘 모르시겠지만, 저의 남편과 저는 이 옆에 집을 지었어요. 저는 사라입니다."

짙은 푸른 눈이 그의 풍파에 찌든 얼굴 가장 자리에 맺힌 주름 사이로 나를 꿰뚫어보았다.

"내가 당신에게 딸기를 좀 가져왔어요." 나는 계획한대로 차가운 볼에 미소를 띠며 떨리는 손 안에 있는 선물을 내밀었다.

빌리의 거친 손가락들이 그 박스를 꼭 쥐었다. "고마워요." 미소를 짓는 그의 입술은 벌어져서 담뱃진이 배인 치아의 고르지 못한 치열을 드러냈다. "저, 우리 닭들을 당신의 마당에 가지 못하게 하려고 했어요. 몇 마리는 잡았는데, 이 망할 것들이 숲에서 자라서 야생 닭이 되는 바람에 말을 안 들어요. 봄이 오기 전까지는 그놈들이 당신들을 귀찮게 하지 않도록 약속드릴게요."

내가 연습했던 대사는 이런 반응에 미처 준비가 되어 있지 않았다. "오, 와우 고맙습니다." 갑자기 빌리가 무섭지 않게 보였다. "우리는 닭들을 좋아해요. 하지만, 우리는 밭을 가꾸고 싶어서 닭들이 씨앗을 파헤치는 걸 싫어하는 거지요."

"당신은 걱정하지 않으셔도 돼요. 내가 그 닭들을 곧 몰아내지요. 모두 잡아야지요. 그리고 필요하다면 총을 쏘아도 돼요." 그는 부드럽게 낄낄거렸다.

"그래요, 그 닭들을 잡으려 하셨다니 정말 감사드려요. 딸기 맛있게 드세요."

나의 발은 집으로 미끄러지듯 갔다. 공기가 이제는 차갑지 않았다. 며칠에 걸쳐 많은 닭들이, 그중에 특별히 겁이 많고 혼자 다니는 닭들 세 마리로 줄어들었다. 어느 날 오후, 마지막 딸기를 씻고 있을 때, 초인종 울리는 소리가 들렸다. 놀랍게도 빌리가 거기 서 있었는데도 나는 두렵지 않았다.

그는 플라스틱 시장바구니를 내게 내밀었고 부끄러운 듯 씩 웃었다.

"닭 좋아하세요?"

"그럼요." 나는 그 바구니를 천천히 열면서 말했다. 흰 울퉁불퉁한 껍질의 탄력 있는 덩어리에 연한 피 얼룩이 묻어 있었다.

"이건 제가 잡은 거예요. 제가 직접 씻었어요."

그가 나에게 내밀고 있는 선물을 보자, 나의 숨은 평정을 되찾았다. "고마워요, 빌리. 정말 친절하군요."

"내가 나머지도 곧 다 잡을 거예요. 그러면 당신은 밭을 편히 가꿀 수 있을 거예요."

"고맙습니다. 이번 여름에 우리의 채소를 꼭 나눠 드릴게요. 정말로 닭을 주셔서 감사합니다."

나의 압력 냄비는 한 때는 우리 마당을 휘젓던 거칠고 억센 닭들이 우리의 입 안에서 녹을 때까지 부드럽게 만들어지고 있었다. 경계심으로 가득한 내 마음이 결코 예상치 못했던 은혜로 잔뜩 양념된 닭고기를 맛보았다. 나는 이보다 더 맛있는 닭고기 스프를 먹어본 적이 없다. 나의 경계심 많은 마음이 절대 기대하지 않았던 은혜로 양념된 이 닭고기 스프보다 더 맛 좋은 스프를 나는 먹어본 적이 없다.

앤 휘트먼은 한 작가의 필명이다. 최근에 신학교를 다니는 두 자녀를 가진 기혼자이기도 하다

28 _ 하나님께서 원하시는 바로 그곳

데이비드 초우

아버지와 항상 잘 지내는 편은 아니었다. 엄마는 나와 아버지가 너무 닮아서 그렇게 싸우는 것이라고 말하곤 하셨다. 아버지가 나에게 먼저 이렇게 묻기 때문에 싸움이 시작된다고 생각했다. "넌 도대체 커서 뭐가 되고 싶은 거냐?"

대신 나는 할아버지를 사랑했고 흠모했다. 그는 나의 영웅이었다. 나는 그처럼 되고 싶었다. "나는 선교사가 되고 싶어요" 라고 말할 때 아버지의 얼굴을 가로지르는 불안의 찡그림을 볼 수 있었다. 아버지가 "아냐, 아냐, 너는 의사나 사업가나 변호사가 되고 싶다고 해야지! 알아? 네 할아버지는 변호사였어. 그분은 변호사로 영국 케임브리지에서 공부했다구"라고 말씀하셨다.

그러나 하나님은 할아버지를 선교사로 부르셨다. 중국의 선교사. 맞다, 그는 중국계였다. 하지만, 할아버지는 중국어는 단 한 마디도 못 하셨다. 놀라운 일은 나의 할아버지는 그의 열 명의 형제자매와 같이 영국령 가이아나에서 태어나고 자랐지만, 광둥어가 아닌 영국식 영어만을 했다.

할아버지가 지구를 가로질러 매우 불안한 시기에 그것도 잘 알려지지 않은 곳으로 그의 가족들을 데려가기 전까지 가족들의 삶은 안락했었다고 확신

한다. 할아버지는 변호사였다. 할머니는 치과의사였다. 그들이 상하이의 선교사로 부르심을 받기 전까지 그들은 그들 세대와 민족의 혈통 가운데 극소수의 사람들만이 가질 수 있는 생활수준을 누렸다.

아버지는 일본이 군사적으로 침략했던 1939년 중국 상하이에서 태어났다. 아버지는 할아버지가 평생 사용한 것보다 더 많이 중국어를 한다. 중국에서의 삶은 힘들었다. 먹을 것이 없었고, 많은 일본 군인들이 심하게 핍박했다. 나의 아버지는 일본 군인들을 증오하며 자랐다. 아버지는 참수장면들과 군인들에게 몸을 짓밟힌 "위안부"들의 이야기들을 기억한다. 그 경험은 아버지의 마음을 강퍅하게 했다. 가족들은 영국 비자 덕분에 중국의 상황이 정말로 나빴을 때, 남미로 탈출할 수 있었다.

대략 여덟 살 이후부터 나는 선교지에서 봉사하거나 목회 사역에서 봉사하라는 소명을 받았다. 그것은 확신이었다. 나의 청소년부 목사님은 내가 사스케치완에서 신학교에 입학할 수 있는 장학금을 타게 해주었다. 내 친구들 가운데 많은 이들이 공부하려고 그곳을 떠났다. 그러나 나의 아버지는 "나는 네가 진짜 학교에 가길 바라. 진짜 교육을 받아야 해."라고 말씀하셨다.

내가 진정 원한 것은 신학교를 가는 것이었다. 그러나 장남으로서 아버지께 순종했다. 나는 대학에 들어갔다. 그러나 아버지에겐 실망스러운 불어 학위를 받았고 대학에서 만난 샤를렌과 결혼했다. 단기사역으로 메노나이트 형제단 팀과 함께 일본으로 가는 국제 봉사 여행에 대해 갈 수 있느냐고 물었을 때, 샤를렌은 막 연구를 마친 때였다. 일본은 제2 외국어 교사로서 영어가 필요했다. 그녀는 흔쾌히 자원하겠다고 동의했다.

우리는 대화하며 기도했으며 나는 그녀에게 가야한다는 소명을 자신이 받은 것이 아니라면 가지 않을 것이었다고 했다. 열심히 기도한 두 주 후에 그녀는 "나는 갈 준비가 되었어"라고 했다. 그녀와 나는 우리가 속한 구역, 교회 그리고 우리의 가족들과 상의했다. 나의 아버지는 격노했다.

우리의 파송 예배가 있기 전날, 그는 아침식사를 위해 나를 데려갔다. 나는 그가 잘 지내기를 바라고 우리를 위해서 기도하겠다고 말씀하실 줄 알았다. 대신 그는 "너는 지금 큰 실수를 하고 있는 거야. 너는 나쁜 아들이야. 그리고 나쁜 남편이야." 아버지의 말은 나의 마음을 아프게 했다.

파송이 있던 날, 나의 아버지는 나와 눈을 마주치려고도 하지 않았다. 나는 핏발이 선 그의 눈만을 보았다. 분노? 슬픔? 아마 두려움까지? 나는 우리가 떠나던 날 공항에서 부모님들이 공항에 있었는지조차도 기억하지 못한다. 나는 나의 장인이 볼에 눈물을 흘리면서 나를 격하게 껴안던 것만을 분명하게 기억할 뿐이다.

일본은 사역하기에 믿을 수 없는 장소였다. 경험해야 할 새로운 많은 것들이 있었고, 일본인은 멋지고 점잖은 사람들이었다. 그러나 그들은 나에게 물었다. "당신은 왜 이곳에 있습니까?" "우리 국민이 당신의 국민에게 무슨 일을 했는지 모릅니까?" "당신의 가족들은 당신이 이곳에 오는 것에 대해 어떻게 생각합니까?"

왜 집으로부터 수천 마일 떨어진 이곳에 왔는가, 누군가 통역을 하는데 갑자기 왜 나의 아버지의 기분을 생각나게 하는가? 나는 사자 굴에 들어왔다. 나의 아버지는 이처럼 힘든 장소로 우리가 가는 것을 원하지 않았다. 그는 틀림없이 매우 화가 났을 것이다. 그래서…상처를 받았을 것이다. 그는 자신의 아들을 잃은 것이었다.

약 일 년 후에 나는 아버지와 화해하지 않고는 사역에 집중할 수 없다는 것을 느꼈다. 나는 아버지에게 내가 말했던 것을 물론 말하지 않았던 일들에 대해서도 죄송하다는 편지를 쓰기로 결심했다. 나는 아버지께 사과할 필요가 있었다. 그냥 다시 시작하고 싶었다.

나는 답장을 받았다. 이것은 분명히 이전에 나에게 단 한 번의 편지를 썼던 사람이 보낸 편지였는데, 내 전 생애를 통해 아마 두 번째 일 것이다. 이렇게 쓰여 있었다. "사랑하는 데이비드, 나는 네가 사과한 것에 대해 고맙다고 생각한다. 너를 용서한다. 나를 용서해주겠니?" 나는 충격을 받았다. "어쨌든 나는 네가 신학 연구를 하고 싶어 한다는 것을 안다. 어느 학교에 흥미가 있는지 내게 알려다오, 그리고 너를 위해 그것들을 알아보마…." 내 입이 벌어졌다. "그리고 나는 이제는 하나님과 싸우고 싶지 않구나. 나는 네가 행복하기를 원하고 나는 네가 목사가 되겠다고 한 결정을 축복한다." 나는 흐르는 눈물을 멈출 수 없었다. 지금 죽어도 여한이 없었다. 그날, 나는 축복을 받는다는 것이 무엇을 의미하는지를 이해할 수 있게 되었다. 나는 여전히 그 편지를 나의 일기장 안에 가지고 있다.

우리의 2년의 기간이 끝나갈 무렵, 40명에서 50명의 일본인 그리스도인 형제 자매들이 우리의 고향, 우리의 교회들 그리고 우리 가족들을 만나기 위해 함께 캐나다로 방문하고 싶어 했다. 그러나 나의 아버지는 여전히 그들과 어떤 것도 하고 싶어 하지 않으셨다. "아무도 우리 집에 머물수 없을 것이다"라고 그는 말했다.

나의 처가는 넓은 땅을 가지고 있었고, 그들은 우리의 많은 방문객들을 접대할 수 있었다. 캘거리에 있는 우리의 모 교회는 더 많은 숙소를 제공하였다. 샤를렌의 부모님들 역시 모든 방문객들을 위해 큰 바비큐 저녁식사를 대접했다. 나의 부모님들도 초대되었다. 우리는 나의 부모님에게 이번에 우리의 일본인 친구들과 함께 하는 것이 그렇게 위협적이 될 것이라고는 생각지 않았다. 우리가 일본에 있는 동안 우리를 품었던 십여 명의 여성들이 우리의 일본인 "엄마"가 되어 우리를 돌봐준 사람들이라는 것을 안다면 이해할 것이다. 그들은 키도 작고 몸집도 작지만, 매우 위엄을 갖춘 모습으로 와서 나의 아버지에게 절을 했다. 땅에 코를 댈 정도로. 그리고 통역을 통해 말했다. "초우씨, 당신의 아들과 며느리를 보내 우리를 위해 봉사하게 해주신 것에 대해 감사를 드립니다. 우리는 많은 복을 받았습니다. 우리는 진심으로 당신에게 깊은 감사를 드립니다."

아버지의 입이 벌어졌다. 그리고 그의 마음을 둘러싸고 있던 벽이 무너지기 시작했다. 그 순간, 나는 하나님이 우리를 일본에서의 은혜의 사역뿐만 아니라 내가 상상할 수 있는 것보다 훨씬 더 큰 작품의 도구로 사용하셨다는 것을 이해하게 되었다.

아버지는 거실의 커피 탁자에 앉아 『난징 대학살』이라는 큰 책을 보곤 하셨다. 사람들이 집에 소장하기 어려운 류의 가장 강력한 회화체의 작품이었다. 그 바비큐 식사 후 그 책은 벽장 속에 치워졌다. 그는 일본차를 몰기 시작했다.

하나님은 내가 어린 아이였을 때 일하고 계셨다. 그분은 내가 소명을 발견하려고 몸부림칠 때 일하고 계셨다. 그분은 아버지가 과거의 사고들과 싸울 때도 일하고 계셨다. 그리고 하나님은 마침내 우리의 친구들을 우리의 가족들에게 데려오려고 우리가 일본에서 봉사할 때도 일하고 계셨다. 은혜 위에 은혜 위에 은혜다.

데이비드 초우와 그의 아내는 캐나다 밴쿠버에 살고 있다. 데이브는 킬라니 공원 메노나이트 교회의 목사로 국제적 문화교류일에 봉사하고 있다.

29 _ 나의 평화적 관점을 시험하며

브루스 스탬바흐

내가 메노나이트 교회에서 처음 들은 설교는 무저항에 관한 것이었다. 그것은 내가 영적으로 찾던 것이었고 그것을 받아들였다. 제2차 세계대전 참전 용사인 아버지는 회의적이었지만, 결국 내 결정을 받아들였다.

이제 40년이 지난 후에 나는 제2차 세계대전 참전 용사를 위한 명예로운 비행이라는 특별한 여행에 89세 된 아버지를 수행해야만 했다. 아버지는 암으로 죽어가고 있었다. 그는 워싱턴 D.C.로의 이 여행을 오래도록 고대해왔다. 몸의 부상 정도와 상관없이 탑승한 117명의 참전 용사들은 온종일 여행을 해야 되었기에 보호자들을 동반해야 했다. 이러한 아버지의 상황 때문에 아버지에겐 별도의 돌봄이 필요했다.

나는 전쟁에 대한 나의 입장 때문에 거기에 가는 것을 꺼렸다. 아마도 나는 그 전세 비행기에 탄 유일한 양심적 병역 거부자였을 것이다. 그러나 그 여행은 나를 위한 것이 아니었다. 그것은 아버지의 꿈을 이루는 것이었다. 그 꿈의 성취를 도우려면 나의 개인적 확신과 관계없이 아버지와 함께 가야 했다.

예상대로 그 참전 용사들은 그들의 애국적 희생에 대해 대가를 받았다. 워싱턴 D.C에 있는 레이건 국제공항에 도착했을 때, 소방 트럭이 착륙 활주로에 활모양의 물을 뿌렸다. 이 의식은 보통 고위급 인사들을 위해 하는 것이었다. 우리가 터미널에 들어섰을 때, 밴드가 애국을 고취하는 음악을 연주했다. 빨간, 하얀, 파란 풍선들이 사방에 매달려 있었고, 수백 명의 열렬한 자원봉사자들이 우리를 맞았다.

2004년에 완공한 둥근 대리석으로 지은 제2차 세계대전 기념관에서 낯선 이들이 참전 용사들과 악수를 하고 그들의 수고에 대해 감사를 표했다. 나는 나이 드신 아버지를 돌보는 일에 모든 신경을 곤두세우면서 그 모든 일정에 함께 했다.

우리는 그 시에 있는 다른 전쟁 기념관 방문을 마친 후에 몇 시간 전에 떠났던 공항에서 다시 출발하여 집으로 돌아왔다. 참전 용사들은 그곳에서도 똑같이 애국적 환영행사를 받았다. 아버지는 이 경험이 자신의 67년 간의 생애에서 결혼 다음으로 손꼽힐 만큼 대단한 경험이었다고 말했다.

나는 아버지의 말을 듣고 아버지와 함께 그날을 경험할 기회를 가질 수 있었다는 사실에 만족했다. 그의 가장 의미 있는 날에 함께 할 수 있었다는 것은 영광이었고 아버지가 그곳에 갈 수 있었던 것이 기뻤다. 아버지는 3개월 후에 돌아가셨다.

그날의 이 모든 열광에도 불구하고 혹은 아마도 그것 때문에, 전쟁의 무익함은 나에게 더욱 분명해졌다. 모든 참전 용사들은 그들이 전쟁에서 어쩔 수 없이 할 수밖에 없었던 일들이 싫었다고 말했다. 나는 다른 뺨을 돌려 대며 적들을 위해 오리를 더 가라고 하신 예수의 말씀도 기억났다.

아버지와의 여행은 적대적인 세상에서 평화를 만드는 다른 길을 가려는 젊은이로서 가졌던 헌신을 다시 기억나게 해 주는 사건이었다. 비록 나의 확신이 나를 전쟁에 참여하지 못하게 했지만, 그럼에도 그의 시기에 전쟁이 필요했던 나의 아버지와 나는 서로 깊이 결속되었고 그의 나라에 대한 용기와 헌신을 매우 존경했다.

나는 아버지에 대한 사랑과 존경 때문에 그 명예로운 비행에 참여했다. 나는 사랑에서 오는 평화의 신념과 하늘에 계신 나의 아버지에 대한 헌신을 단단히 붙잡고 있다. 그 모순 속에서 나는 어떤 갈등도 발견할 수 없었다. 오직 은혜와 다른 종류의 평화만이 있을 뿐이다.

브루스 스탬바흐는 은퇴한 교사로 신문 칼럼니스트, 자유기고가이다. 그는 오하이오 주, 밀스버그에 살며 밀스버그 메노나이트 교회에 참석하고 있다.

신뢰

30_ 잃어버린 소년

게렛 브란트

나는 청소년들을 위한 사역자들의 수련회에 참석하여 베테랑 청년 사역자의 자리에 앉아 있었다. 그곳에서 강사는 성폭행 희생자들을 어떻게 이해하고 도울 수 있는지 말하고 있었다. 그 때 무엇인가 나를 깨우기 시작했다. 강사가 말하는 성폭행을 당한 아이가 바로 나였다는 악몽을 말이다.

그 수련회는 이제 20년이나 더 된 과거의 일이지만, 나의 개인적 영성과 청년과 청소년사역의 중요한 일부가 된 어린 시절의 성폭행으로부터의 길고 어려운 치료의 여정이 시작된 시점 있었다.

내가 소년이었을 때 내가 알고 있던 모든 스포츠와 그것들을 하는 방법들을 나에게 가르쳐주었던 우리 동네의 한 청년이 있었다. 불행하게도 이 관계는 그의 집에서 외박할 때 깨지고 말았다. 그곳에서 나는 성폭행과 강간을 당했다. 내가 그를 우상처럼 여겼기 때문에 그에게 어떤 것도 묻지 않았다. 그 일이 발생했던 때 나의 세계에는 성폭행이라는 언어가 없었다. 나로서는 누구에게 도와달라고 울거나 내 이야기를 말하거나, "이건 아프고, 이건 잘못된 것이고, 나에게 이래서는 안 돼"라고 말할 수 있는 방법이 없었다. 그러므로 그 고통은 수 년 동안 내 안 깊은 곳으로 가라앉았고, 어른이 될 때까지 나의 얼키설키 거미줄 같은 기억 속에서 잃어 버렸다.

성폭행이나 그와 같은 것을 당한 아이들은 그들의 어린 시절의 순수함을 잃게 된다. 그들은 순수함을 빼앗긴 채, 감당할 수 없는 상처와 기억들만이 그들에게 남는다. 희생자들이 성폭행의 정신적 충격에서 살아남으려고 사용하는 수많은 자기 방어 기제들이 있다. 성폭행을 당한 아이는 성폭행과 관련된 고통, 두려움이나 분노의 감정을 충분히 경험할 수 없다. 만일 그렇게 한다면 그들은 미칠 것이다. 그 결과 그 끔찍한 기억과 동반되는 감정들은 종종 어른이 될 때까지 본의 아니게 폐쇄되거나 억압된다. 그 경험들에 대한 부인 혹은 합리화가 종종 이 억압과 동반된다. "그건 이미 오래 전 일이야." "다른 사람들에겐 더 나쁜 일도 일어나." "이건 단지 악몽일 뿐이야." "그가 그것에 의해 의미하는 건 없어." 이런 것들이 내가 수년 동안 반복하며 사용했던 마취제와 같은 말들이다.

어릴 적 성폭행에서 살아남은 자들은 때때로 스스로 사람들을 돕는 뛰어난 자들이 된다. 이상한 종류의 방법 안에서 그 고통을 다루려고 다른 사람들을 돕는 것은 자신의 고통을 직면하는 것을 피할 수 있는 방법이 된다. 내가 바로 그랬다. 나는 청년들을 보살피는 활발한 청년담당 목사가 되었다. 그러나 그 수련회에서 사실은 내가 치료의 사역이 필요한 자존감이 낮은 성폭행을 당한 아이였다는 것을 인식하기 시작했다.

그 수련회 이후 몇 년 동안 나는 내 안에 메마른 영성을 회복하려고 영적 지도자 spiritual director 에게 갔었다. 나는 영적인 훈련을 위한 책임이나 기도를 더 잘 할 방법에 관한 조언을 기대했지만, 대신 나 자신과 과거의 상처를 볼, 영혼의 거울로 인도함을 받았다.

나의 영적지도자는 어린아이, 아내 그리고 싱글 맘으로서 자신의 고통을 겪은 은퇴한 여인이었다. 지금 그녀는 깊은 내적 힘이 있었고, 나에게 은혜와 치료를 제공할 수 있었다. 성령은 외과 의사였고, 그녀는 태어나고 있는 새로운 사람의 산파가 되었다. 그녀의 침착한 말들과 강한 손은 치료를 향한 비틀거림에서 나를 붙잡아주었다. 그녀는 문자 그대로 나를 위한 조언자와 안내자로 거기에 있었다.

이 조언을 통해 어린아이로서, 십대로서 내가 경험할 수 없었던 감정들이 삶에 대해 소리 지르게 되었다. 그것은 끔찍한 악몽과 비이성과 공포와 함께 시작하였고 깊은 고통, 상실 그리고 배신의 감정으로 이동하였다. 나는 외적인 세상에서는 힘 있고 성공한 사람이었다. 나는 성장하는 사역과 동료들과의 좋은 관계 그리고 회중들을 가진 성공한 청년 사역자였다. 나를 사랑하고 지지하는 아내와 세 명의 건강한 딸, 집 그리고 미니밴도 있었다. 더 이상 무엇을 원하겠는가? 그러나 고통은 차별대우를 하지 않았다. 내면에서, 나는 처음의 완전한 공포와 어린 시절 당한 상처에 대해 느끼고 있는 잃어버린 작은 소년이 되었다.

죽음과 무감각은 공포와 고통의 중간에서 거의 즐거운 실제로 보였다. 나는 어린 시절의 순수함의 상실과 소년시절의 영웅의 배신을 느꼈다. 만일 인생을 계절로 묘사한다면, 가을과 겨울이 나의 영혼의 영원한 계절이 되었다. 때때로 나는 치료의 어려운 양상을 피하려고 "정남쪽을 향해 날고" 싶었을 것이다.

치료를 향한 길은 종종 사람들이 기대하는 것과 다르다. 성폭행의 희생자들의 경우 그것은 종종 분노와 권리를 되찾는 일을 통하여 온다. 나는 가해자에 대해 분노하는 것이 매우 어렵다는 것을 알았지만, 실제 치료를 하려면 희생자의 역할을 떠나야만 했다. 예수님은 인간이라는 성령의 전이 더럽혀질 때 분노하신다. 그래서 예수님은 그것이 속한 곳인 가해자에게 책임을 돌리라고 나에게 말씀하셨다. 침묵과 성폭행의 악한 무덤의 어둠은 깨어져야만 한다!

나의 영적 지도자는 예수님이 나를 강간하고 있는 가해자를 붙잡고 "성전을 더럽힌 것에 대한 예수의 반응이 무엇이냐? 너의 몸은 성령의 전이니라."라고 말씀하시는 것을 상상하게 하였다. 나는 예수님이 가해자의 생식기를 거머쥐고 그를 침실 창문 밖으로 던지는 것을 상상하였다. 이것과 다른 의식들을 통해 나는 건설적이고 치유적인 방식 안에서 나의 감정을 다루기 시작했다.

나는 어린 시절의 순수함을 되찾을 수 있었다. 잃어버린 소년은 발견되었다. 나는 긴 어둔 겨울을 기다린 후 봄에 마구간에서 풀려난 송아지 같은 느낌이 들었다. 나는 나의 영웅이자 강간범인 한 청년이 불렀던, 십대 시절 움츠러들고 변질되었던 이름, 게렛을 다시 살려내었다. 어렸을 때 이후로 들어본 적이 없는 이름, 게렛을 영적 지도자에 의해 처음 듣는다. 나는 다시 내가 창조된 모습과 이름처럼 될 수 있는 자유를 부여받은 어른으로 태어났다. 신비롭게도 하나님은 나의 생애의 가장 끔찍한 일을 사용해서 새로운 통찰, 기쁨, 그리고 나의 삶과 사역에 의미를 가져다주셨다.

게렛 브란트는 『공사 중: 인간 영성의 재구성』(Herald Press, 2010)의 저자이며 캐나다 콜럼비아 성서대학의 실천신학 교수이다.

31 _ 밤에 노래하는 새

에드나 크뤼거 딕

나는 정말 예루살렘에 가기를 원치 않았다. 나는 두려웠다. 그렇다. 내가 어린아이일 때부터 듣고 읽었던 성경 이야기들 안에 언급되었던 장소들을 보고 예수가 사셨던 곳에 산다는 생각에 호기심이 자극되는 것은 사실이다. 나사렛, 가나, 겟세마네 동산, 내가 가보고 싶었던 그 장소들에는 신비감이 서려있다. "예수가 걷던 곳을 걷는 것"은 너무 흥분되고 멋지게 들렸다. 그러나… 중동은 정치적인 화약고였다. 거기 매순간 사건들이 터질 수 있는 그런 곳에서 그런 때에 그곳에 있고 싶지 않았다.

1990년 메노나이트 중앙 위원회MCC는 남편과 나를 특수 임무를 위해 예루살렘에서 몇 달을 지내도록 임명했다. 우리가 떠날 준비가 되었을 때 갑자기 헤드라인 뉴스가 떴다. "사담 후세인 쿠웨이트를 침공하다" 위협과 보복위협들이 퍼부어졌다. 첫 번째 걸프 전쟁이 임박했다. 지금 왜 이러지? 분명 사람들은 전쟁이 임박한 이때에 우리에게 안전한 미국을 떠나라고 말하지는 않을 것이다!! 우리는 예루살렘의 MCC 대표에게 전화를 했다. 그는 말했다. "오, 침착하세요. 이곳은 언제나 이렇습니다. 우리는 당신들이 우리와 함께 거하게 된 것에 흥분하고 있습니다." 그것은 내가 듣고 싶은 말이 아니었다.

우리는 사담 후세인에도 불구하고 그곳에 갔다. 그리고 그 "거룩한 땅"에 거하는 것은 정말 놀라운 일이었다. 나는 새로운 기대감을 갖고 성경의 사건들이 일어났던 장소들과 어떻게 그런 사건들이 생겼는지를 눈으로 확인하면서 복음서를 읽었다. 비아 돌로로사예수님이 십자가를 지고 걸으셨던 길 위에 십자가가 세워졌던 곳에서 멈추고, 주님의 몸이 눕혀졌다고 전통이 주장하는 바위를 만지며 내가 그 옛 길을 걸었을 때 그리스도에 대한 새로운 사랑과 경외심이 나를 감쌌다. 우리는 막달라 마리아가 천사를 만나 "왜 산 자를 죽은 자들 가운데서 찾느냐?"는 음성을 들었던 곳으로 추정되는 "부활"의 장소도 몇 곳을 방문하였다. 예수님의 삶, 죽음 그리고 부활이 완전히 새로운 의미로 다가왔다. 그것은 내가 결코 잊지 못 할 경험이었다.

그러나 처음의 불안과 두려움은 가시지 않았다. 우리가 살고 있는 곳에 이웃한 팔레스타인 친구들은 그들이 겪으며 살고 있는 억압과 역경의 이야기들을 들려주었다. 미국인인 우리들에게 그 어려움들을 세상에 전해주기를 바라면서 그들은 정기적으로 우리에게 호소하였다. 우리는 옛 도시 안으로 들어가는 관문인 다마스쿠스 문에서 걸어서 십여 분이 채 안 걸리는 거리에 있는 언덕에 살았다. 그 곳에서의 매일은 설레는 모험과 새로운 통찰들을 나의 성경 속 도시에서의 삶에 가져다주었지만, 가끔은 공포에 의해 눌려 있었다. 그 환상적인 도시 안으로의 탐험 안에서 우리는 길을 순찰하고 있는 완전무장한 이스라엘 병사들과 마주쳐야 한다. 우리는 학교에서 집으로 돌아가는 길에 최루가스를 맞은 팔레스타인 아이들을 목격하였다. 우리는 때때로 엄숙하게 어깨에 자동 소총을 메고 길을 돌아다니는 이스라엘 정착민들을 보았다. 팔레스타인인들과 이스라엘인들은 우리 같은 외국인들을 똑같이 의심스러운 눈초리로 쳐다보았다. 우리는 길에서의 접전 소식에 관해 들었다. 아랍인 반란, 폭격, 살해와 같은 말들은 우리 일상적인 대화의 소재들이었다. 그때 팔레스타인 국민들에게 그토록 소중한 장소인 모스크 사원인 몬트 성전에서 팔레스타인인 12명이 살해당한 "시월의 대학살"이 있었다. 나는 종종 "캔자스로 돌아가자"라고 혼자 읊조렸다.

그러던 어느 날 밤, 나는 이상한 소리에 잠이 깼다. 그 소리는 분명했다. 새들이 한밤중에 우리의 침실 창문 아래서 지저귀며, 점점 더 크게 노래하고 있었다. 나는 그것이 참새였는지 알 수 없지만, 참새 두 마리가 일 페니에 팔리는데 인간의 생명이 많은 참새들보다 더 귀하지 않느냐는 마태복음의 말씀이 마음 속에 떠올랐다. 마태복음 10:28-31 나는 예수께서 제자들에게 그분의 사자로서 그들의 불확실한 미래에 대해 말하고 그들의 두려움을 누그러뜨리려고 노력했던 것을 기억했다. 그들은 너의 몸을 죽일 수 있지만 너의 영혼을 죽일 수는 없다고 그분은 말했다.

나는 예루살렘에 다시 가는 것이 두렵지 않다고 말할 수는 없지만, 나의 마음의 상태는 그날 밤 바뀌었다. 나는 나의 삶이 "많은 참새들"보다 더 가치있다는 것을 알고 있다. 창문 아래서 이 명랑한 피조물들이 노래하는 것을 듣자마자 깊은 평화의 느낌이 나를 감쌌다. 그리고 나는 나의 죽음이 예루살렘에서 일어나야 한다할지라도 두려워할 필요가 없다는 걸 알았다.

나는 그날 밤 두 가지를 배웠다. 먼저, 새들은 가끔 밤에 노래한다는 것이다. 두 번째는, 나는 하나님께서 나를 위해 메시지를 보내실 때는 나를 깨우시는 것을 개의치 않는다는 사실이었다.

에드나 크뤼거 딕은 교사와 교육자로 훈련을 받았고, 메노나이트 교회 총회 사무실에서 편집자와 교정자로 일했었다. 그녀는 은퇴한 목사이며 캔자스 주, 뉴톤에 있는 샬롬 메노나이트 교회의 성도이다.

32 _ 은혜: 하나님의 돌보심과 섭리

샌디 마르

제2차 세계대전 동안 나의 조부모 하워드와 엘바 프렛츠는 구제 프로그램을 지원하는 일에 관심이 있었다. 할아버지의 가축들을 남부 펜실베이니아로 수출하는 것을 통해 그는 메릴랜드 주, 뉴 윈솔에 본부가 있는 형제단 봉사에 대해 알게 되었다. 형제단 봉사는 2년 자란 암소들을 독일로 선적했다. 할아버지는 이 프로젝트에 마음을 빼앗겼다. 그것은 재산상 영구소유이기에 "암소 프로젝트"라는 이름을 붙였다. 지금은 Heifer International로 불린다. 암소는 전쟁 중에 자신들의 모든 가축을 잃은 독일 가정에 보내졌다. 대신 그 암소가 첫 새끼를 낳으면 동일한 아픔을 경험하는 이웃에게 줄 것이라는 전제하에서 말이다.

남부 온타리오에서 가축들을 사서 그것들을 수출하는데 익숙했던 할아버지는 그리스도 회중들 안에 있는 형제단으로 하여금 그가 구매하고 펜실베이니아로 선적하는 암소에 대한 값을 지불하게 함으로써 이 사업을 번성케 하셨다. 형제단 봉사는 가축 수집을 조직하고 "카우보이"라고 불리는 가축들을 돌볼 갑판원으로 봉사할 젊은이들을 확보했다. 가축을 배로 발송하는 비용과 청년들의 뱃삯은 유엔에 의해 충당되었다. 어느 날, 할아버지는 그의 아들인 나의 아버지에게 다가오셨다.

"레스터야, 암소들을 유럽으로 운송하는 형제단 봉사에 지원할 생각을 해 본 적이 있어?"라고 물었다.

아빠는 열아홉이었고 졸업반 과정 중에 있었다. 그는 평화주의에 관한 필수 에세이와 함께 지원서를 내기로 결심했다. 아빠의 지원서는 수백 명의 다른 지원자들의 것과 함께 제출되었다. 그의 친구들과 급우들 가운데 몇 명은 "레스터! 너 제정신이니? 졸업반 중간에 떠나는 것은 앞으로 네 앞길에 걸림돌이 될 거야."라고 말하며 그를 좌절시켰다.

그러나 아빠는 합격했고 너무나 기뻐했다. 그리고 떠날 준비를 시작했다.

할아버지는 수소를 팔아 아빠에게 그가 받은 삼백 달러를 주었다. 아빠는 푸른색 중고 해군복, 35밀리 카메라와 많은 양의 필름과 플래시 전구를 샀다. 가족은 그에게 여행용 가방을 크리스마스 선물로 미리 주었다. 그는 지갑에 220달러를 가지고 떠났다. 해군복은 그가 선원 조합에 가입되어 있지 않았기 때문에 항해를 하는데 관리의 상징으로 필요했다. 관리자들은 매 식사 때마다 제복을 입었고 아버지도 똑같이 해야만 했다.

뉴욕으로 돌아올 수 있는 무료승차권을 가지고 있다는 것을 알았지만, 집을 떠나기 전 아빠는 가족들이 그를 만나게 될 뉴욕 버펄로로 돌아올 기차 비용을 위해 조심스럽게 그의 지갑 뒤에 70달러를 넣고 꿰매 두었다.

임무가 부여된 다음 3개월은 그의 인생을 바꿔놓았다. 아빠는 그가 결코 꿈꾸거나 상상하지 않았던 것들을 보고 경험했다. 그는 많은 다른 사람들과 함께 살면서 일했다. 아빠는 독일에 있는 동안 음식배급과 건축 프로젝트를 진행하는 형제 봉사단과 메노나이트 중앙 위원회에 자원했다. 아빠는 암소를 배에 선적하는 것과 배를 타는 경험 뿐만 아니라, 오스트리아 알프스의 꼭대기까지 스키 리프트를 타기도 하고 베니스의 운하들을 통과하는 곤돌라도 타보고 에펠 탑에서 파리를 구경하는 등 놀라운 기회들을 가졌었다.

약속된 3개월을 마친 후에 아빠가 집으로 돌아올 시간이 되었다. 유에스 라인즈 하베스터호는 뉴욕 이스트 강에 있는 60번 부두에 정박했다. 갑자기 아버지는 60번 부두에서 그랜드센트럴 역으로 가는 방법을 모른다는 것을 알았다. 그는 그의 마지막 여정에서 두려움에 압도당해 패닉상태가 되었다. 왜냐하면 그날은 링컨의 생일이었기 때문이었다. 모든 것이 매우 조용했다. 아버지의 세 개의 여행 가방은 트랩 옆 부두 위에 외로이 놓여 있었다.

어려웠던 시간이 세관과 이민국에 의해 해결된 후 세관원 직원은 "이제 당신의 짐을 찾아 갈 곳으로 가시지요!"

아빠는 어디로 가고 있는지를 몰랐지만, 그의 짐을 집어 들려고 몸을 굽혔을 때, 자신을 부르는 소리를 들었다. 그가 쳐다보았을 때, 놀랍게도 아는 사람이 갑자기 어디선가 나타났다.

"이보게, 레스터!" 그 사람은 말했다.

아빠는 즉시 그 목소리의 주인이 형제단 봉사의 전무이사인 썰 메츠거씨라는 것을 알았다.

아빠는 안도의 깊은 숨을 쉬었다. 누군가 아는 사람이 이 황량한 부두에 나타났다. 친한 사람의 얼굴을 보는 것은 얼마나 위안이 되는가. 따뜻한 인사를 나누었다.

그때 메츠거씨가 물었다. "집에는 어떻게 가려는가?" 망설이며 아빠가 설명했다. "저는 기차를 타고 버펄로로 돌아갈 예정이었습니다. 하지만, 어떻게 이곳에서 그랜드센트럴 역으로 갈지를 모르겠습니다."

아빠의 딜레마를 감지한 메츠거씨는 택시를 불렀다. 그는 그 기차역까지 아버지와 함께 타고 가 친절하게 택시비를 냈다.

그들이 함께 타고 있을 때 아빠는 이상하다는 듯이 물었다.

"어떻게 내가 도착한 시간을 아셨나요?"

메츠거씨는 대답했다.

"아는 방법이 있다네."

아빠는 반복해서 메츠거씨가 어떻게 그의 도착을 알 수 있었는지 확인하려고 했다.

메츠거씨는 단순하게 "우리는 알 수 있는 방법이 있지"만을 반복했다.

아빠는 하나님께서 그의 십대의 매우 의미 있는 장을 끝내려고 메츠거씨를 은혜로운 축복으로 보내셨다고 추측할 수 있었다. 우리는 삶의 모든 환경에서 우리를 인도하시는 하나님을 신뢰할 수 있다.

샌디 마르는 짐바브웨에서 태어났다. 그녀는 남편 로버트와 함께 온타리오 주, 웰랜드에 살고 있다. 샌디와 로버트는 그들이 예배 팀에서 그들의 은사를 공유하고 있는 크라이스트 교회 안에 있는 웨인플릿 형제단에 참여하고 있다. 샌디는 30년 넘게 글쓰기와 회중 사역을 했다. 샌디는 이스라엘과 팔레스타인을 연구했고, 콘라드 그레벨 대학 신학부에서 석사학위를 받았다. 샌디는 이제 팔십대인 그녀의 부모들과 가까이 사는 것을 감사하고 있다.

33 _ 우리가 "왜"라고 물을 때

앨빈 엔즈

어느 토요일 저녁, 우리는 몇 번의 전화 가운데 첫 번째 것을 받았다. 나는 대답했지만, 단지 굉음과 가족들이 내는 것과 같은 뒤에서 들리는 시끄러운 소리밖에 들리지 않았다. 한 시간 동안 우리는 두 번 더 누군지 모르는 전화를 받았다. 아무리 우리가 "여보세요"라고 하여도 반대편에서는 아무런 응답이 없었다.

일요일 이른 아침 6시에 아내의 침대용 탁자 위에 있는 전화기가 네번 울렸을 때, 손을 뻗어서 장난전화를 받았다. 대화가 없었지만, 나는 어린아이가 뒤에서 내는 소리를 들었다. 전화벨은 그 다음 십오 분 동안에 두세 번 더 울렸다.

나는 잠이 완전히 깨었지만, 나의 아내는 아직 그 전화를 받지 못하고 있었다. 당뇨병인 그녀가 저혈당증 반작용을 가지고 있다는 것을 인식한 것은 바로 그때였다. 나는 그녀의 혈당을 안정시키려고 섭취할 수 있는 약간의 꿀을 가져왔다. 그녀는 곧 괜찮아졌다.

우리의 전화기에는 발신자 표시가 없었지만, 매 번 같은 사람이 전화 하는 것처럼 보였다. 시간이 지난 낮에 우리 아들이 발신자를 추적할 수 있는 서비스를 사용할 것을 제안했다. 일요일 저녁, 그 귀찮은 전화가 다시 걸려왔을 때, 아내는 발신자 추적 절차로 그 전화를 추적하였다. 그것은 내 번호를 핸드폰에 저장해 놓은 나와 관련 있는 가족이었고, 그의 아이가 그것을 가지고 놀고 있었던 것이다. 그들은 사과했다. 그것은 큰일이 아니었다.

그것은 단지 성가신 일이고 아이에 의해 만들어진 우연한 전화였을까? 아침 여섯 시에 전화벨이 울렸던 그 시간에 나의 아내가 당분이 필요했던 것은 우연의 일치였을까?

보통 밤에는, 만일 아내가 저혈당이라면 나는 그녀의 불안을 감지할 수 있었다. 그런데 그 일요일 아침에는 그렇지 못했다. 그런데도 나는 메시지를 받았다. 어떻게? 핸드폰을 가지고 노는 아이에 의해서. 나는 그것이 하나님의 개입이었다고 믿는다.

이 세상의 전통적인 지혜는 하나님에 의해 당황하게 된다. 사도 바울은 고린도 교회 교인들에게 "이 세상의 지혜는 하나님이 보시기에 어리석은 것입니다."고린도전서 3:19라고 말했다.

나는 어떻게 하나님께서 자신의 목적을 위해 우리의 삶 안에서 우연의 일치를 사용하시는지 알지 못한다. 그러나 나는 하나님께서 나의 아내가 도움이 필요한 일요일 아침 이른 시간에 작은 어린아이가 핸드폰을 가지고 놀다 울린 전화벨 소리로 나를 깨우셨다는 것을 믿는다. 어떤 이들은 왜 하나님이 나의 아내의 생명을 구하시려고 나를 깨우시고, 다른 사람들은 끔찍한 사건으로부터 보호하지 않느냐고 물을지도 모른다. 쉬운 답은 없다. 그리고 그렇기 때문에 다른 사람들의 사건들은 나를 깊이 생각하게 만든다.

어느 여름, 나는 뇌출혈 때문에 강도 높은 치료 장치로 보호를 받으며 밴쿠버 일반 병원에 있었다. 간호사는 나에게 옆방이 중증 환자들로 차게 될 것이라고 말했다.

그 여인은 과다행동 장애로 병원에 입원했다. 그날 밤, 그녀의 침대가 커튼에 덮인 채로 나가는 것을 보았다. 그 방을 닦아내고 깨끗하게 마무리하는 일이 잇달아 일어났다.

나는 그날 아침 그 간호사에게 "옆방에 있던 여인이 그렇게 되면 안되는 거였죠. 그렇지요?"

그녀의 대답은 솔직했다. "네, 그렇게 되지 말았어야죠."

나는 살아 있는 자들 가운데 남았다. 그리고 나는 나 자신에게 왜 그녀는 아니고 나는 괜찮은가를 물었다. 나는 아마도 그녀보다 더 많은 날들을 살아왔다. 내가 더 살아야 할 가치가 있는 것은 아니다. 하나님은 신비한 방식으로 일하신다. 나는 내가 아직도 살아있다는 것에 대해 하나님께 감사한다.

나는 "왜 저입니까. 하나님?"이라는 간단한 질문에 답할 수 없었다. 왜 내게 나의 가족을 다시 볼 수 있는 시간이 주어졌을까? 나는 완성되지 않은 몇 가지 프로젝트를 가지고 있다. 그것들을 끝내도록 시간이 주어진 것인가? 나의 교회, 가족 그리고 아는 사람들은 나를 위해 기도했다. 그것은 기도의 힘이 었는가? 단지 내 시간이 아직 끝나지 않은 것인가? 나는 모른다. 다만 나에게 삶의 다른 기회가 주어졌을 뿐이다.

어쩌면 아내에게 당신이 얼마나 멋진 짝이었는가를 말해주려고 살아야 했는지도 모른다. 특별히 의료적인 역경의 시기에. 어쩌면 나에게 "감리교 신자와 메노나이트 신자의 다른 점은 무엇입니까?" 혹은 그 다음 질문으로 영원한 생명을 믿어야 하는지를 물었던 그 병원의 한 젊은 물리치료사에게 영적 스승이 되어주기 위해 살아 있는지도 모른다.

"왜 저입니까?"라는 질문은 우리가 인간인 한 언제나 따라다닌다. 때때로 우리는 그것을 부정적으로 "왜 나에요?" "왜 내게 뇌졸중이 일어나야 하지요?"라고 따지는 대신 더 긍정적으로, "왜 저는? 왜 저는 계속 살아야하지요?"라고 질문하게 된다.

내게는 확신 있는 삶을 살 한 번의 기회가 더 주어졌다. 하나님은 또 다른 삶의 기회를 나에게 주셨다. 생명의 창조주께서 계속해서 나에게 다음 해의 나의 날들을 위해 사용할 수 있는 생명을 주신다. 얼마나 오래 살 지 나는 모른다. 나는 단지 오늘을 위한 생명을 가지고 있음을 알뿐이다. 그 하나님을 찬양한다.

앨빈 엔즈는 은퇴한 영어교사로 산문과 시를 쓰는 프리랜서다. 그는 시, 가족사, 소설로 8권의 책을 냈다. 그는 지역 시인들의 모임인, Poets Potpourri Society과 Fraser Valley Writters의 회원이다. 그와 아내는 캐나다 아봇츠포드에 있는 네벨 그라운드 메노나이트 교회에 다닌다

소명

34 _ 빨간 집으로의 귀환

짐 월리스

나는 가난한 동네에 살고 있다. 나는 수년 동안 임대주택을 기다려온 사람들을 알고 있다. 그들의 아이들은 매년 커가고 있지만, 매우 위험하고 어렵고 안전하지 못한 환경에서 살고 있다.

나의 아이들이 세 살과 일곱 살이 되었을 때, 우리는 교회의 청소년 집회에서 강연을 듣고 막 돌아왔다. 세 살 난 아이는 계속해서 "이제 우리 빨간 집으로 돌아가는 거예요?"라고 물었다.

그리고 나는 "그래"라고 말할 수 있게 되었다. 그는 "대단해, 우리가 드디어 우리의 빨간 집으로 돌아갈 수 있다니"라고 했다. 이 두 아이들이 아는 것은 그들의 집이자 그들이 사는 곳이 모든 아이들에게 그렇듯이 매우 중요하다는 사실이다. 집은 특별한 은혜의 장소가 되어야 한다.

온 세상을 여행했지만, 그들은 언제나 빨간 집으로 돌아가는 것에 대해 말한다. 빨간 집은 그들의 안전, 그들의 안정, 그들이 아는 장소의 의미의 부분, 공동체의 한 부분이다. 그들은 우리와 여행하기를 좋아하지만, 자신들의 집으로 오는 것을 더 좋아한다.

빨간 집 혹은 다른 색의 집을 가지지 못한다는 것은 무엇을 의미하는가,

그리고 어디에서 살아야 할지조차 모른다는 것은 무엇을 의미하는가? 가족들은 집에서 살아야 한다는 것을 나는 알고 있다. 나는 집이 학교를 위해, 잠자는 시간을 위해, 밤에 독서하는 것을 위해, 부모로서 우리가 생각하는 모든 것들을 위해 무엇을 의미하는지 상상도 할 수 없다. 아이들은 안정이 필요하다. 만일 살기 위한 안전한 장소가 없다면, 그들은 기본적인 안정이 결여된 것이다.

쎌마라는 여인이 내 이웃에 살았다. 그녀는 우리가 그곳으로 이사 가기 전부터 수년 동안 살았다. 그녀의 남편은 죽었다. 우리는 우연히 그녀의 집세가 넉 달이나 밀렸다는 것을 알게 되었다. 그러나 그녀는 결코 그 집을 살 여유가 없었고, 집세를 제때 낼 수도 없었다. 그녀는 집세로 "주택담보 대출 비용"을 내고 있었다. 그러나 그녀는 "집 먼저 장만하세요"라고 말하는 중산층 가정을 가질 수 없었다. 그녀는 중산층 부모가 그들의 자녀에게 공급하는 것을 해줄 수 없었다.

나는 오랜 강연으로 6주간 집을 떠나 있었고, 집으로 돌아온 어느 날, 쎌마가 사라졌다는 것을 알게 되었다. 이제 워싱턴 D.C. 시청이 그녀의 집의 주인이었다. 시청은 집세를 올렸고, 배관도 비가 새는 지붕도 고쳐주지 않았다. 그녀는 떠날 수밖에 없었다. 그래서 그녀는 중산층 집 소유자들의 세금 경감 혜택뿐아니라 아이들의 교육에 필요한 집 값의 차액까지 모두 잃었다. 그녀는 모든 것을 잃었다. 그 집은 파손되었고, 우리는 쥐들과 마약중독자들의 은신처가 된 그 장소 때문에 수년간 싸워야 했다. 그것은 어떻게 쎌마가 그녀의 집을 소유할 수 있었는지를 밝히려는 고도의 지능을 요하는 일이 아니다. 우리는 쎌마를 위해 보증금을 내줄 재정지원을 할 수 있었다.

나는 불법적으로 쫓겨날 예정이었던 다른 여인과 그녀의 아이들의 이야기를 하려고 한다. 우리는 그녀와 함께 법정에 섰고 판결을 뒤집었다. 그래서 그녀는 쥐들이 그 집에 침공할 때까지 머물렀다. 내가 말하는 쥐는 큰 쥐다. 나는 카우보이 장화와 야구 방망이를 들고 쥐들을 따라다녔다. 그러던 어느 날, 쥐 가운데 한 마리가 아기인 이삭의 구유로 들어왔다. 나머지 아이들 가운데 하나가 그 쥐에게 물리기 전에 이삭을 들고 나왔다. 그래서 그들은 우리집에 이사해서 함께 일 년간을 머물렀다. 열 명의 아이들, 엄마와 아빠 그리고 우리들 여섯이 한 욕실을 썼다. 유별난 일 년이었다. 나는 그 기간에 가난한 가족들을 위한 집 문제에 관해 많은 것을 배웠다. 그때 우리는 근본적으로 아파트 안에 세입자 조합을 만들고, 만일 집이 팔린다면 세입자가 첫 번째로 거절할 수 있는 권리를 갖게 하는 주택 사역에 가담하게 되었다. 우리는 그 경험에서 그런 아파트들 가운데 열 채를 세입자 소유 협동조합으로 전환했다. 우리는 사람들을 알아감에 따라 이 문제를 보고 피부로 느낄 수 있게 되었다.

아이들이 편하고 안전하게 살 수 있는 보금자리를 가지는 것은 정말로 중요하다. 어떤 부모라도 그것을 안다. 우리가 우리들 자신의 아이들 뿐 아니라 모든 아이들이 안전하게 살 수 있는 제대로 된 장소를 가질 수 있도록 보살펴야 한다는 것을 명심하자.

나는 복음적인 그리스도인으로서 가난과 싸우는 것도 도덕적 가치의 문제라는 점을 주장한다. 성서는 다른 어떤 사회적 문제보다도 가난한 사람들에 대한 우리의 의무에 대하여 더 많이 말하고 있다. 그러므로 이것은 그리스도인들이 살펴야 할 목록들 가운데 제일 꼭대기에 놓여야 한다. 만일 가정과 아이들을 돌본다면, 우리는 그들이 자라서 하나님께서 그들에게 예정한 모습이 될 수 있도록 편안하고 안전한 장소에서 살 수 있도록 돌봐야만 할 것이다.

가난에 관한 좌파와 우파의 논쟁. 그들은 가난을 위해 서로를 비난하며,

누구의 책임인가를 토론한다. 비난이 끝나면 그 이야기는 끝난다. 그리고 사람들은 계속 가난해진다. 2006년도 통계에 의하면, 가족들 가운데 정규직 근로자가 있지만, 여전히 가난한 가정의 수가 9,200만 명이다. 그들은 열심히 일하지만, 부족한 상태이다. 거기에는 2천만 명의 아이들이 포함되어 있다. 이것은 단순히 내 눈에만 잘못된 일이 아니다. 성서적인 관점으로도 잘못된 것이다. 그러므로 모든 아이들이 편안하고 안전한 장소인 집으로 돌아올 수 있도록 하려면 우리는 어떤 변화들을 만들어야 하겠는가?

짐 월리스는 그리스도인 작가이며 정치적인 활동가이다. 그는 잡지 「소저너스의 창시자이자 편집자이며 기독교적 공동체에 기초한 워싱턴 D.C. 소저너스의 설립자로 잘 알려져 있다. 월리스는 평화와 사회정의 문제에 대한 변증으로 유명하다. 한국에는 『가치란 무엇인가?』, 『그리스도인이 세상을 바꾸는 7가지 방법』, 『회심』, 『하나님 편에 서라』, 『부러진 십자가』, 『위험보도』, 『하나님의 정치』가 있다.

35 _ 해고

마티 트로이어

나는 목사가 되지 말라는 말을 들으면서 목사가 되었다.

나는 십대 때 부름 받은 이래로 목사로서의 정체성을 받아들였고, 그 목회를 감당하려고 나와 가족을 무수히 희생해 왔고, 목사직을 잘 감당하려고 지칠 줄 모르고 일해 왔다. 그러다 나의 영혼은 예상하지 못했던 한 모임에서 돌이킬 수 없는 상처를 입게 되었다.

"목사님, 사임하실 때가 된 것 같습니다."

그것은 내 마음의 벽들에 "해고!"라고 소리치며 크게 울려 퍼졌다. "정말 별로야!" "무가치해!" "우리 공동체에 당신이 없는 편이 나아!" "실패자!" 생각지도 않을 때에 해고당함으로 생긴 무가치하다는 느낌 때문에 수치감와 분노가 내 안에 깊이 파고들어 생채기를 내었다. "무가치함"은 너무도 크게 나를 부끄럽게 만들어서 내가 그 이야기를 아내와 친한 친구들과 하게 된 것은 이틀이 지나서였다. 그 수치심은 내 안에 구석구석에 스며들어서 입는 옷에도 그것들이 표현되었다. 내 안의 부서진 실재를 감추려고 턱수염을 길렀다.

먼저 나의 불안은 두 곳- 하나님과 교회로 향해졌다.

나의 신학과 영성은 거의 즉시로 변화를 경험했다. 사람의 필요의 순간에 기도의 응답의 주체로서의 "구세주"라는 하나님의 이미지가 이젠 의미가 없었다. 하나님을 더는 신뢰할 수 없다는 사실은 확연해졌다. 왜냐하면 하나님은 인격적인 분이 아니었기 때문이다. 나는 내가 시편기자인양 시편 기자의 외침을 내면화하고 "시험해보았다." "무궁한 하나님의 사랑도 이젠 끝난 것인가? 하나님은 약속을 잊으신 것인가? 하나님께서 은혜를 베푸시는 일을 잊으신 것인가?"시편 77:8-9 내 인생에서 그 어느 때보다 믿음이 필요한 시기에 나는 버림받았고 혼자라고 느꼈다.

나는 사람들을 풍성하게 만들어야 하는 교회에서도 버림받았다는 느낌을 받았다. 나는 쓸모없는 존재로 인식되면서 불가피한 희생자로서 느낄 수밖에 없는 상황에서, 어린 시절의 학대를 떠올렸고 그때처럼 버려지고 쓰다가 불필요하자 내팽개쳐진 것이었다. 그 거절의 고통이 신뢰하던 그리스도인 지도자들에 의해 가해질 때 더욱 아프고 쓰라리게 다가온다.

교회는 좀 달라야 하지 않은가? 아마도 다를 것이다. 그러나 나의 경험은 교회가 좋은 목사가 건강한 사람이 되는 것에 대해 관심이 별로 없었다. 그래서 나는 그렇게 쉽게 비난받았고, 그 비난이 내 것이 아닌 양 대들었다.

참으로 역설적이었다. '교회 일에서 내가 정말 마음에 들어 하지 않는 부분들이 빨리 바뀌지 않는다면, 사임하겠습니다.'라고 하나님과 흥정하던 그 단어 '사임'을 하나님과 흥정한 그 다음날 듣게 되었다. 객관적으로 보아도 나는 사임이라는 말에 익숙하지도 않았다. 나는 무대 위에서 이것은 내가 하려고 한 것이 아니라는 사실을 불쌍하리만큼 마음속으로 알면서도 미친 듯이 수십 개의 접시를 돌리고 있는 캐리커쳐처럼 느껴졌다.

이것이 목사가 된다는 것을 의미하는 것이었는가? 이것이 조직화된 사역이 요구하는 것이었는가? 이것이 예수님이 베드로에게 "내 양을 먹이라"고 했을 때 마음에 그리셨던 것이었는가? 만일 그렇다면, 나는 이런 일에 전혀 관심이 없다.

그렇다면 도대체 어떻게 내가 다시 사역을 하는 모험을 감수할 수 있었겠는가? 이것은 하루 아침에 생기지 않았다. 실제로, 6년 후에도 내가 여전히 목사로서 나를 찾을 수 있는지 보여주는 은혜의 숨결을 계속 더듬으면서 살고 있었다.

해고 사건은 나의 소명을 파괴하는 대신에, 혼자서는 성취할 수 없다는 것을 알게했고 내가 평생 감사하게 되는 내적인 변화를 주었다.

이런 나의 변화는 예배나 우리의 세상 속에서 하나님의 일하심에 대한 근본적인 방향변화 때문에 생겨났는가? 이 위기는 내 안에서 이미 발생했던 변화, 내가 그 안으로 들어가 살기 원치 않았던 변화를 보여주었다. 다음 수년간의 예배는 하나님이 옛 것에서 창조하신 아름다운 새 세상으로 나를 안내하였다. 이것은 반복적으로 나를 점점 변화시키고 있었다. 정말, 고통스러운 마음의 수술을 통과한 나의 신학에도 불구하고, 나는 결국 나의 믿음을 "잃지" 않았다. 오히려 그 변화는 나의 마음과 돌봄을 위한 수용력을 자라게 하고 계발시키며 철저하게 확장시켰다.

나의 변화는 근본적인 새로운 지식의 실천과 자아와 공동체의 연약함을 통해 생겨난 것인가? 늘 하는 기도는 작은 은혜라도 유지시켜 주었다. 그래서 그것은 나 자신과 하나님께 잔인하도록 정직해지는 시간이었다. 짐 해링톤, R. 로버트 크리즈와 트리샤 테일러가 쓴 *The Leader's Journey*은 이것을 잘 말하고 있다. "외부의 증상을 보지 말라. 너 자신의 삶을 보라. 너 자신의 책임을 보라. 네가 어떻게 네 주변의 환경에 공헌했는지를 보라. 그리고 결과적으로 네 자신의 개인적 변화가 된 근본적인 회개로의 부름을 들으라." [6, 8] 이 메시지는 "내

뼛속의 불과 같은" 것으로 입증된 끔찍한 아름다움이었다.

나의 변화는 내가 외부의 기대 사회적 수용에 대한 구원에 의해 정의되는 것을 거절하고 하나님 한 분에게만 인정받기 원할 때 생겨난 것인가? "너는 은혜로 구원 받았는가?" 나는 결론적으로 말할 수 있었다. "이것이 나이고, 이것이 내가 줄 수 있는 것이다. 그 이상도 그 이하도 아니다. 그걸로 충분하다." 이 이야기는 공동체와 선교 속에서 더 근본적으로 예수를 따르려는 나의 소명의 범위를 지켜주었다. 또한, 제자도와 관계없는 사역들의 유혹들에 저항할 수 있는 힘을 제공하기도 하였다. 청년에서 담임목사로, 큰 교회에서 작은 교회로, 지역적으로 중심에서 가장자리로, 시골에서 도시로의 변화는 소망을 향한 여지를 창조하는 절대적인 변화였다. 청년에서 담임목사로, 큰 교회로부터 작은 교회로, 지리적인 중심으로부터 가장자리까지, 시골목회에서 도시목회 변천들은 희망의 공간을 창조해 내는 절대적인 변화들이었다.

그 변화는 긍정으로 가득 찼던 부드러운 첫 해가 지난 뒤에 생겼는가? 혹은 새로운 리더십이 압도적으로 긍정적인 평가 과정의 결과들을 나누려고 모였을 때인 사임을 요구받은 날 이후 5년 동안 생긴 변화였는가? 새롭게 5년 계약을 했을 때 전통적인 3년보다 긴 나의 무가치하다고 느끼는 감정은 완전히 사라지고 영혼의 기본 틀이 뒤바뀌는 것 같았다. 지금은 오래 전에 사라져 버린 턱수염 대신 겉으로 새로운 모습이 드러났고, 그것은 사라진 줄도 모르고 있었던 은혜와 존귀함의 압도적인 힘을 느끼면서 내가 당당히 머리를 들게 되었다.

나는 언제 하나님이 새로운 희망과 생명을 나의 존재 안으로 가져오셨는지 말할 수 없다. 그러나 나는 하나님의 은혜 덕분에 변화되고 있는 중이라고 말할 수 있다. 은혜가 만든 감정적 성숙은 나의 회중 전체로 잔물결을 일으켰다. 우리 회중 모임들, 교회 예배계획과 실천, 그리고 리더십 팀 미팅은 내가 은혜

안에서 사역해야 할 필요를 설득함에 따라 과감한 변화를 경험했다.

은혜는 나를 전문가라는 권위로 독재하려는 의도에서 자유롭게 한다. 그 결과 나는 듣는 자세를 갖추게 되었고, 나 혼자 했던 것보다 창의성이 피어나는 곳에서 훨씬 더 전체적인 공동의 지혜를 볼 수 있는 자가 될 수 있었다. 이것은 아마도 교회의 모임 속에서 테이블 위에서 이루어진 새로운 대화가 어떻게 출석한 모든 사람들의 목소리에 힘을 실어주고, 우리의 고민을 덜어주고, 교회의 비전과 방향성에 더 깊이 헌신하게 하는지를 볼 수 있게 해 준다.

내가 사임 요구를 받지 않고 건강한 목사가 될 수 있을 지는 오직 하나님만이 아신다. 그러나 내가 분명하게 아는 한 가지는 그리스도 안에서 그리고 그분을 통하여 이 여정사임의 어두운 골짜기를 포함하여에서 나는 목사다. 이것이 나의 믿음이다. 이것이 나의 희망이다.

마티 토로이어는 미국 휴스톤에 있는 휴스톤 메노나이트 교회의 목사이다. 그는 사람들이 창조 때 의도되었던 모습으로 되어가도록 격려하고, 만일 우리들이 하나님의 나라가 하늘에서 이룬 것처럼 땅에서도 이루어지도록 진정으로 일한다면, 휴스톤이 어떻게 변할지를 꿈꾸는 전적으로 평범한 (그러므로 놀라운!) 그의 가족들을 사랑한다. 마티는 blog.chron.com/thepeacepastor/에서 The Houston Chronicle을 위한 "평화의 목사"라는 블로그를 운영하고 있다.

36 _ 영원히 지속되는 마음

조앤 클레이톤

나는 우리 반에 있는 모든 아이들이 우연히 그곳에 앉아 있는 것이 아니라, 하나님의 계획 가운데 있는 것이라고 믿었다. 각각의 아이들은 내가 결코 떠나보낼 수 없는 나의 사랑, 나의 영원한 친구가 되었다. 로버트도 그랬다.

로버트는 내가 담임하는 2학년 교실에 결혼한 누나와 함께 왔다. 로버트는 누나를 위해 통역을 해 주었다. 그는 이름표가 있는 자기 자리에 학용품들을 늘어놓았다. 그의 크고 검은 눈과 큰 웃음에서 나를 자신의 삶 안으로 환영한다는 메시지를 느낄 수 있었다.

로버트는 끈끈하게 뭉친 가족의 막내 아이였다. 그들은 물질적인 부자는 아니었지만, 사랑에 있어서는 백만장자였다. 로버트가 영어를 유창하게 할 수 있는 반면 그의 가족들은 영어를 할 줄 몰랐다. 그들은 로버트의 학업 성취에 경탄하며 여러 번 학교를 방문했다. 그들은 언제나 큰 허그와 함께 미소를 보내며 나와 악수했다. 그들은 내가 엉터리 스페인어로 열심히 말하는 것을 이해하는 것처럼 보였다. 나는 로버트의 성취를 볼려고 자주 방문했던 그의 누나에 대해 흥미를 가지게 되었다. 그녀의 자녀들은 교실에서 한눈에 로버트를 발견했고 그에게 달려갔다. 그가 조카들을 안아주고 키스하는 모습은 나의 마음을 녹였다.

    개학 첫날 학교가 마무리될 즈음, 나는 "선생님 사랑해요"라는 로버트가 쓴 첫 번째 쪽지를 발견했다. 그 학기가 끝나기 전에 180개의 사랑의 쪽지를 날마다 받았다. 로버트의 뛰어난 작품과 창조성은 특히 미술에서 그의 미래의 모습을 말해주었다. 나의 은퇴는 다가오고 있었고, 그해는 나에게 최고의 해였다. 나는 전보다 더 아이들을 사랑하였고, 그들은 전보다 더 열심히 배우는 것 같았다.

    그렇게 최고의 해를 보낸다는 것을 깨닫기도 전에 그 학년이 끝나게 되었다. "이것은 클레이톤 부인을 위한 것입니다. 저는 선생님이 보고 싶을 거예요. 사랑합니다." 로버트는 잔주름이 있는 빨강, 노랑 종이로 만든 종이옷과 바비 인형을 주었다. 그것은 유리 항아리 안에 담겨 있었다. 유리를 두르고 있는 빨간 리본은 두 개의 작은 하트가 달려 있었다. 하나는 "로버트"의 것이고, 다른 하나는 "크레이톤 부인"의 것이었다. 로버트는 이것을 나에게 선물하려고 그가 사랑하던 어떤 것을 희생해야만 했을까? 다른 형제들과 그가 소중하게 여기던 어떤 것을 거래했을까? 나는 눈물을 억제할 수가 없었다.

    그의 가족들도 작별인사를 하러 왔다. 로버트의 아빠는 나를 끌어안고 나에게 봉투 하나를 주었다. 그 안에는 "나의 작은 아들을 가르치시느라 많은 수고를 하신 당신께 드리는 작은 선물"이라고 스페인어로 쓰여 있었다. 이번에는 눈물이 강물을 이루었다. 과부의 두 렙돈과 같은 사랑의 선물, 나는 최고의 선물을 받았다. 나는 지금도 그 때 봉투에 있던 일 달러를 가지고 있고 앞으로도 그럴 것이다. 로버트의 부모는 부모회의, 파티 그리고 다른 활동에서 일 년 내내 나를 지지해주었다. 우리는 남부 악센트로 하는 나의 스페인어에 대해 웃다가 가까운 친구가 되었다. 로버트는 나에게 자신의 심장 한 조각을 남겨주었다.

그 다음 해에 나는 로버트에게서 잦은 전화를 받았다. "클레이톤 선생님, 로버트예요. 그냥 전화하고 싶어서 전화 드렸어요.… 저는 음… 저는 에… 그냥 선생님과 이야기하고 싶어요.… 저는 그냥 통화하고 싶어서… 저는 그냥 '사랑한다'고 말하고 싶어요."

3학년이 된 로버트가 전화를 해서 나를 전시회에 초대하였다. 그의 작품이 대상을 받았다. 그가 자신의 작품을 보여줄 때 나는 자랑스러운 마음으로 그것을 뚫어지게 바라보았다.

로버트는 나를 그의 졸업식에 초대하였다. 그는 아름다운 연설을 했다. 그는 즉시 계단을 내려와 그의 가족들과 나를 끌어안았다.

그 후 로버트의 전화는 예전처럼 자주 걸려오지 않았다. 그는 자랐고, 나는 우리 지역 신문에서 그의 많은 성취들을 흥미진진하게 읽었다.

어느 날 늦게 전화 한통을 받았다. "클레이톤 선생님 저는 당신을 사랑합니다." 나는 그 목소리를 즉시 알 수 있었다. "저 로버트에요. 기억하시죠? 저는 선생님이 은퇴하시던 그해 선생님 반이었어요."

"그럼, 고맙다 로버트야. 십 년이 지났는데 아직도 날 기억해?"

"저는 결코 선생님을 잊지 않을 거예요. 저의 고등학교 졸업식에 오실 수 있으시면 만날 수 있을 거예요. 토요일 오후 한 시에요."

"물론, 남편과 함께 거기에 갈게. 정말 고마워."

나는 운전 중에 에밋에게 로버트와 그의 가족에 관하여 기억했던 멋진 일들에 대해 이야기했다. 프로그램에서 졸업생 대표로 고별연설을 하는 로버트의 이름을 보는 순간 느꼈을 나의 흥분을 상상해 보라. 나는 언제나 그의 잠재력을 알고 있었다.

로버트는 경이로운 고별연설을 하였다. 그는 앞으로 이룰 놀라운 계획들과 바른 삶을 위한 인내와 포기하지 않은 결심에 대해 말했다. 나의 그 아이에 대한 자랑스러움은 측량할 수 없는 것이었다. 그때 그는 아름다운 스페인어로 연설했다.

나는 로버트가 "이제 저는 삶에 깊은 영향을 준 한 분에게 경의를 표하고 싶습니다. 그분은 2학년 때 저를 성공적으로 교육하시며 바른 길로 인도하셨습니다."라고 말하는 것을 들었다. 로버트는 연단 밑으로 내려와 꼭 껴안고 싶은 커다란 갈색 테디 베어를 끄집어내었다. "클레이톤 선생님, 이것은 당신을 위한 것입니다."

정신이 하나도 없었다. 모든 사람의 눈에는 눈물이 맺혔다. 로버트는 아래로 발걸음을 옮겨, 테디 베어를 나에게 건네주려고 청중 가운데 있던 나에게로 걸어왔다. 나는 내내 울면서 말 그대로 그를 만나기 위해 뛰어갔다. 그도 역시 울었고, 청중들이 박수를 치는 동안 우리는 오래도록 껴안았다.

식이 끝난 후, 로버트의 아버지는 스페인어로 쓴 카드와 노란 카네이션 꽃다발을 들고 걸어왔다. 눈물을 글썽이며 그는 나를 안았다. 그는 "그라시아스. 훌륭하신 선생님!"이라고 스페인어로 계속해서 반복했다. 모든 스페인어를 다 알아들을 수 없었지만, 그의 몸짓과 그의 눈은 사랑을 웅변적으로 보여주었다.

집에 와서 나는 그 아름다운 카드를 보았다. 로버트의 아버지가 쓰신 것이다. 나는 가능한 천천히 읽으며 한 단어 한 단어를 음미했다. 거기에는 이런 말이 있었다. "너무 많은 굴곡들이 우리를 둘러싸고 있던 가장 고통스러운 삶의 순간에, 언제나 당신을 사랑하고 당신을 결코 잊지 않으시는 한 분이 있습니다."

거기에는 로버트의 어머니로부터 온 내용도 있었다. "당신은 그에게 읽는 법을 보여주셨고, 노래하는 법을 보여주셨고, 그리고 성공하는 법을 보여주셨습니다. 지금 저는 당신을 사랑하는 사랑스런 아이의 키스를 보내드립니다."

로버트와의 교제가 당분간은 단절되었지만, 항상 내가 나의 학생들 모두에게 하듯이 로버트를 위해 기도했다. 나는 그들이 어디 있는지 모르지만, 하나님은 아신다.

로버트의 고등학교 졸업이 있은 지 칠 년이 지나던 어느 날, 초인종이 울렸다.

"로버트, 너를 보다니 정말 기쁘구나!"

나의 남편도 그를 안았고, 우리 모두는 앉아서 그의 살아온 이야기를 들으며 대화를 나누었다. 떠나기 전에 그는 그의 대학 졸업식 초대장을 주었다. 그가 그것을 나에게 주면서, 그는 "저는 항상 선생님의 모든 학생들과 저를 위한 기도를 알았지만, 선생님께서 그 기도의 응답을 보시게 될지 궁금했어요. 저는 제가 그 기대하지 않았던 기도의 덕을 본 장본인이라는 걸 말씀드리고 싶어요."라고 말했다.

나는 세상에서 가장 행복한 은퇴한 선생님이다. 로버트는 어린아이의 마음을 주었고, 그 마음은 영원히 지속되는 마음이다.

조앤 클레이톤은 열정적인 작가이다. 조앤은 아홉 권의 책과 『영혼을 위한 닭고기 스프』를 위한 열 개의 이야기를 썼다. 그녀는 남편과 제삼 킬고어 교회에 참석하고 있다. 그녀의 웹 사이트는 www.joanclayton.com.이다.

37 _ 새롭게 바뀐 삶

조앤 레만

　나는 점수를 매기려고 또 다른 최고의 작문을 고르고 있었다. 나의 영어 작문반 학생들은 글쓰기에 관한 수업을 통해 무엇을 배웠는지를 써야했다. 브리트니는 "나의 훌륭한exquisite 선생님은 자신의 개인적인 이야기와 열정적인 글쓰기 경험을 통해 나에게 글을 잘 쓰는 방법을 가르쳐주었다. 나는 매우 감사하고 그녀가 나의 선생님이었던 것은 축복이었다."라고 썼다. 내가 "훌륭하다exquisite"고 정말로? 나는 분홍색 카우보이 장화에 흰 레깅스를 입은 브리트니의 생각에 웃었다. 그녀는 수업시간에 글을 쓸 때는 언제나 뜨거운 코코아를 마신다고 말했다.
　나는 엘리사의 글로 옮겨갔다. 어제 수업이 끝난 뒤에 엘리사는 다시 내게로 왔다. "레만 선생님, 저는 한 번도 선생님과 대화를 한 적이 없었어요. 하지만…" 나는 걱정스러웠다. 내가 글을 돌려주지 않았나? 점수에 대해 불만이 있나? "선생님과 함께 기도해도 괜찮을까요?" 라고 그녀가 물었다. 교실 문가에 서서 나의 학생이 내 건강, 내 기력, 내 가족 그리고 그녀가 "수증기"와 같다고 묘사한 내 삶을 위해 열심히 기도했다. 곧 이어 우리는 믿음, 글쓰기 그리고 삶에 대하여 몇 분간 이야기를 나누었다.

그때 그곳에 다른 학생들보다 나이가 좀 많은, 입양된 가정에서 자란 군에서 제대한 헨리가 있었다. 그는 글쓰기를 좋아하지 않았고, 교과서를 팔려고 내놓은 차 안에 두었다. 헨리는 종종 수업에 빠지거나 늦게 왔다. 그래서 나는 그를 학생부에 보고했다. 이 일 후에 그는 사과를 했고, 스포티한 코트를 입고 넥타이를 매기 시작했다. 그는 글쓰기 센터에 왔고, 우리는 그의 글에 대해 연구했다. 수업 마지막 날에 그는 자신을 도와준 것에 대해 감사했다. 우리는 교과서에 대해 언급하지 않았다.

입문과정을 거쳐, 작문과 문학을 가르친 지 네 번째가 되었다. 이 학교에서 나는 여전히 배우는 자로서 은혜를 경험했다. 이제 나는 경험을 다른 사람들과 나눌 것이다. 학생들의 작문들을 읽으면서, 나는 그들이 이미 경험했던 것들에 대해 겸손해지고 놀라게 된다. 그 당시 나는 그들의 동기 부족, 문제 있는 태도와 미성숙을 안타깝게 여기고 있었다. 나는 그들의 흐트러진 마음과 핸드폰에 집착하는 태도에 지쳐있었다. 학생들이 내게 집중할 때, 나는 그들에게 글쓰기에 관해 이야기하고 공예, 미술에 관한 나의 열정을 나누었다. 나는 그들에게 구성이 졸렬한 트위터 문장들을 통합하고 망가진 구문론을 고치는 법을 가르쳤다. 우리는 콤마와 세미 콜론의 비밀을 알아보고 고전적인 작문법과 결별했다. 나는 그들에게 중요한 삶과 일들에 관해 쓰라고 말했다. 그리고 우리는 고치고, 고치고 또 고쳤다.

나의 학생들은 내가 내 글들도 다시 고친다는 것을 안다. 그들이 모르는 것은 하나님의 도우심으로 나의 삶도 고쳤다는 사실이다. 브리트니, 엘리사, 헨리와 다른 학생들이 간 후에 빈 교실에 앉아 나는 말론에서의 나의 학창 시절을 회상했다. 나는 다시 대학에 돌아온 중퇴자였고 그래서 학점을 아주 천천히 따고 있었다. 매 학기 나는 다음 학기 등록을 위해 커뮤니케이션 아트

Communication Arts 책임자를 짧게 만났다. "당신은 여전히 수학 학점을 이수하지 못했습니다." 그녀는 매 번 그것을 상기시켰다. 나는 그녀의 눈을 피해 벽 위의 포스터를 응시했다. 거기에는 애디론댁족인디언 부족의 하나 의자와 흐릿한 하늘 외에 별다른 것은 없었다.

나는 나보다 몇 살이 적었던 지도교수를 부러워했다. 나는 그녀와 사귀기를 원했지만, 그녀는 항상 사무적이었다. 40이 넘은 나이에도, 나는 향상시켜야 할 많은 것들을 가지고 있었다. 나는 불안하고 수동적이어서 필요한 것을 부탁하는 일을 두려워했다. 나는 내가 앉았던 책상이나 수업 후에 형성되었던 그룹들에 속해있다고 생각하지 않았다. 아내, 엄마, 학생 그리고 직장인으로서 나의 조각난 삶은 나를 만성적으로 걱정하는 사람이 되게 했다.

"상담실에 당신에 대해 말해둘게요. 그들이 당신이 수학 과정을 이수하도록 도울겁니다." 지도교수는 말했다. 그녀는 나의 계획을 훑어보고, 자신의 이름을 사인했고, 거만하게 그 추천서를 건네주었다. 나는 선 채 포스터에 있는 의자와 마주했고 뒤로 돌아 그 방을 나왔다. 그 그림은 은유였지만, 나는 그것을 파악할 수 없었다.

나는 상담자에게 나는 능력이 안 되니 수학 과정을 면제해 줄 수 없냐고 말했다. 우리는 나의 삶, 나의 포부, 나의 걱정들 그리고 결국 수학에 관해 이야기했다. 나의 상담자는 법률 용지 철을 가지고 벽 위에 대강 그림을 그렸다. 수학이라는 써진 장애물이 있었다. "당신은 이곳 위에 있습니다." 그녀는 막대기 형상을 그리면서 말했다. "졸업과 학위가 여기 있습니다." 그것의 직사각형은 사각모 혹은 학위 증서일 수 있었다. "지금 당신이 있는 곳에서 이곳에 올 수 있는 유일한 길이 있습니다." 그는 말했다. "당신은 이 벽을 통과해야만 합니다. 돌아가는 방법은 없습니다." 그의 펜은 내가 해야하는 과정을 더듬어 알려줬다. 나는 화가 났고, 그 화를 감당할 수 없어 그 곳을 나와 버렸다. 주체 할 수 없었다. 고속도로를 운전하면서 좌절의 눈물이 솟구쳤다. "내가 행복해지는데 학위들이 무슨 소용이야. 학위 따위는 필요 없어. 작가들이 글 쓰는 데 학위가 왜 필요해?" 그러나 그것들은 내가 나 자신에게 했던 거짓말들이었다.

결국, 나는 하나님의 은혜와 다른 많은 사람들의 지지에 힘입어 맡겨진 일들을 해냈다. 나는 공동체 관계의 전문가가 되었고, 학위과정에서 배운 기술로 그 일을 해냈다. 나의 고용주들은 학위를 따도록 나를 격려했고 내가 아침 수업에 참가할 수 있도록 나의 스케줄을 조정했다. 나는 가정교사를 고용했다. 나는 대학에 다시 온 지 9년 후에 졸업했다.

나의 직업은 나를 바쁘게 만들었지만, 그래도 시를 쓸 시간은 있었다. 나는 신문 칼럼을 쓰고 기사들을 보도했다. 나는 작가들의 워크숍에 참여했고, 마침내 중요한 시 부문에서 수상했다. 나는 글쓰기에 대한 나의 열정을 채워주는 행사들을 조직했고 작가들의 모임을 출발시켰다. 십 년 후에도 나는 여전히 쓰고 있고, 여전히 수정하고 그리고 여전히 영어 교사로서의 나 자신을 상상하고 있다. 나는 창조적인 글쓰기 프로그램에 등록했고, 2년 만에 학위를 땄다. 그 이후 곧, 나는 그곳의 모토가 "먼저 하나님의 나라"인 말론 대학의 부름을 받았다. 예레미야서 29:11절 말씀은 1996년 나의 졸업 프로그램에 대한 예언이 되었다. "너희를 두고 계획하고 있는 일들은 오직 나만이 알고 있다. 내가 너희를 두고 계획하고 있는 일들은 재앙이 아니라 평안이다. 너희에게 미래에 대한 희망을 주려는 것이다. 나, 주의 말이다."

이제 가끔씩 나는 설립자의 넓은 방 안에서 수십 년 동안 이 학교 건물이 그것의 벽들 안에 간직하고 있는 향기를 맡곤 한다. 그것은 공기 정화기, 청소 직원 혹은 오랜 기간 그 학교에서 일한 사람이 남겨놓은 지속되는 콜로뉴이국적인 방향제인가? 누가 알겠는가? 내가 그 방을 걸을 때 나는 말론에서의 나의 어린 시절을 기억하며 하나님께서 나의 삶을 바꿔주신 것에 대해 감사한다.

학생들의 태도에 문제가 있다고? 나 역시 그랬다. 적응하지 못하는 나이든 학생이라고? 그게 바로 나다. 누가 "글쓰기를 싫어하고" 혹은 "학습 장애"를 가졌다고? 나는 이해한다. 이것이 그 미래이다, 내가 또 다른 최고의 작문에 점수를 주면서 생각했다. 만일 어떤 학생이 내가 "훌륭하다exquisite"고 쓴다면, 나는 그 단어의 선택에 대해 논쟁할 수도 있고 혹은 그녀가 더 나은 점수를 낚시질 하고 있는 것이라고 생각할 수도 있다. 혹은 그녀의 이 표현이 하나님의 거친 은혜, 그 빈 의자의 풍부함, 이 은혜의 "수증기"로 가득 찬 나의 인생을 표현한 것이라고 생각할 수도 있다.

조앤 레만은 말론 대학에서 글쓰기와 문학을 가르친다. 그녀는 말론 대학(칸톤, 오하이오)에서 '대화의 기술'로 학사학위를 받았고 2009년 아쉬랜드 대학에서 순수예술로 석사학위를 받았다. 조앤의 시는 아트풀 닷지, 그레이트 리버 리뷰, 윈드하버, 드림씨커, 리조이스!, 더 메노나이트 그리고 다른 출판물에서 볼 수 있다. 그녀는 소설『카이로스』와『평범한 곳에 계신 하나님에 대한 탐구』의 작가이다. 두 책은 모두 헤럴드 프레스에서 출판되었다. 그녀의 소책자『아침의 노래』는 2004년도 윅 포이트리 프라이즈(Wick Poetry Prize)를 수상했다

충분한

38 _ 아들과 함께 한 산책

조디 니슬리 헤르츨러

부슬부슬 비가 내리는 스산한 아침이었다. 일주일 동안 견디어 온 무더운 칠월의 날씨에 급격한 변화가 있었던 날, 아마도 너무 늦게 일어나서 편안한 쇼파의 구석을 차지할 수가 없었을 것이다. 그날 아침 동생이 먼저 텔레비전 토요일 만화 프로를 틀어놓았을 수도 있다. 하여튼 어찌되었건, 아들은 아주 지긋지긋한 아침을 맞고 있었다. 그리고 24시간 넘게 수고한 미술 프로젝트가 마지막 단계에서 엉망이 되는 순간, 모든 것은 더 나빠졌다.

남편과 나는 아들의 침대에서 터져 나오는 분노와 절망에 가득 찬 비명소리에 깜짝 놀랐다. 그가 동생에게 나가라고 소리를 질렀을 때 움찔했다. 그가 성이 나서 아래층으로 달려내려 갈 때, 분명히 눈물을 흘리며 집 안에 있는 모든 창을 깰 것 같은 분노와 함께 거의 도망치듯 집을 나갈 것만 같았다.

그 상황을 진정시키려는 모든 노력은 절망만을 초래하였다. 우리는 그의 도움을 필요로 하는 가족 퍼즐조각 맞추기를 하려고 했다. 하지만, 그가 퍼즐을 박살내거나 동생들을 다치게 할까봐 내보내야만 했다. 나는 그가 혼자서 책을 읽을 편안한 장소를 제공하려 했지만, 그의 상황은 자신에게 집중할 수 있는 능력을 빼앗았다. 음식도 도움이 되지 않았고, 타임아웃도 도움이 되지 않았다.

그가 혼자서 자신의 분노를 삭이도록 남겨두고 싶었다. 그는 분명하게 자신의 열한 살짜리 분노로 모든 사람들의 편안한 토요일 아침을 망쳤고, 나는 정말로 그의 감정의 대혼란을 마주하고 싶지 않았다. 나는 나 자신을 커피에 맡기며 이 모든 것이 지나기를 그냥 기다릴 뿐이었다. 그러나 그를 보면서, 그만한 나이 였을 때의 나를 떠올려 보았다. 그리고 내가 가졌던 불안정한 감정의 흔들림을 상기했다. 자신의 태도를 바라보는 모든 사람에게 으르렁거리며 소파에 움츠리고 있는 그 화난 소년에서 나를 보았다. 그리고 나를 대하시던 아버지의 방식을 기억했다.

감정에 사로잡혀 있는 나를 볼 때분노에 모든 것이 뒤엉키고 나 자신을 풀어줄 어떤 시도도 좌절된 나의 친절하고 인내심이 많은 아버지는 산책을 권하곤 하셨다. 나는 아버지와 이야기하고, 공기와 운동 그리고 친구가 나의 괴로운 마음을 편하게 해주던 한밤중 우리 이웃집 주변의 산책에 대한 많은 기억들이 있다.

그래서 나는 기운을 돋우는 커피와 깊은 숨을 한 입에 삼키고 아주 신중하게 나의 아들 안에 누워 있는 분노에 차 있는 용에게 접근했다.

"우리 산책이나 할까?"

나는 그가 싫다고 말할 줄 알았다. 춥고, 부슬부슬 비가 내리고 있는 바깥은 나가자고 말하기 어려운 조건이었다. 그러나 아마도 그 처량한 기후가 그의 내부의 폭풍우에 호소했나보다. 왜냐하면, 그는 즉시 동의했다. 그래서 우리는 나갔다. 내가 어떤 것을 기대한 것은 아니다. 나는 스스로에게 아침의 사고에 대해 언급하지 말고 그가 먼저 말하도록 하자고 다짐했다. 우리는 교차로까지 슬슬 뛰어 갔고, 복잡한 도로를 건넜고 그리고 그리 멀지 않은 작은 숲을 향해 보도를 따라 걸었다.

비에 씻긴 공기와 운동은 사람을 정화하는 효과가 틀림없이 있었다. 왜냐하면, 우리의 목적지가 보일 즈음, 아들은 마음의 짐을 내려놓기 시작했다. 그는 그의 망친 미술 프로젝트 이야기로 조금씩 이끌었다. 그러나 그의 목소리는 침착하게 유지되었다. 그는 눈물을 쏟거나 분노로 풀려고 하지 않았다. 나는 공감을 표현했다. 우리는 어떻게 그 그림을 고칠지를 생각해 보았다. 그는 한숨을 쉬었다.

그런 후에 우리는 다른 주제들로 넘어갔다. 우리는 다가오는 새 학년에 대해 이야기했고, 중학교에 가면 얼마나 많은 더 어려운 일들이 있을 것인지에 대한 긴장감을 나누었다. 나는 중학생이 되는 일은 더 어려울 수도 있지만, 그가 빠르게 배울 수 있을 것이라고 확신시켜 주고 그가 중학생이 되어 해야 할 중요한 과제는 조직력이라고 조언해 주었다. 그는 잠시 동안 그것을 생각했고, 나에게 숲의 가장자리까지 경주를 하자고 하더니 가까스로 나를 이겼다.

우리는 숲으로 들어갔고, 대화는 최근의 격렬한 폭풍 때문에 생긴 변화들을 관찰하는 것으로 바뀌었다. 우리는 쓰러진 나무들과 나무 아래에서 반으로 쪼개진 채 놓여 있는 공원 벤치에 감탄했다. 우리는 옻나무를 찾았고 개울의 수위를 연구했다. 우리는 깨끗하고, 신선한 공기를 들이마셨고 비로부터 우리에게 안식처가 되어주는 나무들의 우산에 감탄했다. 우리는 한때 그곳에 있었던 다리의 운명을 궁금해 하며 진흙길을 횡단하고, 웅덩이를 뛰어넘고 널빤지를 가로질러 우리의 길을 조심스럽게 나아갔다.

나는 산보를 하면서 아들을 보았다. 나의 첫 번째 자녀. 사춘기의 절정에 있는 이 소년. 나이에 비해 작지만, 그는 재빠르고 강하고 명민했다. 그리고 맨발이다. 심지어 하이킹을 할 때도 그는 신발을 경멸한다. 커다란 녹갈색의 눈은 짓궂은 마음의 작용과 모순되고 그가 태어난 첫 해 나이 많은 할머니들을 식품점에서 만날 때마다 그들이 "안녕, 밝은 눈을 가졌구나"라고 정답게 속삭이던 것을 생각나게 한다. 세상에 대한 끊임없는 아들의 호기심 때문에 그가 아장아장 걷는 아기였을 때 화장실 열쇠를 사야만 했다. 그는 학교에서 집중하는 것에 어려움을 겪었지만, 놀라울 정도로 창조적인 사색가이며 그가 내놓는 것들은 나를 놀라게 했다. 나의 모든 자녀 중 가장 자주 나를 화나게 하지만, 가장 자주 웃게 만들기도 하다.

나는 집으로 걸어 돌아오면서 이런 일들을 생각했고, 나는 우리가 터닝포인트에 다다랐음을 알게 되었다. 아들은 그의 소년 시절의 끝에 가까이 있다. 남성 호르몬이 곧 그를 장악할 것이며, 그를 내가 아직은 잘 상상할 수 없는 누군가로 변화시킬 것이다. 나는 미래의 그에 대해 큰 기대를 가지고 있지만, 이미 나무에 기어오르고, 레고를 만들고, 계곡을 탐험하는 소년을 잃는 것에 대해 마음 아파하고 있다.

그날로부터 몇 달이 지나갔다. 나의 아들은 여전히 빗속을 걸었던 그 산책을 즐겁게 추억하지만, 나에게 그것은 재미있는 기억 그 이상이다. 그것은 시간 밖으로 나가는 순간이었다.

우리가 가졌던 산책, 우리의 볼을 차갑게 하고 우리의 너덜너덜한 감정들을 씻어냈던 비와 우리를 덮어주었던 덮개 같았던 나무들은 열한 살 난 소년의 분노를 가라앉히는 그 이상이었다. 그것은 내가 현재의 어린 나이의 좌절을 나의 아들이 여행하고 있는 전체 인생길의 관점 안으로 가져갈 수 있도록 도왔다. 산책은 그가 내 품안에서 처음으로 숨을 쉬는 것에서 통학 버스를 타는 것을 바라보던 첫 번째 시간과 알 수 없는 미래의 안개 속으로 가져갈 수 있도록 도와주었다. 나는 그가 남자가 되기 시작하는 바로 그 시간에 아들과의 새로운 관계를 부여받았다.

그 아침의 산책은 우리에게 생각하고, 대화하고, 함께 할 수 있는 시간을 주었다. 차갑고, 이슬비가 내리던 시간 속 멋진 곳에서.

조디 니슬리 헤르츨러는 동부 메노나이트 학교의 교사이고, 메노나이트 미디어를 위한 교정자이며 편집자이다. 그녀는 『제3의 길 카페: 메노나이트에 대한 50가지 일반적이고 기발한 질문들』의 저자이고, 신문 *Another Way*의 객원 컬럼니스트이다. 그녀의 가족은 버지니아 주, 해리슨버그의 커뮤니티메노나이트교회의 교인이다.

39 _ 은혜의 향기

카렌 안드레스

　막대기를 땅에 꽂아놓은 채, 내가 찾고 있었던 것이 무엇이었는지를 생각하며 나무 등걸에 걸터앉았다. 이전 몇 달 동안의 사건들은 아직도 나의 머릿속에서 맴돌고 있었고, 아무도 아는 사람이 없는 곳으로 가고 싶은 마음을 충동질했다. 내가 내성적인 사람이라는 것을 생각하면, 새로운 사람과 장소를 찾는다는 사실은 내게 쉬운 일이 아니기에 놀라운 일이었다.

　나를 아는 사람들을 더욱 놀라게 한 것은 내가 혼자서 전에 가본 적이 없는 다른 주로 운전했다는 것이다. 나는 집에서 몇 km도 못가 길을 잃는 것으로 유명했다. 그러나 이 상황은 나에게 일도양단간의 조치를 하게 했다. 길을 잃을 수도 있다는 것과 혹은 새로운 사람을 만나는 것에 대한 나의 두려움은 더 이상 문제가 되지 않았다. 나는 내 안에 있는 깊은 슬픔을 어떻게든 처리해야만 했다.

　내 슬픔의 원인은 이러했다. 교인 가운데 마흔 아홉 살 먹은 아름다운 여인이 스스로 목숨을 끊었다. 그녀와 9년을 함께 걸어왔던 목회자의 한사람으로서 나는 충격을 받았다. 오, 나는 그녀의 이야기들을 듣는 것만으로도 학대와 정신질환에 관한 문제들에 대해 많은 것을 배웠다. 머릿속으로는 그녀의 행동들에 대한 책임을 질 수 없다는 것을 알았다. 그녀를 도우려고 하던 수많은 사람들이 있었다. 이십 년 이상 한 전문적인 상담이 그녀의 삶의 일부분이었다. 여전히 가슴이 아팠고 내 공허감의 이유를 알 수 없었다. 무엇인가를 잃었다는 것을 알았지만, 그것을 어떻게 되찾아야 하는지를 몰랐다.

그래서 이곳, 아이오와의 언덕에 있는 가톨릭 수련 센터에 있게 된 것이었다. 8일 간의 침묵 수련이었다. 말은 하루에 한 시간 미사 때 영적 지도자와만 허락되었다. 내성적인 사람들에게 8일간 침묵한다는 것은 위안이 될 것이라고 믿는다. 나는 분명히 다른 참가자들과 함께 식사 시간에 현명한 말을 해야 한다는 부담이 없다는 사실을 즐겼다.

그러나 실은 침묵은 숨은 것을 드러나게 하는, 심지어 두려운 것이 될 수도 있다. 영적 지도자와 만나는 세 번째 날에 나는 그녀에게서 약간의 좌절을 감지하였다. 그녀는 우리가 "문제해결"의 순간을 여전히 경험하지 못했기 때문에 초조해 보였다. 그녀는 실제로 영적 지도자가 되는 훈련 과정에 있었다. 나는 그녀가 자신의 감독자에게 뭔가 성공적인 보고를 하려고 기적적인 결과를 바랬다고 생각할 수밖에 없었다. 그러나 우리에게는 아직 5일이 남아 있었다. 나도 나 자신에 대해 참을 수 없게 되었지만, 나는 성령이 때로는 우리가 원하는 시간보다 천천히 움직이신다는 것을 경험으로 알았다.

그래서 나는 이곳 나무 등걸에 앉은 채, 풀이 많이 난 곳에서 개미들이 땅 위를 움직이고 있는 것을 보고 있었다. 나는 개미들이 이 지점에서 만큼은 내가 아는 것보다 더 많은 것을 안다고 생각한다. 적어도 그들은 어떻게 길을 찾아 먹을 것을 구할 수 있는지를 알고 있었다. 그러나 나는 내가 필요한 것에 대해 무지했다. 그래서 나는 정직하게 기도하기로 결심했다.

"주님, 저는 뭘 어떻게 해야 할지 전혀 모르겠습니다. 저는 제가 왜 여기 있는지 알지만, 내 내면을 어떻게 치유해야 할지를 모르겠습니다. 저는 제가 지금 주님과 연결되어 있는지도 모르겠습니다. 저는 뭔가 중요한 것을 잃은 느낌입니다. 저를 도와주세요."

그리고 개미를 보는 게 싫증이 나서 일어나 나를 부르고 있는 듯 보이는 작은 나무들이 우거진 지역으로 향했다. 가까이 갔을 때 나는 스컹크의 불쾌한 냄새를 맡았다. '나는 그곳으로 가까이 가지 않을 거야'라고 속으로 결심하고 그냥 그 나무 등걸 위에 돌아와 다시 앉았다.

그때 나는 마음의 소리를 들었다.

'너는 내가 너를 스컹크에게서 보호할 수 있다는 것을 믿느냐?'

나는 마치 누군가 직접 나에게 말하고 있는 것처럼 나의 머리를 들었다.

"뭐라고?"

나는 마치 누군가 대답하는 것처럼 대답했다. 그리고 그때 그 소리가 다시 들렸다.

"너는 내가 너를 스컹크에게서 보호할 수 있다고 믿느냐?"

'맞아, 나는 이것이 하나님의 말인지 알 수 없었지만, 저기 간들 뭐가 손해야? 나는 이곳에 치유받으려고 왔고 그러니깐 기회를 놓치면 안 돼'라고 생각했다.

"예, 물론입니다. 당신은 하나님이십니다."

나는 내 목소리에 약간의 냉소를 실어 대답했다.

"당신은 모든 것을 하실 수 있습니다."

그때 누군가 정말 거기에 서있는 것처럼 재빠르게 응답했다. 나를 부르는 말을 들었다.

"숲속으로 돌아가라."

이 지점에서 약간의 보호받는 느낌으로 나는 대답했다.

"죄송합니다. 하지만, 내가 왜 일부러 위험한 길로 가야 하나요?"

다시, "숲속으로 돌아가라"는 그 초대는 반복되었다.

좋아. 이제 나는 정말로 잃을 것이 없다고 생각했다. 나는 치유함을 찾아 들어갔고, 만일 이것이 하나님께서 나에게 말씀하신 것이라면, 나는 "성령을 시험"하게 될 것이고 어떤 기적적인 일이 발생할 수 있는 지를 볼 것이다. 그래서 나는 조금 조심스럽게 마치 그 스컹크 냄새가 내 콧구멍에서 나기라도 하듯이 천천히 다시 그 숲 지역으로 걸어갔다. 나는 천천히 그리고 부드럽게 잠시 그루터기 위에 앉았고, 모든 것이 조용해졌다. 갑자기 아침 햇살이 나무들 사이로 나타났다. 그리고 그것은 마치 나의 존재에 똑바로 초점을 맞추고 있는 것처럼 보였다. 나는 그 차가운 아침 공기 안에서도 따듯함과 평화를 느꼈고 마치 어떤 이상한 사랑이 나에게 부어진 것처럼 눈물이 볼 위로 흘러넘치기 시작했다.

이때 확신의 말씀이 나에게 다가왔다.

"보아라. 너는 너의 믿음을 잃지 않았다. 너는 여전히 나를 신뢰한다. 나의 사랑과 은혜는 너에게 충분하다."

그랬다. 나는 내가 믿음을 잃어버렸다고 생각했다. 그 눈물의 홍수는 그것이 마침내 내가 잃었던 것을 보여주듯이 흘러내렸다.

매일 피정 센터에서 드리는 미사에서 우리는 이 찬양을 불렀다. "당신의 사랑과 은혜 이외에는 아무 것도 주지 마소서. 오 하나님, 오직 그것만으로 저는 만족합니다." 이 가사들은 살아 있는 말씀이 되어 나에게 다가왔다. 은혜는 값없는 선물처럼 주어졌고 내가 그것을 받으려고 마음을 열었을 때, 일하기 시작하였다.

나는 그날 영적 지도자를 매우 기쁘게 하였다. 그리고 그때 그 스컹크 사건만으로는 충분하지 않았는지, 하나님께서는 그 주간이 지나서 나에게 죽은 여인에 대한 꿈을 꾸게 하셨다. 꿈 속에서 그녀는 열렬한 주자가 되어 뛰고 있었다. 하지만, 이번에는 그녀의 얼굴에 웃음을 띠고 멋진 곳을 향해 뛰고 있었다. 모든 사람이 천국의 이런 면으로 치유함을 발견하는 것은 아니지만, 하나님의 치유하시는 은혜는 영원토록 우리를 따라다닌다는 것이다! 나는 그것을 믿고 있다, 그 놀라운 은혜의 향기를.

카렌 안드레스는 2012년 12월, 캔자스 주, 뉴톤에 있는 타보 메노나이트 교회에서 10년간 부목사로서 근무했고, 지금은 뉴톤에 있는 프레이리 비유 정신 건강 센터의 파트타임의 원목이다. 그녀는 메노나이트 신학교에서 훈련을 받은 영적 지도자이다. 그녀는 캔자스 주, 위치타에 있는 성 요셉 자매회의 회중들이 운영하는 "암 치료 프로그램의 영적 힘"에서 가르치고 있기도 하다.

40 _ 하나님과 함께 걷기

캐리 마튼즈

나에게 기도란 전 생애를 통해 언어에 기반을 둔 행위였다. 나는 기도를 대화로 이해해 왔다. 우리는 하나님께 대한 우리의 생각, 소망, 탄식을 우리의 분석적인 마음, 우리의 말로 똑똑히 발음했고, 확신할 순 없어도 나는 하나님의 음성을 듣기도 했다. 나는 어느 정도 하나님과 이러한 언어에 기반을 둔 기도들을 통해 연결되었지만, 언제나 무언가 아쉬운 느낌이 남았었다. 하나님과의 대화의 과정에 뭔가 더 있어야 할 것 같았다. 더 많은 사랑, 더 많은 상호작용, 더 많은 관계, 더 많은 은혜가.

바로 그때 나의 영적 지도자, 린다 레반 토마스는 나의 상상으로 기도해야 한다고 말해 주었다. 이 지점부터 나의 영적 세계는 꽃이 피었다. 그것은 내가 하나님과 함께 어두운 방에 앉아 있을 때, 갑자기 누군가 나에게 불을 켤 수 있다고 말하는 것 같았다. 나의 기도는 여전히 대화이지만, 그것은 대화 이상이 되었다. 나는 생생한 상상력을 지닌 시각적인 사람이고, 하나님은 기꺼이 그 장소에서 나와 만나고 나를 깊게 만져주신다는 것을 발견했다. 이런 기도를 더 알고 싶어 하는 사람을 위해 이런 종류의 기도를 어떻게 하는 것인지를 예를 들어 여기에 설명하고자 한다.

상상력을 동원한 나의 첫 번째이자 가장 역동적인 기도는 나를 놀라게 했다. 왜냐하면, 그렇게 큰 기대를 하지 않았기 때문이다. 방에 앉아 해야 할 일들을 해 놓았지만, 솔직히 어떤 깊은 하나님과의 만남은 기대하지 않은 채, 이 기도를 실험하고자 했을 뿐이다.

앉은 채로 조용하게 눈을 감았고 천천히 숨을 쉬었다. 외부의 소리나 광경들을 차단한 채, 내적 감각을 사용하여 내면으로 들어가도록 하였다. 문이 있는 빈 공간 안에 있는 나 자신을 보았다. 망설이면서 문을 열고 입구를 가로질러 초원 안으로 들어갔다. 그리고 별나거나 진부하게 들리겠지만, 예수님이 그곳 바위 위에 앉아 기다리고 계시는 것을 보았다. 내가 주님에게 오기를 기다리고 계셨다. 그래서 주님에게 다가갔고, 주님은 손을 내미셨다. 예수님의 손은 따뜻하고 다정했다. 그곳은 안전했다. 내가 있는 공간은 무한하게 안전했다. 그리고 비록 무엇을 말했는지 더 이상 기억할 수 없지만, 나는 그분에게 무언가를 말했다. 그리고 그분은 나에게 말했다. 그분은 나에게 무엇인가를 보여주기를 원하신다고 말했고 자신과 함께 걷자고 하셨다. 하나님과 함께 걷는 것으로의 단순한 초대였다.

그리고 우리는 걸었다. 찬란하게 푸른 하늘 아래 있는 잔디를 걸었고, 점차로 풍경이 바뀌었다. 걸음을 멈추었을 때 앞에 놓여 있는 경치는 영원히 나의 마음에 아로 새겨졌다. 우리가 멈췄을 때 우리는 모래 위에 서있었다. 내 앞에 가장 광활한 하늘, 가장 맑은 물, 가장 밝은 해와 조수에 잠긴 일련의 기묘한 모양을 한 바위들이 있었다. 예수님은 얕은 물로 나를 이끄셨고, 그 물은 우리의 발을 감쌌다. 우리는 바위들 쪽으로 갔고, 예수님은 그들이 어떻게 창조되었는지, 물이 어떻게 끊임없이 그 바위들을 적시는지, 수년 동안 그들의 형태에 영향을 준 침식은 어떻게 일어나는지 설명해주셨다. 그분은 나의 손을 잡고 바위의 차가운 표면 위에 오르게 하셨다. 우리는 함께 매끄럽게 닳은 곳과 아직도 바뀌어가고 있는 거친 모서리를 손가락으로 훑어갔다. 나는 바위의 표면을 탐험하고 그 구조와 색의 다양함에 경탄하고 그 광대함, 그런데도 이 창조의 작은 구석 안에서 일어났던 무한히 느린 변화들을 생각하며 거기에 얼마나 함께 서 있었는지 알 수 없다. 이 커다란 바위 위에 손을 얹고 서 있는 동안 예수님은 그분의 손으로 나의 손을 덮고 말씀하셨다. 나는 바위 같은 존재이며, 우리는 바위를 닮았다고 말이다. 비록 우리가 자라는 것 같지도 않고 변화하는 것 같지도 않아서 늘 제자리인 것 같지만, 변화는 언제나 진행 중이라는 말씀이다. 인생이라는 물은 계속해서 우리 너머로 흐르고, 거친 모서리를 부드럽게 하고, 우리를 본래 계획된 모습대로 빚어지게 한다. 그리고 그 말씀은 내가 갇혔다고 느끼고, 믿을 수 없을 정도로 낙담하며, 같은 것을 반복하고 있다고 생각하고, 같은 실수를 반복하였던 그날, 가장 필요했던 메시지였다. 아무리 느리더라도 변화가 일어나고 있고, 그 변화들은 심오한 것이라는 것을 알아야만 했던 날이었다.

우리가 그 바위를 떠나 걷기 시작했을 때, 나는 경외, 신비, 하나님과의 연결 그리고 두려움의 감정을 느꼈다. 분명히 그 순간 하나님에 대한 적절한 반응은 찬양과 감사의 어떤 표현으로서의 예배가 될 것이다. 나는 예수님과 함께 해변에 서있을 때 어떻게 사람이 그의 상상력 안에서 감사를 표현할 것인가와 같은 생각들을 하느라 머리를 쥐어짜고 있었다. 이런 상황에서 어떻게 해야 할지 전혀 알 수 없었다. 그렇게 공황 상태를 느끼고 있는 바로 그 때, 예수님이 나를 멈추고 그분을 향해 돌아서게 했다. 혼돈된 생각들을 엉겁결에 말할 때 그분은 웃으셨다. 그분은 나에게 지금은 적절한 예배를 위해 고민할 시간이 아니라고 말씀하셨다. 그분은 나를 똑바로 쳐다보시며 말씀하셨다.

"내가 너의 발을 씻어주겠다."

그분은 나를 약간 낮은 바위들 가운데 있었던 작은 연못으로 데려가셨고 앉으라는 몸짓을 하셨다. 내가 언제나 예배해야 할 분으로 배웠던 그리스도이신 예수님은 나의 모래 묻은 발 위로 시원하고 깨끗한 물을 부드럽게 부어주기 시작하셨고, 모든 부적절한 감정들을 씻어주셨고, 은혜로 나를 깨끗케 하셨다.

그리고 나는 울었다. 내 삶에서 그토록 사랑받았고 내가 그토록 충만했던 적은 없었다. 그 순간 은혜가 충만했다.

캐리 마튼즈는 연합 메노나이트 신학교를 졸업했다. 그곳에 다니기 전, 그녀는 캐나다 메노나이트 대학에서 학사 학위를 마쳤다. 캐리의 사역을 향한 열정은 기독교 교육, 특히 모든 연령의 어린이를 위한 성서 이야기, 기도 그리고 예식을 통해 하나님과의 만남을 구할 때 어린이들이 참여하게 되는 영역에 관심이 있다. 캐리의 사역 안에서 가장 생기를 주는 체험은 부모/아이의 기도 교실, 주일학교에서의 가르치기, 어린이들을 위한 기도 훈련 이끌어주기 그리고 아이들과 젊은이들을 위한 영적 안내 제공하기이다. 캐리는 마니토바 주, 위니펙에 산다.

41 _ 충분한 은혜

세라 레이 거버

어떻게 자동차가 순식간에 타이어가 펑크나고, 운전석 문이 찌그러지고, 유리창이 깨지고, 휠이 뒤틀려서 순식간에 쓸모없게 되어버렸는지 놀랍기만 하다. 그 충돌은 갑자기 발생했고 내가 느꼈던 죄책감은 아주 오랫동안 지속되었다.

나의 부주의 때문에 나 자신을 용서할 수 없었다. 그 사건은 친구와의 즐거운 주말여행의 말미를 최악으로 변화시켰을 뿐만 아니라, 나의 시댁 식구들에게 계획을 바꾸어 600km가 넘게 떨어져 있는 곳으로 내 차를 견인하러 찾아오게 했다. 감사하게도 사고는 단지 내 차와 공사 중인 것을 알리는 커다란 점멸등 사이에만 일어났고 함께 탔던 친구와 나는 부상을 입지 않았다. 그렇지만 차의 수리 견적을 뽑아 보고 그 비용에 매우 당황했다. 그 차를 대치할 보험금과 함께, 우리가 그동안 아껴가며 힘들게 미래를 위해 저축해 왔던 돈을 쓸 수밖에 없었다.

"차야 고치면되지. 돈이야 또 벌면 되고." 사람들은 나를 격려하려고 애를 썼다.

"적어도 당신은 괜찮잖아요." 그들은 거의 그렇게 말했다. "당신이 절약한 것이 무얼 위한 것이었겠어요?"

나의 가장 친한 친구들과 커피를 마시며 이런 도움 되지 않는 말들을 반복해서 들으면서, 갑자기 나의 생각과 삶 속에서 결코 "충분함enough"이라는 것이 없겠구나 하는 느낌이 들었다. 만일 내가 계속해서 이런 식으로 내 삶의 만족에 대한 기준을 잡아간다면, 결국 이루기 어려운 꿈을 좇고 마는 것이 된다.

내가 어떻게 나의 건강과 삶이 "충분"하지 않았다고 말할 수 있는가? 하나님의 은혜는 충분하게 제공되었다. 충격을 덮을 만큼 충분하게, 나에게 다른 날들을 부여할 만큼 충분하게, 다른 사람에게서 겸손하게 도움을 받을 만큼 충분하게 주어졌다.

나는 자동차 사고 덕분에 이 은혜의 선물을 4년 전에 받았고, 그것은 나의 삶을 바꾸었다. 감사하게도 나의 유일한 첫 번째 차 사고는 나의 차를 파괴했을 뿐 아니라, 내가 성공을 평가하고 만족을 정의할 때 사용하던 이러 저리 꾸며낸 거짓과 잘못된 생각들을 철저하게 깨뜨렸다.

나의 인생을 돌아보면 그 차사고 이전의 인생은 그저 일이었다. 그 사고가 있던 해에 남편과 나는 작은 도시로 이사를 했고, 거기서 가족들이 하는 사업을 함께 도울 수 있었다. 받은 지 얼마 안 된 내 신학석사 학위는 시골의 공동체에서는 즉각적인 변화를 가져올 수 없었다. 나는 어디에서 성취할 수 있는 일을 발견할 수 있을까?

나는 탄식하며 걱정했다. 나의 인간성 안에 조각들을 함께 밀어 넣으려고 하였다. 그러나 내가 나를 위해 상상할 수 있는 것보다 더 풍성한 은혜의 선물을 하나님께서 주셨다. 그것은 내가 가진 은사와 훈련받은 것을 사용할 수 있는 일이었고 융통성이 있고 생명을 주는 일이었다.

내가 좋아하는 일을 갖게 되자, 즉시 아기를 가지는 또 다른 일을 생각하였다. 목표의 달성 혹은 충족된 꿈의 만족 안에 안주할 시간이 없었다. 그것은 "충분하지" 않았다. 그때 사건이 일어났다. 하나님은 이 아름다운 선물을 주셨다. 충분한 은혜를.

그러나 몇 달 후에 나는 이 귀한 은혜의 선물은 다시 한 번 선반 뒤로 밀려났다는 것을 깨달았다. 아기의 수정을 위해 오랜 시간 분투 후에 얻은 임신의 기쁨이 채 가시기 전에 이 역시 충분하지 않은 것으로 끝이 났다.

의사가 태아가 생존 가능한 임신이 아닐 수도 있다고 말했을 때, 내가 방금 경험했었던 놀라움과 기쁨의 정점은 찢어져 나갔고, 또 새로운 우울감에 빠졌다. 나는 병원을 빠져 나와 집으로 차를 타고 돌아가는 길에 드린 기도에도 불구하고 임신도 충분하지 않았다는 것을 알았다. .

그리고 그때, 번뜩이는 통찰의 섬광이 지나갔다. 비록 내가 건강한 아이를 출산했다 하더라도 그것은 여전히 "충분하지" 않았을 것이라는 것을 깨달았다. 육아는 새로운 걱정들, 불안의 감정들과 부적절함, 더 많은 두려움, 이미 꽉 찬 삶 위에 더해지는 해야 할 일을 가져온다. 감사하게도, 충분한 은혜는 내가 다시 열 수 있는 꾸러미였다. 내가 경험할 수 있고 다시 받아들일 수 있는 선물이었다.

내가 살고 있는 현실은 어떤 잠재적인 재난이라도 단번에 일소할 수 있을 만큼 충분한 많은 돈을 가지고 있는 것은 아니다. 누군가의 건강을 되사고, 부서진 관계를 회복하고, 상실의 고통을 치료할 수 있는 "충분한" 것은 없다.

충분함의 은혜를 일상의 삶의 리듬에 적용하는 일은 하나님의 섭리 가운데 찾아 왔다. 나는 이제 두 번째 아이의 출산을 고대하고 있다. 아이를 임신하는 것은 어려운 일이고, 가족을 하나 더 가지게 되는 일 때문에 따라오는 변화는 쉽게 우리를 염려케 한다. 나는 삶의 강도가 다시 증가되는 것을 알고 있다. 나는 새로운 균형 즉 많은 중요한 사람들과 중요한 일을 위한 충분한 시간을 찾게 될 것이다.

이런 상황에 압도되긴 했지만, 그때 숨을 깊이 들이 마시고 내가 받아 온 그리고 날마다 요구해야하는 은혜의 그 선물을 기억한다. 충분히 가진다는 것은 내가 오늘을 살기 위한 기회를 포용하는 것을 의미한다. "충분함"이란 나의 일상의 필요들이 채워지고 내일의 도전을 소망과 믿음 그리고 하나님께서 늘 필요를 공급해 주실 것이라는 신뢰로 직면하는 것이다.

하나님이 신실하신 것처럼 하나님은 풍성하신 하나님이시기도 하다. 하나님은 근본적으로 풍부하시다. 무모하게 낭비하시고 관대하시다. 이 진리 안에서 살기 원하는 나에게 이 은혜의 선물을 받아들이는 것은 부족함이라는 문화의 거짓말을 거절하는 것을 의미한다. 이것은 또한 진리의 나지막한 소리를 들으려고 의심과 불안함의 소리를 잠재우는 것을 의미한다.

나의 삶 속에서 힘차게 나타났던 이 똑같은 은혜의 선물은 모두에게 유용하다. 당신은 당신의 마음에서 하나님의 속삭임을 듣는가?

"내 사랑하는 자여, 나는 충분하다. 나는 풍성하다.

나는 모든 것을 미리 준비한다. 나는 너의 공급자이다."

이 말씀을 듣기 위해 당신은 잠잠할 수 있는가? 가만히 있어 받겠는가? 당신의 삶 속에 충분함이라는 은혜의 선물을 받아들이겠는가?

세라 레이 (제어)거버는 미국 오하이오 메노나이트 교회 총회를 위해 자원봉사 코디네이터로 시간제 근무를 하고 있다. 동부 메노나이트 대학에서 학사를, 동부 메노나이트 신대원에서 목회학 석사를 받았다. 그녀는 다양한 목회 사역에서 봉사해 왔고 교과과정을 썼다. 그녀의 가족은 키드론 메노나이트 교회의 신실한 신자들이다.

지원하기

42 _ 도서관에서의 자비

제니퍼 델란티

　내가 학교에 다니기 전, 언니가 "나는 라이-베리li-berry에 가고 싶어"라고 말하곤 했을 때 무슨 뜻인지 궁금해 했다. 나는 그녀가 잘 익은 딸기를 먹으며 누워 있는 모습을 상상했다. 라이브러리도서관라는 발음이 잘 익은 딸기와 비슷하게 들렸다. 그것은 정말 특별하게 보였다.
　내가 실제로 처음 도서관에 갔던 때를 기억하지 못하지만, 그 단어는 내 마음 속에 가지고 있는 그림보다 훨씬 더 큰 그 무엇인가를 내포하고 있었다. 도서관은 셀 수 없이 많은 책들의 선반이 있고, 책들은 재미있고 흥미로웠다. 그것은 단어들로 만들어진 세상이었다. 나는 내가 해결할 수 없는 복잡한 문제가 있는 집을 떠나 도서관이 제공하는 조용함과 차분함의 도피처로 도서관을 좋아했다.
　학교 도서관에서 대출한 좋아하는 책은 로이스 렌스키가 우리나라 전역에 사는 아이들의 삶에 관해 쓴 것들이었다. 로라 잉걸즈 와일더의 개척자의 삶도 나를 사로잡았다.
　내가 살고 있는 20세기는 로라의 삶과 아주 많이 달랐다. 이혼은 그녀의 책에서 다루지 않는 주제였다. 1970년 부모님의 이혼은 나와 내 두 동생들이 방과 후에도 돌 볼 사람이 없이 방치되는 것을 의미했다. 엄마는 아직 어린 막내 동생을 데리고 일을 하러 나가셨고, 집에 올 때까지 우리끼리만 있었다. 부모가 이혼한 다른 사람의 알지 못했기 때문에, 우리에게 닥친 엄청난 변화에 대해 우리는 입을 다물고 있었다.

즐겁게도, 가끔씩 삼학년 때 선생님은 방과 후 그녀의 폭스바겐버스에 나를 태우고 시내에 있는 공공 도서관에 데리고 가셨다. 학교 도서관에 비해 어마어마하게 큰 도서관이었다. 나는 마닐라지로 만든 도서관 카드를 신청했다. 선생님은 신속하게 만료일에 맞게 내가 빌린 책들을 반납해주었고 나는 어떤 벌금도 부과 받지 않았다.

1972년에 우리는 나의 인자하신 선생님과 익숙했던 모든 것을 떠나 강 건너 도시의 서쪽 지역으로 이사를 갔다. 그것은 쉽지 않은 변화였다. 우리 집은 낯선 이웃집이 있는 작은 집이었다. 가까이에 있는 작은 놀이터는 성난 소녀가 차지하고 있었다. 공습경보와 같은 비명을 지르며, 그 아이는 누구든 그곳에 와서 놀려는 사람을 쫓아냈다. 전학생으로서 5학년을 새롭게 시작했을 때, 나는 그 아이와 다른 모든 사람들에게 조심스럽게 행동했다. 아무도 내 이름을 알지 못하는 첫 번째 날, 내가 학교 도서관에 들어갔을 때, "안녕, 제니퍼"라는 소리를 듣고 놀랐다. 이전에 다니던 학교에서 온 도서관 사서가 이곳 초등학교로 전근해 오신 것이다. 나는 친숙하고 우호적인 얼굴을 볼 수 있다는 생각에 안도감을 느꼈다. 다시 한 번 도서관은 나의 피난처가 되었다. 날마다 책을 빌려 저녁에 읽었고 이튿날이나 그 다음날 그것을 반납했다. 다른 학생들이 독서를 많이 한다고 나에게 "별종 weird"라는 이름을 붙였다.

시 도서관의 서부 지점은 또 다른 장점이 있었다. 새로 이사온 집에서 걸어갈 수 있었기 때문이다. 도서관 이층에 있는 아이들의 구역은 아늑하고 조용했다. 나는 새로 발견한 피난처에 처박혀 고양이처럼 창문 가까이에 앉았다. 어느 날 나는 '노무사'라는 이름의 남아프리카 공화국 소녀에 대한 책을 발견했다. 그녀의 문화와 대륙에 관하여 예전에 다니던 학교에서 4학년 때 배운 적이 있었다. 하지만, 우리가 수업에서 배웠던 내용과 달랐기 때문에 나는 이 책을 꼭 빌려가서 읽기로 했다. 나는 '노무사'에 관해 더 많이 읽을 수 있게 되어 너무나 행복했다.

그런데 그 책을 반환해야 할 때가 되었을 때, 그것을 어디에서도 찾을 수가 없었다. 그것은 교실 책상에도 없었고, 내가 방문한 적이 있는 아빠의 아파트에서도 찾을 수가 없었다. 아무리 여러 번 책장과 나의 침실을 들락거렸지만, 그 책을 찾을 수 없었다. 그 책을 반환하지 않으면 다른 책들을 더 이상 빌릴 수가 없었다.

이 멋진 도서관은 그 도시를 가로질러 이사 와서 내가 좋아했던 유일한 곳이었다. 그러나 겨우 몇 달 후에 더 이상 갈 수 없는 곳이 되었다. 나는 너무 당황하고 부끄러워서 도서관 사서에게 그 책을 잃어버렸고 날마다 2센트씩 벌금이 쌓이고 있다는 것을 말할 수 없었다. 나는 벌금이나 변상할 책값을 낼 돈이 없었다. 이것을 엄마에게 고백한다는 것은 불가능한 일이었다. 그녀 자신의 걱정만으로도 이미 그녀가 감당할 수 있는 것 이상이었다. 그래서 공원으로 들어오는 것을 막던 그 화난 소녀처럼 나는 스스로 그 도서관에 가는 것을 금지했다. 심지어 처음 그 책을 빌리도록 나를 현혹했던 '노무사'를 원망하기까지 했다.

그 시기에 내 인생에서 너무나 많은 것을 잃었기 때문에, 이 도서관에 가지 못하게 된 것은 비교적 하찮은 축에 속한 것이었다. 지금 그것을 회상해보면, 순수함의 상실이었으며 우리 집 안에서 추악하게 계속되던 상실, 분노, 폭력 그리고 학대로부터의 피난처의 상실로 이해된다.

약 일 년 후에 나는 벽과 침대 사이에 껴있는 '노무사' 책을 발견했다. 정말 큰 위안이었다. 나는 곧 바로 도서관으로 달려갔지만, 사서에게 그토록 오랜 기한이 지난 책을 보여줄 수가 없었다. 아마도 나는 책값보다도 더 많은 벌금을 내야 했을테지만, 어쨌든 돈이 없었다. 내가 그런 벌금을 내야한다는 것을 알았다면 아마도 엄마는 기절했을 것이다. 나는 그 책을 반환함에 집어넣고, 나 스스로 부과한 망명의 길로 계속 도망쳤다.

또 한 해가 지나가고 중학교 과제 때문에 다시 그 도서관을 갈 수밖에 없었다. 나는 도서관 사서가 내가 염려해 온 벌금 리스트를 찾는 동안 자료 책 뭉치를 들고 그녀 앞에 서있었다. 내가 얼마를 내야하는지 걱정하고 있는 동안 두려움이 나의 마음을 움켜잡았다. 그 '노무사' 책을 반환할 때 그 결과에 대해 직면하지 못했던 나 자신을 원망하고 있었다. 그래도 과제를 하려면 그 책들이 정말 필요했다.

그러나 도서관 사서가 그 카드에 기록되어 있는 내용들을 살펴본 후에, 그녀는 "정말 오래 되었네. 내가 이렇게 오래된 것까지 염려할 필요는 없지."라고 중얼거렸다. 그녀는 나의 벌금 카드를 찢어버리고 책들을 빌려주었다. 빚은 해결되었다. 벼락을 맞은 것 같았다.

그 때까지의 내 삶은 조건이 있는 것이었다. 사랑과 수용은 우리 집에서 낯선 것이었다. 언제든 무엇이든 잘못되면 유죄가 당연한 것으로 판결되었다. 잘못은 용서 받을 자격이 없었다. 그날, 도서관 사서는 나에게 그 벌금 리스트와 마찬가지로 어쩌면 인생이 끔찍한 범죄의 낙인으로 경험된 것과는 다를 수 있다는 것을 언뜻 보여주었다. 내 빚이 해결된 것은 은혜와 자비의 결과였다.

그처럼 나의 어떠한 노력도 없이 얻은 친절은 내가 알고 있는 세계 밖의 낯선 것이었다. 그때까지만해도 조건 없는 사랑이 존재한다는 것을 알지 못했지만, 나는 멈출 수 없이 그것을 향해 가고 있었다.

얄궂게도, 혹은 아마도 적절하게도 은데벨레아프리카 종족 가운데 하나족의 이름 '노무사'는 "자비"라는 뜻이다. 잃어버렸던 책과 자비로운 도서관 사서는 하나님이 갖추어놓으시고 기다리시는 더 아름다운 삶의 희미한 빛을 내가 얻을 수 있도록 도와주었다. 몇 년 후에 예수 그리스도에게로 돌아선 것은 어린 아이였던 나에게 피난처가 되어 주었던 도서관보다 더 큰 은혜와 자비가 가능하다는 것을 알게했다. 아주 어렸을 때, 도서관 사서가 새로운 지평과 전망을 보여준 것과 똑같이 메노나이트 교단은 친절과 평화를 내게 만들어 주었다. 완전히 새로운 삶의 방식과 존재를 제공하여, 다르고 더 좋은 세상으로 들어갈 수 있게 말이다. 그곳은 나를 버리지도 않고 내가 도망치지도 않을 은혜로 가득 찬 아름다운 곳이다. 하나님께 감사를 드린다.

제니퍼 델란티는 시애틀 메노나이트 교회에서 행복한 신앙생활을 하고 있다.

43 _ 위험한 산행에서 만난 은혜

미셸 싱클레어

내 귀에 산꼭대기의 찬바람이 으르렁거렸다. 눈 속에서 길은 사라졌고, 가시거리는 12m 정도였다. 나는 지도도 없고, 나침반도 없고, 피할 수 있을 거라 생각했던 이천 미터 높이의 절벽에서 모든 생각이 달아나 버렸다.

나의 언니 도린은 외국 경험 연구를 위해 스코틀랜드에 가 있었고, 언니의 봄 휴가 기간에 맞춰 그녀를 방문하려고 그곳에 갔다. 우리는 브리티시 섬에서 가장 높은 봉우리인 1,300m 높이의 벤 네비스를 하이킹하는 것이 멋질 것이라고 생각했다. 그것을 간단한 여행이라고 생각했다. 우리는 하이킹을 즐겼고, '스코틀랜드는 네팔이 아니잖아 그렇지?'라고 생각했다.

나는 어떤 실제적인 사전 준비도 없이, 벤 네비스는 가장 유명한 먼로먼로 경의 이름을 따라 스코틀랜드에서 가장 높은 4개의 산에 붙여진 이름이고 자주 가는 사람들은 드넓은 다양한 광경에 매혹된다고 배웠다. 그 웹사이트는 www.undiscovered-scotland.co.uk "먼로 담기"스코틀랜드에 있는 284개의 가장 높은 봉우리를 오르는 것을 먼로를 백에 담는다고 말한다. -옮긴이 주를 경험하기 위해서는 일주하는 데 다섯 시간이 걸린다고 했다. 그것이 우리 같은 사람에겐 약 여덟 시간이었다.

우리의 해결책은 아침 일찍 떠나 시간을 조금 더 확보하는 것이다. 나는 어디선가 그렇게 하는 것이 위험하다는 것을 읽었지만, 그 오솔길을 벗어나지 않는 한 우리는 살 수 있을 거라고 생각했다. 그것은 비유적 표현일 뿐이었다.

우리는 가까운 도시인 포트 윌리엄에 있는 하이커들의 숙박시설에 투숙했다. 그곳에서 한 직원이 우리를 보고 벤 네비스 생존법이라는 인쇄물을 주었다. 우리는 그것이 직원들이 만약의 사태에 소송 당하는 것을 피하려면 해야만 하는 지나치게 조심하는 것들 가운데 하나이겠거니 생각해서 대충 읽었다. 그러나 이곳은 미국이 아니고 스코틀랜드였고 비록 정상에 가기 위해 산소 탱크나 자일을 사용하는 경험이 필요한 것은 아니지만, 겉보기에 온화한 모습과 달리 세 면에 있는 낭떠러지는 베인 니베이스 혹은 "독이 있는venomous 산"이라 부르게 할 만큼 아주 위험했다.

상쾌한 4월의 아침, 우리는 청바지를 입고, 그녀는 테니스 신발 그리고 나는 하이킹 장화를 신고 8시에 출발했다. 우리는 경치를 즐기며 조금씩 올라갔다. 풀을 뜯던 양들은 아마도 우리의 잘난 체 하는 모습과 헐떡이는 모습을 비웃었을 것이다. 다른 하이커들은 모두 지도를 가지고 있고 최고의 산악 장비들을 가지고 있는 듯했다. 높이 올라갈수록 우리는 의심이 들기 시작했다. 내가 집에서 알고 있던 푸른 애팔래치아 산맥의 모습에서 나무들이 드문드문 점찍혀 있는 것 같은 관목이 무성한 갈색 경관으로의 엄청난 변화였다. 우리의 머리 위로 잔뜩 흐린 하늘이 봉우리들을 가리고 있었다.

샌드위치로 점심을 먹은 후에 우리는 바나나 한 개와 물 한 병밖에 남지 않았다. 우리는 구름 속으로 들어갔고, 밑에 있는 골짜기는 사라지고, 우리의 세계는 산기슭 주위를 감싸고 있는 바위들의 불안정한 길로 좁아졌다. 놀랍게도 우리는 눈길을 걷고 있다는 것을 알았다. 그것은 신기함에서 귀찮은 것으로 변했다. 흰색이 되어버린 산은 그 길의 모든 것을 지웠고, 발자국만이 남았다. 그 지점에서 안전하고 현명한 판단은 돌아가는 것이었지만, 우리는 네 시간을 하이킹해 왔고 목적을 달성하기 원했다. 우리는 발자국이 흐트러질 때까지 강행했고, 흩어진 발자국과 함께 길도 사라졌다.

검은 바위들이 깎아지를 듯한 경사면에 점점이 박혀있었다. 멀리 회색 안개와 눈이 합쳐졌다. 다른 사람들은 못이 박힌 하이킹용 지팡이를 가지고 가파른 산을 똑바로 오르고 있었다. 그러나 청바지에 테니스 화를 신고 있는 두 명의 초보자를 위한 가장 안전한 길은 어떤 것이었을까?

부주의한 자존심이 우리를 이 상황으로 데려왔지만, 우리를 그 위험에서 벗어나게 해주지는 못했다. 나는 겁에 질린 모습을 감추고 친절한 여행 동료인 아일랜드인 하이커들에게 우리가 어떤 길로 가면 좋겠냐고 물었다. 보온용 바지를 입은 이 천사들은 정확하게 그 길을 알려주지는 않았고, 그들의 여행용 지팡이를 나눠주고, 우리가 그들 그룹에 들어오는 것을 환영하였다. 그들은 경사면을 지팡이의 도움을 받아 똑바로 올라갔고, 우리도 불안한 모습을 숨긴 채 최선을 다해 계속 따라서 올라갔다.

날카로운 바람이 우리의 목소리를 삼켰다. 한 조각의 구름 사이로 한 조각하늘이 빛났다.

그때 멀리 있는 안개를 사이로 낮은 바위가 모습을 드러낼 때 나의 심장은 세차게 고동쳤다. 정상이다! 우리는 해냈다!

우리의 입은 다물어지지 않았다. 카메라가 들어 있는 주머니를 움켜쥐고 우리는 눈 위를 가로질러 경주를 벌였다. 빠르게 흘깃흘깃 경치를 펼치며 구름이 머리 위로 빠르게 지나갔다. 마침내 정상의 안개가 완전히 걷힐 때까지 첫 번째 파란 하늘을 들이키며 우리는 머리를 뒤로 제치고 웃었다. 그날의 구세주께 감사하며, 우리는 최고의 은혜를 만끽하였다.

나는 벤 네비스 하이킹을 후회하지 않지만, 그것을 일요일 오후의 산책처럼 여겼던 것을 후회한다. 우리에게 즉시 입수할 수 있는 충분한 정보가 있었다면, 우리는 적절한 조사 없이 익숙하지 않은 상황 속으로 가지는 않았을 것이다. 나는 다시는 경고들은 단지 소송을 피하려는 것이라고 무시하지 않을 것이며, 나의 모든 높은 자립심 안에서도 내가 모든 것을 다룰 수 있다고 생각하지 않을 것이다.

그러나 여전히 모든 다양한 장관 안에서 하나님의 창조물들을 보러 거기에 갈 것이다. 왜냐하면, 내 삶의 나머지 기간 동안 내 눈앞에 숨김없이 드러난 스코틀랜드의 장엄한 협곡과 산맥들을 볼 것이기 때문이다. 하얀 눈밭이 정상 밑의 하늘을 가로지르며 쏟아질 때, 나를 무방비로 남겨둔 채 구름보다 높이 그리고 안개 속을 지나 다른 산꼭대기 보다 더 높이 따라가는 그 느낌을 기억할 것이다. 에베레스트나 맥킨리를 생각하지 않는다면, 나는 세상의 가장 높은 곳에 있었다. 그리고 준비되지 않았던 하이킹에서 살아남은 은혜에 새롭게 감사하였다.

미셀 D. 싱클레어는 워싱턴 포스트의 광고 부문 회계 담당자고 북부 버지니아 메노나이트 교회 회원이다. 그녀는 *Another Way* 신문의 객원 칼럼니스트일 뿐 아니라 Third Way Cafe's의 웹사이트를 위한 월간 영화 평론도 쓰고 있다.

44 _ 한 번 더

브렌다 셀리

남편의 교통수단은 계속해서 나의 불안의 원천이었다. 비록 때때로 믿음직스런 스테이션왜건처럼 보이지만, 셀리 하우스에 있는 우리들은 진실을 알고 있다. 상황이 좋지 않을 때에 예측할 수 없는 고장으로 그 차는 그냥 멈춰버린다.

이러한 고장은 남편 짐이 출발하자마자 혹은 900여 km를 운전한 후에 발생할 수 있었다. 추운 겨울과 뜨거운 여름을 구분하지 않았다. 어떤 주기나 이유도 없었다. 참을성이 대단한 남편이 그렇게 오래 신뢰를 하는 것이 비정상적이라고 보일 정도로 이 차는 예상외의 행동으로 짜증나게 하는 경향이 있었다.

이와 같이 원인을 진단할 수 없는 상태의 고장들이 수년 동안 이어졌다. 마침내 차에 대한 불만이 한계에 달하자, 참을성 좋은 남편도 수리를 위해 그 미치게 하는 자동차를 정비소에 맡겼다. 정비사들은 어디가 문제인지 고장 원인을 알아보려고 했지만, 아무 소용이 없었다. 지난 달, 다시 한 번 "아무 이상 없음"이라는 믿을 수 없는 진단을 받았다. 그리고 정비소에서 집으로 돌아올 때, 짐과 나의 관대한 딸이 애정을 담아 로라라고 불렀던 그 짐승은 다시 한 번 멈추었다.

　이 수리할 수도 없는 짜증나는 막막한 상황에서 유일한 희망의 조짐은 그 차의 고장이 해결되는 시간이 상당히 예측 가능해졌다는 점이다. 대략 5분 정도의 시간을 기다리면 차가 마치 낮잠에서 깬 것 같이 다음 300km를 갈 수 있을 만큼 회복되어 웃으며 출발하게 될 것이다.

　이번 주 초에, 나의 남편은 그의 사무실 주차장에서 나에게 전화를 걸었다. 차가 움직이기를 거부하고 있었다. 남편이 열 시간이 넘는 업무를 마쳤을 때, 그는 이미 저녁 식사에 늦은 상태였다. 그는 몇 분만 기다리면 출발할 수 있고 그의 길을 갈 수 있을 거라고 생각했다. 그러나 로라는 다시 집으로 돌아오기를 거부했고 남편은 함께 일하는 사람의 차를 타고 퇴근했다. 어제 저녁, 그 시나리오는 똑같았다. 이번에 로라는 짐을 사무실에서 꽤 멀리 데려와서는 교차로에서 멈췄다. 예상대로 저녁 식사에 또 늦었다. 내가 깊은 숨을 쉬며 숨 고르기를 하고 있는 동안, 사랑하는 짐은 조금 더 기다려야 했고 다시 한 번 시동을 걸었다. 그러나 로라는 반응하지 않았고, 남편의 두 번째 전화 목소리는 불평이 고조되었다. 내가 가서 남편을 태우러 가겠다고 했지만, 그는 그 제안을 거절했다. 남편은 다른 차의 통행에 방해가 되었기 때문에, 로라를 어떻게 할지를 결정하고 나에게 다시 전화를 걸었다.

　세번째 통화에서 그는 꽤 숨이 차 있었다. 이유는 그 짜증나는 자동차를 로우의 집 가까이까지 밀어서 끌고 갔기 때문이다. 로라는 갓길로 나와 있었고 짐은 열기와 습기 속에서 수백 kg을 미는 것에 지쳐 있었다. 남편은 자신을 태우러 와 달라고 했다.

　나는 그의 차 뒤쪽에 오렌지 색 비상등과 스카치테이프 두루마리가 있는 광경을 보았다. 그 표시는 그 차는 죽었고 아침까지 차도에서 치워질 것이라는 표시였다. 간호사인 나는 보통은 구조자가 되어 일하는 것이 행복했다. 그래서 그 주간에 두 번째 저녁 식사를 거르는 것임에도, 나는 꽤 기분이 좋았다. 그 사이에 짐은 정비소에서 작업 중에 있는 사람에게 부탁하고 있었다. 그 사람은 문제를 해결해 주려 직접 갈 수는 없었지만, 문제의 차를 회사 차고로 견인해 갈 수 있도록 트럭을 사용할 수 있게 해주었다. 시간이 많지 않아서, 우리는 그 견인트럭을 가져오기 위해 그 정비소로 급하게 달려갔다.

그러나 견인 트럭을 꺼내려할 때 짐은 나에게 로라를 "운전"해야 한다고 알려주었다. 내가 로라의 방향을 조정하고 브레이크를 밟아야 했다. 왜냐하면, 그 트럭은 완전하게 견인을 위해 장비가 갖추어진 차가 아니었고 단지 트럭과 로라 사이에 줄을 단단히 매서 끄는 것이 전부였기 때문이다.

"차가 시동이 걸려 있지 않은데 실제로 브레이크가 작동해?" 나는 물었다. 짐의 대답은 내가 견인트럭을 운전하고 싶은 마음이 들게 하지 않았다. 그는 내가 회사 트럭의 뒷부분을 받지 않으면서, 브레이크를 잘 조절하고 운전대를 조작하는 것에 아무 문제가 없다고 생각하는 듯 했다. 그는 조금도 걱정하는 것 같아 보이지 않았다.

견인트럭의 뒷범퍼를 찌그러뜨리는 것에 대해 책임을 지고 싶지 않았기 때문에, 차라리 내가 트럭을 운전하겠다고 했다. 그의 반응은 다시 나를 맥 빠지게 했다. "여보, 무언가를 견인한다는 것도 정말 쉽지 않아 … 게다가 그 트럭은 회사 소유이고." 나는 절박한 운명과 체념의 감정으로 로라에 올라탔다. 짐은 빨간불이 켜질 때까지 키를 돌리라고 나에게 지시했다. 깊은 숨과 함께 나는 다시 한 번 그 미친 밧줄에 끌려 차고로 가는 탐험을 위해 그 차에 탑승하고 출발 하려고 하였다. 그리고 그 차는 여인의 무릎에서 고양이가 잠을 깨는 것처럼 조심스럽게 부르릉 소리를 내었다. 시동이 걸린 것이다. 어리석은 차 같으니.

그 차를 운전하여 정비소에 두자는 나의 의견과 달리 짐은 이미 그 차가 민폐를 끼친 것을 용서했고, 로라를 집으로 데려간다는 사실에 행복해 하였다.

그는 인내심이 많고 인정이 많은 사람이었다. 나는 그점을 알고 있었다. 왜냐하면, 로라와 나는 공통점이 많았기 때문이다. 나 역시 되풀이 되는 은혜의 수혜자인 셈이다. 나는 짐에게 로라의 불성실한 부주의 때문에 인터넷 경매에다 팔아야 한다고 주장했지만, 짐이 짐승 로라에게 보여준 용서를 보는 것은 경이로운 일이다. 남편과 나의 하늘에 계신 아버지가 같은 경향을 가지고 있다는 점 역시 분명하다.

괜찮아 로라. 한 번 더.

브렌다 셀리는 블루밍 메노나이트 교회와 펜실베이니아 주 수더톤에 있는 펜 뷰 기독교학교의 양호교사이다. 일상의 혼돈 가운데서 하나님의 신실하심을 발견하는 것에 대한 일화들을 쓰는 것은 브렌다에게 큰 기쁨을 가져다준다. 그녀의 블로그 pearlsinthepuddle.blogspot.com을 방문하면 더 많은 이야기들을 발견할 수 있다.

45 _ 그것을 판매한 것으로 여겨라

캔 시츠

필립과 루이스 시츠 크라이더는 버지니아, 해리슨버그에 산다. 그는 오레곤에 상점을 연 컴퓨터 분야에서 19년간 일했고 버지니아에 있는 그들의 교회에서 유능한 평신도 지도자로 계속해서 봉사해왔다. 언제나 목사와 지역 산업계의 사목으로서 수년 동안 자원봉사를 해왔다. 로이스는 소프트웨어 트레이너와 사무장으로 일해 왔다. 그들은 자녀가 없어서 언제나 조카들을 관심 있게 돌보았다.

2011년 4월, 필립과 로이스는 서부 해안으로 휴가 여행 중에 있었고, 어느 날 아침 서부 콜로라도 해안의 어딘가를 차를 타고 가고 있었다. 갑자기 필립은 집 규모를 줄여야겠다고 선언했다. 지나치게 많은 가구들과 지하실과 가게 안의 물건들을 포함하여 소유하고 있는 것들을 버리고 있을 때였다. 집문제는 이전에도 여러번 했던 말이지만, 이번에는 필립이 진지하게 말하고 있다는 것을 로이스는 감지했다. 무엇이 그를 자극했을까? 그는 왜 그렇게 갑작스럽고 심각하게 말하고 있는가?

그들은 지난 수년 동안 어마어마한 물건들이 암처럼 그들의 삶을 먹어치우는 것들을 축적해왔다는 사실을 함께 깨달았다. 그 같은 어떤 동기가 더해져 단층짜리 집을 생각하게 되었다. 더 작은 집으로 옮기려고 불경기인 부동산 시장에서 집을 얼마에 팔 것인가? 그러나 집을 파는 것이 하나님께서 그들에게 요구하시는 것이라는 것을 강하게 느꼈고, 그래서 담대하게 집을 2011년 9월에 내놓았고, 무언가 지속적으로 그들을 괴롭히는 것이 지나가기를 기다렸다.

집을 옮기겠다는 생각은 인근의 신축주택의 분양 가격을 낮추던 때부터 있었다. 애초의 개발업자들과의 대화는, 물론 그들의 현재의 재산을 파는 것을 조건으로, 부동산 업계 내에서 알려진 집값과 비교하여 절반의 가격을 제시하면서 놀랍도록 잘 진행되었다.

부동산 중개인은 2011년에서 2012년으로 해를 넘기면서 수많은 집을 보여주었지만, 어떤 거래도 성사되지 않았다. 그러는 동안에 필립이 비용을 줄이려고 한정된 예산을 쓴다는 조건 아래 건축이 진행되고 있었다. 신용조합은 진행 중인 건물을 완성하려고 대출로 극복해나갔다. 그 프로젝트의 중요한 국면들이 멋지게 진행되었지만, 여러 달이 지나도 그들의 집은 팔리지 않은 채로 남아 있었다.

2012년 5월, 모든 불확실함 가운데 필립에게 걱정스런 증상들이 나타났고, 몇 주 후에 결장암으로 진단을 받았다. 더욱이, 그는 종양 제거 수술을 위한 준비 과정으로 방사선 치료와 화학요법을 받아야 했다. 그들이 어떻게 될지 궁금했다. 필립이 어떻게 암 치료의 심각한 투약 기간 동안 집을 위해 일할 수 있을까? 이사를 어떻게 갈 수 있을까? 그렇지만, 25년 동안 살았던 집을 떠나는 준비를 그 둘은 거뜬히 해냈다. 하지만, 집이 팔리지 않는 한 그 모든 것은 헛수고처럼 보였다. 필립의 쇠약해지는 건강상태 뿐만 아니라, 건물관리비가 쌓여가는 것에 대한 걱정이 늘어만 갔다.

어느 날, 필립이 코스트코에 쇼핑을 하러 외출했을 때, 너무 외로웠고, 달리 문제 해결방법이 없어 보였기 때문에 휴식공간에서 하나님께 기도했다. "하나님, 어디로 가야할지 다음에 무엇을 해야할지 모르겠습니다. 제발 당신이 저와 함께 하심을 믿을 수 있도록 도와주시겠어요?"

그가 차에 있는 로이스를 만나려고 상점을 떠났을 때, 기대하지 않았던 일이 발생했다. 친한 친구에게서 전화가 걸려왔다. 전화를 건 사람은 곧바로 요점을 말했다. "필립, 당신 집 팔렸나요?" 필립이 아니라고 말했을 때, 수화기 반대편의 그 친구는 대답했다. "그러면 그건 팔린 것으로 여기세요. 부동산 중개인에게 나한테 전화하라고 하세요. 당신의 일이 잘 될 것이고, 새로운 집으로 이사하는 것으로 당신의 축소 계획은 완성될 거예요."

부동산 중개인은 사정을 알게 되자, 외쳤다.

"당신은 진짜 친구를 가졌네요!"

필립은 일상적인 치료를 받아야 했고, 건강이 오랜 시간 좋지 않았지만, 새 집 건축에서 자신의 역할을 완수하려고 애를 썼고 그것은 쉽지 않았다. 그와 같은 상황에서 어느 날, 필립이 일하고 있는 동안 이웃 사람이 그 집으로 걸어왔다. 그녀는 오자마자, 필립이 애를 쓰며 수고하는 육체적인 노동에 대해 격려해 주면서 많은 사람들이 애정을 표현할 때 하는 볼키스로 지지의 마음을 보여주었다. 이 모든 것은 필립이 계속 일할 수 있도록 도움을 주었다. 한편, 로이스는 이사를 가려고 짐을 꾸리고 있었다.

오늘 그 둘은 그들의 개 제시와 함께 새로운 환경의 집에 있다. 그곳에서 그들은 경이와 감사로 지난 2년을 회상한다. 하나님의 터무니없는 은혜는 여러 방식으로 다가왔지만, 가장 중요한 것은 한 친구가 그들의 이전 집을 구매하겠다는 제안이었다.

글을 쓰고 있던 시간에, 종양은 외과적으로 제거되었고, 희망적으로 필립의 몸에 있는 모든 암을 제거하기 위해 두 번째 6개월 간의 화학요법이 뒤이어 행해지고 있었다. 그는 주기적인 화학요법 치료 때문에 어떤 날은 다른 날보다 더 강하게 약의 후유증을 느꼈다. 그러나 만일 당신이 필립과 로이스를 방문한다면, 부동산의 불경기 기간에 진행된 암과 이어지는 치료 속에서 암세포가 줄어들기를 바라며 펼쳐진 일들의 방식에 대해 감사하는, 생생하고 희망에 찬 영혼과 마주치게 될 것이다. 그리고 긴급한 필요의 순간에 정확하게 행동했던 친절하고 인정 많은 친구를 통해 역사했던 하나님의 풍성한 은혜에 대해 감사드린다.

캔 시츠는 *Rejoice!*에 글을 쓰기 시작했으며, 전 세계 어디를 가든 글을 써왔다. 그는 아내와 버지니아 메노나이트 은퇴 공동체에 거주한다. 캔은 목사, 봉사 노동관리자, 대학 교수였다. 그는 파크 뷰 메노나이트 교회의 지체로 그곳에서 현재 회중의 의장으로, 성가대원으로, 성인 주일학교 교사로 섬기고 있다.

축복

46 _ 아미룬

론 아담스

1981년, 나는 전도사역을 하려고 소규모 신학생 그룹과 함께 인도 캘커타로 여행했다. 그러나 우리는 그 전도사역을 아주 빨리 포기했다.

도착한 후 곧, 우리는 인도 침례교회의 목사를 만났다. 그는 우리들에게 인도의 역사와 힌두교에 대하여 조금 가르쳐주었다. 그러나 거기에 머문 기간 내내 나를 떠나지 않았던 생각은 그가 우리에게 말한 첫 번째 일들 가운데 하나였다. 그는 만일 우리가 예수를 소개해 줄 생각으로 캘커타에 오는 것이라면, 우리 일행은 비행기를 타고 집으로 돌아가는 것이 나을 것이라고 말했다. 그러나 만일, 그곳에 이미 계신 예수를 만나러 캘커타에 오는 것이라면, 그곳에 머물며 우리가 볼 수 있는 것들을 볼 것이라고 했다. 우리는 머물면서 예수를 찾는 일에 몰두했다.

우리는 마더 테레사의 자선 선교사들과 함께 자원봉사를 했다. 우리들 가운데 몇몇은 영어를 가르쳤고 몇몇은 고아원에서 일했으며 나는 역 근처에 있는 길거리 진료소에서 일했다. 저녁에 우리 그룹은 누가복음을 함께 읽고 그날, 우리가 무엇을 보았고 무엇을 했는지에 대해 이야기를 나누었다.

우리는 YWCA에 살았다. 그것은 긴 베란다와 아무도 사용하지 않는 것처럼 보이는 테니스 클레이코트를 가진 사랑스럽고 오래된 건물이었다. 우리는 그곳에서 식사를 했다. 거의 대부분 쌀과 달인도 콩 요리 그리고 망고와 가끔씩 삶은 달걀을 먹었다.

어떻게 그렇게 되었는지 확실하지 않지만, 우리는 그 길에서 살았던 대여섯 명의 아이들과 친구가 되었다. 대부분은 소년들이었지만, 날에 따라 소녀들이 하나 둘 있었다. 그것이 내가 아미룬을 만나게 된 경위이다. 어느 날, 그녀는 그 그룹의 일원으로 나타났다.

그녀가 몇 살인지 말하기 어렵다. 어쨌든, 열 살에서 열세 살 정도라고 생각한다. 아미룬은 엄마 그리고 두 형제들과 함께 버스 정류장 은신처 아래 살고 있었다. 영양실조는 아이들의 나이를 알아보기 어렵게 한다. 우리는 함께 머물 때 가끔 그녀에게 몇 살이냐고 물었다. 아미룬이 수줍어서 말하지 않았거나 진짜 자신의 나이를 몰랐을 수도 있지만, 하여튼 우리는 결코 답을 들을 수가 없었다. 그래서 무릎과 팔꿈치와 활동하는 것을 보고 열 살 정도의 작은 소녀일 것이라고 짐작했다.

아미룬은 아름다웠다. 머리는 검은색이었고 항상 헝클어지고 먼지투성이었다. 피부는 갈색이었다. 눈은 밝고 미소 역시 환했다. 맨발에 손은 거칠었다. 옷은 낡았지만 그녀는 아름다웠다.

은혜는 언제나 나에게는 놀라움이다. 꿈에도 생각지 않았던 선물이다. 은혜는 우리가 결코 받을 만한 것도 아니고 예상할 근거가 없는 그 무엇이다. 잘 알려진 C. S. 루이스는 기쁨 때문에 놀란 것에 대해 많은 글을 썼다. 그렇다. 은혜는 여러 번 나를 놀라게 했다. 대부분의 경우, 나는 한참이 지나서도 그 은혜를 깨닫지 못한다. 내가 인생을 회고하게 될 때 은혜는 거기에 있을 것이다. 이것이 은혜가 주는 선물이다.

그러나 어떤 때는 가장 적절한 시기에 주어진 은혜를 보게 된다. 때때로 나의 바로 앞에서 펼쳐지고 있는 진리를 알아 볼 수 있는 눈과 들을 수 있는 귀를 가지는 축복을 경험한다. 그때 나는 밤에 깨어나서 천사들로 가득한 하늘을 본 목동이라고 느낀다. 그리고 외경심과 갑작스런 충동으로 누군가에게 내가 본 것을 말하러 간다.

우리를 친구로 받아들인 아이들은 YWCA에서 환영받지 못했다. 그래서 우리는 거리의 길바닥에서 그들과 함께 시간을 보냈다. 그들 중 대여섯 명은 가족들을 위해 돈을 구걸하려고 마을에서 가까이 있는 시내로 왔다. 그들은 언제나 굶주렸다. 우리는 종종 그들을 데리고 연기에 그을린 작은 식당으로 가서 쌀과 달 그리고 아마도 작은 생선이 담긴 음식을 사주곤 했다. 그것이 우리가 해줄 수 있는 최소한의 것이었다. 그리고 근처 어디를 둘러봐도 충분한 것은 없었다.

나는 아미룬이 우리와 함께 식당에 간 것을 기억하지 못한다. 그러나 그녀와 내가 걸었던 어느 날 오후는 분명하게 기억한다.

어느 날, 길을 거닐던 중 발견했던 레코드 가게로 걸어가는 길이었다. 나는 인도 클래식 음악가인 우스타드 알리 아크바르 칸의 앨범을 사고 싶었다. 우리의 추억을 회상하려고 인도의 중요한 작품들을 모으고 있었기 때문이다.

몇 가지 이유로, 아미룬은 나와 함께 걷기로 했다. 내가 걷는다고 말하지만, 당신은 뛰는 것이라고 상상하는 것이 나을 것이다. 아미룬의 선천적 걸음걸이는 보통 사람들처럼 한 걸음 한 걸음 걷는 것이라기보다는 뛰고, 건너뛰고, 점프하는 것에 가까웠다. 그녀는 레코드 가게로 가는 내내 웃고, 이야기하고, 춤을 추었다. 그녀는 밖에서 나를 기다렸다. 그리고 나를 다시 집으로 데리고 갔다.

가는 길에 옥수수를 구워 팔고 있는 노점상 옆을 지나갔다. 나는 걸으면서 아미룬에게 옥수수를 먹고 싶으냐고 물었다. 그녀는 그렇다고 대답했다. 나는 노점상에게 돈을 냈고, 그녀는 옥수수를 건네 받았다.

아미룬은 옥수수를 먹지 않았다. 그것을 한 손에 들고 춤을 추며 길을 내려갔다. 나는 왜 안 먹는지 의아했다. 그래서 먹으라고 했다. 그녀가 그것을 맛있게 먹기를 바랐다. 나는 그녀가 배가 고프다는 걸 알고 있었다.

"먹지 그러니." 나는 다시 말했다.

아미룬은 웃으며 깡충거리며 길을 내려갔다. 나는 뒤를 따랐다. 나는 계속 옥수수를 먹으라고 잔소리를 해댔다. 그리고 왜 안 먹느냐고 이유를 말해 달라고 했다. 그녀는 먹으려고 하지 않았다. 마침내 그녀는 이유를 꼬치꼬치 캐묻는 내가 불쌍해 보였는지, 자신이 그 옥수수를 먹지 않는 이유를 말해주었다. 그녀는 구운 옥수수를 집에 있는 가족들과 나눠먹으려고 아끼고 있었던 것이다.

배고픈 작은 소녀는 그녀의 배고픈 가족들과 나눠먹으려고 옥수수를 먹지 않았다.

우리가 주의를 기울여 바라본다면, 은혜는 우리에게 많은 일들을 할 수 있다. 은혜는 우리를 웃거나 울게 할 수 있다. 그것은 우리를 실망시키거나, 담대하게 만들 수도 있다. 은혜는 우리의 믿음에 도전하거나, 풍성하게 할 수도 있다. 은혜가 주어지면, 우리는 잠시나마 세상을 새로운 방식으로 보게 된다. 우리는 세상을 원래 의도된 대로 보게 된다. 하나님께서 창조하신 대로. 거룩하게. 있는 그대로 너그럽게. 평화롭게. 은혜롭게.

아미룬. 정말 밝고 정말 아름답다. 정말 가난하고 정말 연약하다. 정말 너그럽고 정말 친절하다. 작은 소녀. 그리고 그리스도의 모습. 배고픈 자들을 먹이시고 가난한 자들에게 복음을 전하기 위해 오신 분.

　우리의 선생님은 옳았다. 나는 캘커타에서 예수님을 보았다. 그리고 그녀의 이름은 아미룬이었다.

론 아담느는 위스콘신에 있는 매디슨 메노나이트 교회의 목사이다. 그는 The Mennonite와 Rejoice!의 정규 기고가이다. 그들 가족의 삶은 캘커타 거리에서 예수를 발견하면서 영원히 변화되었다.

47 _ 낯선이들과 함께 한 식탁의 은혜

헤더 델 스미스

　물 담뱃대에서 너덜너덜하게 풀린 연기들이 식당 손님들의 머리 위로 떠다녔다. 장미, 사과 혹은 복숭아의 향기를 가미한 습기가 많은 달콤한 담배, 시샤Sheesha는 시리아의 국민적인 기호품이다. 어디를 가던 아이에게 젖을 먹이는 여인들, 모든 세대의 가족들, 클럽에서 춤을 추려고 엉덩이에 걸리는 바지를 입은 젊은이, 위대한 우마야드 모스크에서 저녁 기도를 하고 돌아오는 사람들이 식당이나 카페에 모였다. 시리아 정통 교회의 대미사에서 향을 피우는 소년처럼 숯불 라이터들이 화로 안에 숯을 흔들며 그 방을 돌아다닌다. 그들이 물 담뱃대에 숯을 밀어 넣고 타고 남은 불에 바람을 불어 넣자, 담뱃불은 어두운 조명 속에서 그들의 열정적인 가슴을 빛나게 했다.
　도시의 바깥은 저녁의 분주함 때문에 웅성거리고 부릉거렸다. 아이들은 아이스크림 가게 앞에서 줄을 서서 기다렸고, 차를 파는 사람은 소리를 질렀고, 베네통의 유리창은 달리는 노란 택시가 있는 길거리 광경을 반사했고, 택시들의 뒷유리창에는 온통 시리아의 독재자, 바샤르 알 아사드의 초상이 붙어 있었다. 도시의 십대 소녀들이 꼭 끼는 청바지와 조금 검은 드레스를 입고 밤의 파티와 클럽에 갈 준비를 하고 있었다. 2007년 다마스쿠스는 기로에 서 있었다. 이란에서 온 시아파 사람들, 턱수염을 기른 경건한 남자들과 검은 차도르를 입은 경건한 여인들이 시아 순교자 알리의 딸이며 예언자 무함마드의 손녀인 사이나 제이나드의 무덤을 순례할 목적으로 다마스쿠스에 왔다. 이 순례자들은 길에서 나를 멈춰 세우고 물었다. "미국인입니까?" 그리고 내가 그렇다고 대답했을 때 그들은 나의 손을 거머쥐고 기쁘게 말했다. "미국인! 우리는 당신들을 사랑합니다. 우리 대통령들은 서로를 미워하기만 하지만, 우리는 당신들을 사랑합니다!"

이라크 전쟁이 고조되었고, 다마스쿠스에 있는 이라크인들은 미국의 점령을 요구했다. 2006년에는 이웃 국가들에서 급증하는 난민들이 들어오며, 바그다드, 사마라와 팔루자에서 전면적인 내전이 맹위를 떨쳤다. 2007년에는 120만 명의 이라크 난민들이 시리아에 있었다. 다마스쿠스는 언론의 자유와 정부의 개혁에 대해 더욱 공개적으로 말하기 시작한, 세속적이고 인터넷에 정통한 활동가들과 다양한 종교그룹들, 즉 가톨릭, 기독교 정교회, 오순절 부르카를 입은 무슬림, 팔레스타인인과 이슬람교의 시아파와 수니파가 뒤섞여 있었다. 그것은 문화와 믿음의 만화경이었다.

나는 나의 두 번째 시집, 『신부 미나렛』을 작업하려고 다마스쿠스에 왔다. 예수 미나렛과 함께 신부 미나렛은 위대한 우마야 모스크 위로 높이 솟아 있었다. 경건한 자들을 기도로 부르는 종소리가 하루에 다섯 번 울린다. 그것은 테러와의 전쟁이 있던 9/11 이전이었고, 나는 폭력과 고통과 하나님에 대해 심각하게 생각하지 않았다. 나는 이 전쟁 때문에 직접적으로 영향을 받은 보통 사람들을 만나려고 다마스쿠스로 가기로 결정했었다.

나는 지방에서 언론인 회의와 이야기들을 위한 인터뷰를 원활하게 해주는 마약 밀매자이며 안내자인 파디아와 서로 마주 보며 앉아 있었다. 그녀는 녹색 형광 아이라인을 그린 이십 대의 아리따운 여성이었는데, 영국식 억양으로 영어를 완벽히 구사했다. 그녀는 런던의 수준있는 클럽에서나 볼 수 있는 젊은 여인처럼 보였다. 그러나 나는 한동안 그녀에 대해 조심해 왔다. 그녀는 자신을 폭도라고 한 적이 한 번 있었지만, 폭도처럼 보이지 않았고, 나는 그녀가 한 말의 뜻을 이해할 수 없었다. 후카 카페에서 우리의 회의가 있기 전날 밤, 저녁 파티에서 한 기자가 나를 놀라게 했던 파디아의 비디오를 보여주었다. 비디오에서 그녀는 매우 다르게 옷을 입고 있었다. 그녀는 이라크 차도르를 입고 있었고 청중들에게 미국 점령자들을 돕는 이라크인들은 매국노와 같이 총살될 것이라고 말했다. 그 기자는 그녀가 다마스쿠스에서 마약 밀매로 돈을 벌고는 있지만, 어떤 분야에서는 정말 반란자들과 함께 일하고 있다고 말했다. 그 폭동은 복잡했고 상충되는 이익들과 함께 다수의 파벌이 있었다. 차도르를 입은 여인에서 초록 아이라인을 그린 멋있는 젊은 마약 밀매자로 변신하고 또 즐겁게 허킹을 하는 이라크인을 친구인지 적인지 구별하는 것은 다마스쿠스에서는 때로 어려운 일이었다.

나는 파디아와의 관계를 끝내기로 결정했지만, 그녀는 긴급한 목소리로 나의 핸드폰에 전화를 걸어 즉시 자신과 만나자고 말했다. 그녀는 시아파 민병대에 인질로 잡힌 그의 형제의 몸값을 치르려고, 이라크로 돌아가는 중인 한 사람과의 만남을 계획했었다. 이것은 그 당시 매우 흔한 일이었고, 난민 가족들은 종종 사랑하는 사람들이 집으로 돌아오게 하려고 그들의 삶을 소모하곤 했다.

압둘은 놀랜 모습으로 카페 안으로 들어왔다. 그는 파디아와 아랍어로 이야기 했고, 나는 그들이 "알함둘릴라, 알함둘릴라"라고 말하는 것을 들었다. 그것은 문자적으로 "하나님을 찬양하라"였지만, 구어체에서는 "괜찮아"였다.

파디아는 그를 확신시켰다. "괜찮아. 그녀는 기자가 아니고 시인이야." 이것은 압둘을 진정시키는 것처럼 보였다. 그는 우리와 함께 앉았고 웨이터에게 차를 가져오라고 하였다.

압둘은 가장 잔혹한 점령자들과 폭도에게서 살아남았다. 그는 이라크에서 너무 많은 폭력을 목격해왔다. 바로 그의 눈앞에 피와 유리가 널려 있는 약국에서 두 어린 소녀가 총살당하는 것을 보았다. 그의 집 창문과 가까운 길모퉁이에서 한 남자가 처형당하는 것을 보았다. 그와 그의 가족들에게 상황들은 점점 더 위험해졌다. 그들은 이슬람 극단주의자에 의해 이단자들로 목표가 된 사비안 만다엔이라고 불리는 작은 분파에 속해있었다. 그는 결국 납치되어 고문을 받았고 불가사의하게 석방되었다.

사비엔 만다엔들은 고대 영지주의 분파이다. 사비안이라는 단어는 "침례"를 의미하고, 만다엔은 "지식"을 의미한다. 그들은 아담, 노아와 세례 요한을 존경하는 일신론자이고 평화주의자이기도 하다. 그들의 신화는 불과 물 주위를 순환한다. 나는 내 앞에 있는 이 사람이 이 작은 분파에 속한다는 것과 그렇게 많은 폭력과 테러의 한 가운데서 비폭력에 공통된 헌신을 공유하고 있다는 사실에 놀랐다. 나는 내가 아나뱁티스트, 메노나이트이고 우리 역시 평화주의자라는 사실을 그에게 설명했다. 우리 모두는 서로를 멍하게 쳐다보며 앉아 있었다.

우리는 그 붐비는 카페에서 한 시간 이상을 보냈다. 만다엔, 메노나이트 그리고 폭도로서. 우리는 침례와 우리 믿음 사이의 유사점들에 대하여 이야기했다. 그가 집으로 가야할 시간이 되었다. 그는 자기 형제의 생명이 위급한 국면에 있기 때문에 전쟁으로 폐허가 된 나라로 돌아갔다. 몇 분 동안 침묵이 흘렀을 때 그는 우리에게 자신을 위한 기도를 부탁했다. 파디아는 공격에 대비해 망을 보았지만, 나는 그곳에서 우리와 함께 하시는 하나님의 현존을 느꼈고 정말로 '예스'라고 말했다. 우리는 정말 세상적 의미에서 세 명 모두 낯선 사람들이었다. 만다엔들은 그리스도인이 아니었다. 그리고 나는 파디아와 그녀와 관계된 사람들을 두려워했다. 그러나 어떤 방식 안에서 우리는 서로를 친구로 여길 수 있게 되었다. 압둘과 나는 세례 요한의 믿음과 일치하는 많은 부분을 공유하고 있었다. 여전히 다른 방식 안에서 우리는 적이 될 수 있었다. 나는 미국인이고 미국은 그들의 나라와 전쟁 중에 있었다. 그럼에도, 나는 그곳에서 모든 한계를 뛰어넘어 그 테이블에 자리하고 있는 모든 경계들을 초월해서 역사하시는 하나님의 강력한 임재를 느꼈다. 우리는 그날 붐비고 연기로 가득 찬 카페에서 조용히 기도했다. 우리가 우리의 머리를 들었을 때 압둘은 말했다.

"알함둘릴라, 알함둘릴라" 하나님을 찬양하라

헤더 델 스미스는 전쟁과 고통 그리고 우리의 깨어진 세상 안에 하나님의 현존을 주제로 하는 두 권의 시집을 낸 시인이다. 그녀의 첫 번째 책, *Each End of the World*은 1990년대 보스니아 전쟁에 관한 것이다. 2010년에 그녀는 사라예보 국제대학, 사라예보 체육관과 그녀가 전쟁을 경험한 학생들과의 워크숍을 이끄는 툴자에 있는 아메리칸 대학의 방문 시인이었다. 그녀는 그녀의 두 번째 책, *The Bride Minaret*을 위한, 팔레스타인인들과 이라크 난민과의 인터뷰를 위해 시리아의 다마스쿠스를 방문했다. 그녀는 가족과 함께 데스 모이네스 메노나이트 교회의 교인이다.

48 _ 목적이 이끄는 나이 먹기

엘지 렘펠

2012년 여름 나는 육십 세의 생일을 맞이했다. 대단한 것이 아니라고 말할지도 모른다. 그러나 나는 내가 육십이 되고 아직 죽지 않았다. 그리고 심지어 생일파티 대신 죽지 않음을 축하하는 파티를 할 수 있어서 기뻤다. 우리는 삶이라는 것은 아주 쉽게 운명을 달리 할 수 있다는 사실을 안다.

나의 삶은 같은 해 2월, 잠비아 초마 근처 바람 부는 2차선 도로에서 정면충돌이 있은 후 덤으로 주어진 것이다. 나는 메노나이트 중앙 위원회의 전 세계 가족 프로그램을 통해 잠비아 교사들의 멘토로 봉사를 떠나던 중이었다. 그 과정에서 나는 잠비아 남부 대회의 기독교 교육자들 안에서의 형제교회의 여러 측면을 알게 되면서 많은 것을 배웠다. 그들이 학생들에게 더 나은 읽고 쓰는 능력을 발전시키려 애를 쓰고, 열악하고 정당하게 평가받지 못하는 직업군에서 사기를 충천할 수 있는 실질적이고 목회적인 도움을 제공하였다.

나는 첫 번째 규모가 큰 지역 워크숍으로 가던 중, 정면충돌 사건을 당했다. 감사하게도 우리 여섯 명 모두가 살아남았다. 나는 이 땅에서의 일이 아직 끝나지 않았고 나이 들어 갈 수 있는 또 다른 기회가 주어진 것에 대해 감사할 수 있었다. 하나님께서 나의 생명을 살려 주셨다는 확신 속에서 그 교통사고를 이겨낼 수 있었다. 타박상과 가슴 압착 뿐 아니라, 왼쪽 발목 세 곳이 부러졌고, 오른쪽 발목에 깊은 상처와 힘줄 손상을 입었고, 오른쪽 무릎에 큰 혈종이 생겼다.

그 사건 다음 날, 나는 발목 엑스레이를 찍으려고 병원 안뜰에서 기다리고 있었다. 알지 못했지만, 나는 그 사고와 연루된 두 여인들 옆에 앉아 있었다. 한 사람은 가까이 오던 밴에 타고 있던 여인이었다. 어린 소녀는 뻣뻣하게 굳어 있는 목이 편타성 상해로 고통을 받고 있음을 보여주었다. 다른 한 여인은 같은 밴에 타고 있었던 소녀의 어머니였다. 그녀는 우리에게 다가와 자신과 어머니를 소개했다.

우연이었을까, 하나님의 은혜였을까? 나는 그들을 만날 수 있어서 너무 기뻤고, 그들에게 내가 기도하고 있었다는 것을 알릴 수 있고, 그들의 건강에 대해 물어볼 수 있어서 너무 다행이었다. 나는 그들에게 '미안합니다, 미안합니다.' 반복하여 사과했다. 그들은 그때 다른 운전자는 경찰의 조사에 응할 수 있을 만큼 상태가 좋았고 그 소녀는 이미 학교를 다닌다고 했다. 그들은 친절하고 동정적이지만, 말을 한 후에 상해를 입은 여인은 일어나 천천히 걸어서 나갔다. 나는 그들에 대한 나의 반응이 그들의 치료에 도움이 되기를 바랐다. 그것은 비록 감정적으로 나를 피로하게 만들었지만, 분명히 나에게도 도움이 되었다.

그 지역에서 나를 보살펴주는 사람이며 대변자인 유진은 내가 지친 것을 알고 가까운 곳에 있는 잠비아 친구를 불러 나를 위한 기도를 부탁했다. 시칼라 목사와 말타 목사는 내가 간신히 기어서 그 밴 안으로 들어 간 직후에 나타났다. 그들은 지역 아프리카 토착 교회를 목회하였다. 이 말은 그들이 비교적 교육 받지 않은 목사라는 표시였다. 그의 아내는 진정한 동정심에서 우리

나오는 적절한 질문들을 해 왔다. 그리고 내가 다친 다양한 신체부위와 정도를 언급하며 치료를 위해 기도했다. 훈련 받은 트라우마 상담자도 그 보다 더 나을 수 없었다. 나는 그들에게 깊은 감동을 받았다. 또 다른 은혜의 감동이었다.

진료가 있은 지 이틀 후, 나는 그 다음 일주일을 나의 거주 지역에서 딱 10m 떨어진 곳에 있는 형제교회의 크리스천 게스트 하우스에서 친절한 보살핌을 받으며 지냈다. 교육부장관에서 지역 청소 아줌마에 이르기까지 많은 잠비아 방문객들이 들렀다. 그들은 내 손을 부여잡고 나의 치료를 위해 사랑 가득한 자연스러운 기도를 드리고 돌아갔다. 그리고 곧바로 고향에서 온 수많은 편지들은 내가 대서양의 두 연안에서 거대한 기도의 물결 속에 머물러 있음을 확신케 하였다. 은혜가 더해졌다.

세 번째 저녁, 나는 특별한 선물을 받았다. 새벽 두시 경, 나는 많은 뜨거운 바늘들이 나의 발목을 찌르는 것 같은 타는 듯한 고통을 느끼며 잠에서 깼다. 그리고 바로 그때, 몇 년 전에 돌아가신 나의 아버지가 나를 향해 웃으며, 강하고 친절한 "접골사"의 손이 되어 나의 발목을 잡고 두드리면서 낮은 독일어 목소리로 "엘스체야, 이제 좀 어떠니?"라고 말하는 것 같은 강한 느낌이 들었고, 그 후로 나의 고통은 완화되었다. 나의 나머지 가족들이 그토록 멀리 떨어져 있을 때 아버지의 그런 치료의 선물은 믿을 수가 없었다. 은혜 위에 은혜가 더했다.

그 사건이 있은 후 2주일 뒤에 나는 많은 지역 워크숍들을 인도했다. 그리고 두 달 넘게 휠체어를 타고 이동해야 했다. 그 두 주 동안 나는 잠비아 사람들의 지지에 대한 깊은 감사의 마음을 가지게 되었다. 그들은 내가 부상을 당했는데도 기꺼이 머물며 봉사하는 것 때문에 깊은 감동을 받았다. 그들은 하나님께서 의도적으로 나의 생명을 구해주셨고, 그 목적의 일부분은 이 워크숍들을 인도하는 것이었기 때문에, 그들은 죽음에서 구원함을 얻은 이 여인의 이야기에 귀를 기울였다.

나의 첫 번째 워크숍들에서 나누었던 묵상은 이사야서의 세 번째 종의 노래이사야 50:4-8a, '개인적 소명의 확신으로 받았다'라는 말씀에서 나왔다. 그 말씀은 나의 치료의 여정에 대해 다양한 방식으로 나에게 계속해서 말했다. 또한 그 말씀은 참가자들에게도 말했고 가르치는 일이 하나님께서 주신 고귀한 사역임을 그들이 인식하도록 도왔다.

교사들은 하나님께서 지친이들을 견디도록 하는 말을 하는 교사의 혀를 그들에게 주셨다는 것을 깨닫도록 가르침을 받았다. 하나님은 사람들이 가르침을 받고 단호한 태도를 취할 수 있도록 그들에게 용기를 주시고, 그들의 불명예에서 회복시켜주실 때 그들의 귀를 들을 수 있도록 열어주시고, 너무 쉽게 압도당하게 할 수 있는 상황 속에서 각 세대를 일으키려는 그들의 노력에 대해 변호해주신다.

모든 것이 너무나 빠르게 작별을 고해야 할 때가 되었고, 북미에서의 삶과 사역으로 돌아왔다. 그 사역을 받아 순종하고 완수할 수 있었던 것에 대해 감사의 마음으로 돌아왔다. 내가 다시 걷는 법을 배우기 시작하였을 때 북미로의 귀환이 이루어졌다. 그 과정에서 고통은 계속해서 내 뼈가 다시 단단해지고, 유연해지고, 그리고 근육에 힘이 붙는다는 것이 얼마나 어려운 것인가를 가르쳐주었다.

'늙어 갈 기회라는 인생에서의 새로운 기회를 주신 것에 대한 감사는 계속해서 나를 가르친다. 그러한 감사는 고통이라는 다른 교사가 점점 늙어가는 것을 사랑하도록 할 때, 인내로 삶을 살아가도록 가르칠 뿐 아니라 하나님께서 나의 길에 보내주시는 봉사의 기회들을 받아들이도록 가르친다. 그리고 나는 육십 세가 된 것이 너무도 행복하다.

엘지 렘펠은 캐나다 메노나이트 교회의 신앙 컨설턴트이다. 그녀는 기독교 학교에서 수 년간 훈련 받은 교사로 지난 십 년간 많은 시간을 캐나다 메노나이트 교회에 헌신하였다. 엘지는 수련회를 위한 성경학교 교재를 썼고, 메노나이트 중앙 위원회 프로그램을 통해 잠비아의 초등학교의 멘토로 봉사했다. 최근 그녀는 그녀의 사역을 통해 모든 연령의 교회 평신도들에게 용기를 주고 멘토링 하는 방법을 찾고 있다. 엘지와 남편 피터는 마니토바 주, 위니펙에 있는 찰스우드 메노나이트 교회에 속해 있다.

49 _ 은혜에 감동하다

엘리자베스 레이드

난롯가에서 한 잔의 코코아를 마시며 나 자신과 나누는 대화는 그 해의 마지막 시간을 보내는 적절한 방법처럼 보였다. 시작과 끝은 종종 나를 놀라게 하고 깊이 사색하게 한다. 지난 일 년, 나는 어디에 있었는가? 나는 어디를 향해 가고 있는가? 물론, 오가며 사람들을 만났던 일을 돌아보는 것도 재미있는 일이다. 멀리 떨어진 가족들을 방문하려는 여행, 일과 관련된 여행, 대화의 틀을 넓혀주는 기회를 제공하는 남편과의 여행들이 다 그렇다.

그러나 연말의 평가는 사소한 일들이나 단기적인 것들에 대한 것이 아니다. 나의 영혼의 상태는 무엇인가? 나의 영적 삶은 지난 여러달 동안 어떻게 변화되었는가? 나 자신과 다른 사람들에 대해 무엇을 배웠는가? 예수님과의 관계는 정체되었는가, 깊어졌는가?

이 의미심장한 질문들을 위해, 나는 불에 넣을 다른 통나무와 두 번째 코코아 잔을 준비했다. 연초부터 쓴 일기를 읽어 내려가면 내가 무엇을 두려워했는지를 발견한다. 여전히 나의 삶은 헤매고 있다. 가까웠던 사이에 문제가 생겼지만, 그 불편한 관계는 개선되지 않았다. 사실, 그 관계는 지난 몇 달 동안 악화되었다. 어떤 새로운 직업을 위한 취직의 문들은 열리지 않았다. 대신,

조직 안에서의 재정적 어려움들 때문에 임금삭감을 경험하였다. 연로하신 부모들은 연세가 더 들어가시고, 더 자주 병원에 가셔야 하고 더 돌보아 드려야 한다. 나 자신의 소소한 개인적 상황을 돌아볼 때, 그림은 더 우울해지고 어두워질 뿐이다. 국가적 비극들, 전 세계적 재난들과 극심한 전쟁들이 뉴스의 대부분을 차지하고 수많은 사람들의 삶에 영향을 미쳤다. 정치적·경제적 장면들은 똑같은 드라마와 불확실성을 되풀이했다. 대규모 살상무기가 된, 통제에서 벗어난 총기 소지는 안전과 교회, 학교, 그리고 가정의 신성함을 침범해 어린이, 청년, 성인들과 노인들을 죽였다. 다른 사람들을 통제하고 지배하려고 끊임없이 투쟁하면서 폭력과 두려움은 고조되었다.

내가 두 번째 뜨거운 코코아를 마실 때, 나의 절망적인 사고들은 기운을 빼앗아 갔다. 만일 계속 이런 식으로만 생각하면, 이 세상이 원하는 대로 쉽게 빠져들 수 있었다. 탐욕, 권력, 통제, 두려움, 폭력이라는 그 악순환이 수세기 동안 우리가 사는 세상을 통치해 왔다. 나는 종종 우리 집을 둘러싸고 있는 나무들과 식물들의 아름다움을 파괴하려고 위협하는 가뭄에 대한 걱정을 했었다. 가뭄 때문에 나의 영혼의 수액마저 빼앗기는 느낌이었다. 은퇴가 가까워지면서 여생을 지탱해줄 충분한 재정을 어떻게 준비해야 하는지에 대해서도 우려했다. 나의 가정 뿐 아니라 날마다 삶을 위협하는 도전들과 투쟁하는 불행한 사람들을 위해서도 내가 일을 더 잘 할 수 있기를 바랐다. 내 일기에서 매주 쓰던 은혜의 선물 목록이 갑자기 몇 달 전부터 사라지고 말았다.

최근의 대림절, 나는 "오소서, 주 예수님, 속히 오소서"라는 말을 종종 들어왔고 반복해서 말했다. 나는 예수님이 우리의 이 부서지고 불쌍한 세상을 향한 하나님의 은혜의 선물로 주어진 응답이라는 사실을 알았다. 그 선물을 나의 마음으로 알 뿐 아니라, 나의 삶 안에서 확장되는 것을 느끼고 싶었다.

한 해의 마지막 날, 이곳에서도 여전히 테이블에 앉아 아기 예수을 오심을 기념하는 촛불을 밝혔다. 부드럽게 깜빡거리는, 아직도 계속되는 불빛을 바라보면서, 나는 좀 더 천천히 숨을 쉬기 시작했다. 크리스마스트리의 소나무 가지가 품어내는 향기는, 내던져져 바람 속으로 사라지는 가지가 되는 자신의 마지막 시간들을 기다리며, 나를 하나님의 선하심 안으로 거하게 한다.

어제 저녁 피아노 의자에 앉아 "고요한 밤, 거룩한 밤"과 "기쁘다 구주 오셨네"를 부르던 여섯 살과 아홉 살 손자들의 달콤한 목소리를 떠올렸다. 남편은 친구들을 위해 식탁을 준비하고, 설거지와 청소까지 해서 나를 놀라게 했다. 나의 심장은 내 인생 안에 있는 이 친절하고 부드러운 사람에 대한 사랑으로 따뜻해졌다.

멀리 사는 딸은 선물들과 지난 일 년 동안 자신들에게 여러 가지 방식으로 도움을 준 것에 대해 감사하다는 전화를 했다. 그녀는 우리가 행복한 새해를 맞기를 소원했다. 시간이 흘러도 끊을 수 없는 부모 자식 간의 끈끈한 결속력을 새삼스레 느꼈다.

연로하신 부모님은 크리스마스를 사랑하는 가족과 함께 보내려고 병원에서 보호 시설로 돌아오셨다. 또 언제든지 재발할 수 있는 건강의 위험이 있지만, 이번 크리스마스는 차분하게 지냈다.

지난 일 년 간 좀 더 조용한 공간을 찾으려는 나의 의지는 매달 있는 영적 교제 모임으로 실현되었다. 그리스도와 깊은 관계를 갈망하는 마음을 가진 사람들과 함께 하는 시간은 영적 여정에 있는 나를 격려해 주었다.

가족 구성원들과의 불편한 관계가 치유되었던, 크리스마스 아침의 꿈을 회상했다. 포옹, 미소 그리고 울려 퍼지던 웃음이 있었다. 그 확신을 갖게 하는 꿈과 어떻게 은혜가 내 삶을 감동시켰는지를 깨닫는 순간, 아기 예수님이 내 마음 속 깊은 곳에서 다시 태어나는 것을 느꼈다.

이 위로하는 광경들, 소리들과 기억들이 휴식 없는 나의 영혼을 진정시켰다. 눈을 감고 그저 예수님을 들이마셨다. 사랑. 예수님. 사랑, 내가 침묵 안에 머물렀을 때 예수님의 임재가 나의 마음과 몸을 평화로 채우며 하나님의 사랑의 불길로 번져나갔다. 나는 새해에 여전히 더 오래, 더 깊이 듣고 하나님께서 내 안에서 더 많은 부분을 차지하게 하려면 침묵의 공간을 내어드리는 법을 배워야 할 필요가 있다.

그 불편한 관계는 육체적으로는 변화되지 않았다. 하지만, 이제 하나님은 지금도 그 불편한 관계를 맺은 사람의 삶 속에서 일하신다는 것을 알기에 더욱 만족한다. 왜냐하면 인간적으로 가능한 한, 나는 그 사람을 향한 사랑을 계속해서 흐르게 할 것이며 대화의 줄을 열어놓을 것이기 때문이다. 지구상에서 인생의 폭풍우는 계속 맹위를 떨칠 것이다. 하나님은 결국 모든 것이 선하게 될 것이라고 약속하셨다. 그러므로 모든 것은 아직 선하지 않다. 나는 지금이 끝이 아니라는 걸 안다. 하나님은 여전히 나의 삶 속에서 일하신다.

엘리자베스 레이드는 오하이오 주 블루폰에 있는 대학을 졸업했고 인디아나 주 리치몬드에 있는 퀘이커 신학교 얼함 종교 학교에서 목회학 석사를 취득했다. 그녀는 메노나이트 중앙 위원회에서 일했다. 엘리자베스는 다양한 메노나이트 출판사를 위해 글을 썼고 최근에는 그녀의 첫 번째 책 『워드 레이드: 믿음과 비전의 사람』을 출판했다

50 _ 나에게도 임한 은혜

사라 빅슬러

봄의 첫 번째 날이었다. 햇빛이 공기에서 차가운 한기를 몰아낼 때 큰 수선화의 환한 노란색 꽃잎들이 환하게 빛났다. 지빠귀딱새들은 술래잡기를 하고 살이 오른 통통한 벌레들과 곤충들을 쪼아 먹으며 마당 주위를 팔딱팔딱 뛰어다녔다. 새로운 삶의 표시는 도처에서 나타나고 있었다. 나는 현관에 있는 그네를 타며 아름다운 날을 즐기며 편안하게 쉬고 있어야 했지만, 어둡고 습기 찬 지하실에 있었다.

단단한 콘크리트 바닥에 앉아, 임신 여섯 달의 내 배가 허락하는 한도의 두 배도 더 넘는 일을 했다. 비닐 장판에 묻은 흙탕물이 남긴 갈색 얼룩을 박박 문질러 닦아냈다. 두 달 전, 파이프 하나가 가까이 있는 벽 속에서 터져, 물이 얼고 정원에 물을 뿌리는 호스가 바깥 수도꼭지에 연결된 채로 있었다. 많은 물이 지하실 벽에 세차게 흘러나와 일층 바닥에 퍼졌고, 천정 타일에서 지하실로 쏟아졌고, 바닥 위에 있는 활엽수로 된 널빤지 사이를 부풀게 하였다. 판자를 말리고 손상된 것을 제거하고, 석고판을 붙이고 다시 벽을 칠했다. 일층 바닥의 절반을 교체하기 전에 지하실 바닥을 닦아내는 것은 마지막 청소 가운데 하나였다. 남편과 나는 그 일의 대부분을 했던 것이다.

마루 전체를 다 청소하기도 전에 등은 아팠고 배는 아기 때문에 구부릴 수 없었다. 더는 일을 진행할 수 없었다. 아픈 몸을 이끌고 두 개 층의 계단을 올라 남편에게 낮잠을 좀 자야겠다고 전화를 했다. 깊은 잠이 드는 데는 오랜 시간이 걸리지 않았다. 깨었을 때 쑤시는 느낌은 지속되었다. 등은 더 이상 아프지 않았지만, 옆구리와 배가 아팠다. 편안한 자세를 취해 보았지만, 나아지지 않았다. 나는 아래층으로 내려갔다. 벤이 저녁을 준비하고 있었다. 우리의 두 살 난 아들 캘빈이 노출 합판으로 된 주방에서 세발자전거를 타고 있는 것을 보며 애써 웃었다.

그러나 무언가 내 몸이 잘못되었다는 것을 알았다. 벤은 나에게 의사를 불러야 한다고 했다. 그래서 병원에 근무 중인 산부인과 의사에게 메시지를 보냈다. 그러나 한 시간 후에 나는 5분 주기로 진통이 있다는 것을 알았다. 우리는 봄 하늘에서 마지막 낮의 햇살이 사라지고 있을 때 병원으로 차를 몰았다.

그 뒤로는 극도의 고통을 주던 진통이 약해졌다. 경막외 주사가 복부의 날카로운 고통을 덜어줬다. "아이 이름은 지어놓았어요?" 그리고 우리의 딸이었던 조그만 붉은 물체가 흘끗 보였다. 우리는 태아가 아직 살아 있고, 호흡이 안정되었다는 소식을 세 시간이나 기다려야 했다. 우리는 한 시간 거리에 있는 신생아 중환자실로 이송되기 전에 누비이불 모양의 알루미늄 담요와 호스들 아래로 겨우 볼 수 있는 작은 손을 잠시 동안 만졌다.

의사는 수산나 로즈를 13주에 조산된 적극적이고 강한 아이라고 묘사했다. 그러나 이틀 만에 심장의 갑작스런 출혈이 그녀의 깨지기 쉬운 조직을 뒤틀어지게 하였다. 우리는 봄의 그 첫 번째 주일에 눈물 가득한 눈으로 그녀를 바라보았고 심장과 뇌의 출혈이 멈추게 해달라는 기도를 드렸다. 캘빈은 5일된 작은 여동생을 만났고 작은 손가락으로 동생의 손을 꽉 쥐었다. 그리고 일곱 째날 벤과 나는 처음이자 마지막으로 그녀를 우리의 품에 안았다. 즐거움과 충만한 삶으로 가득 찬 것을 의미하는 계절의 시작이 충격, 고통과 슬픔이 옅은 아지랑이와 같이 우리 주변에 드리워졌다.

그러나 삶에서의 상실이 있었음에도 봄은 내 주변에 피어났다. 그리고 점차로 나의 마음은 수선화들과 함께 하나님의 치료와 은혜를 향해 열렸다. 이 꽃핌의 첫 번째 발걸음은 하나님과 더불어 만든 평화이다. 나는 왜 하나님이 개입하지 않으셨는지 씨름하고 있었다. 나는 하나님이 나의 딸이 고통 받도록 허락하셔서 나를 넘어지게 하셨다고 느꼈다. 하나님은 정말 처음부터 그녀를 중간에 멈추도록 창조하셨는가? 내 마음 안의 어둡고 상처 받은 곳에서 나타난 이 믿음의 질문과 씨름하고 있을 때 하나님의 영은 평화와 위로의 말씀을 속삭이셨다. "나는 그 봄의 첫 번째 주일에 울었다." 하나님이 나에게 말씀하셨다. "그리고 여전히 너와 함께 우리의 아름다운 아이의 고통에 대해 울고 있다." 그리고 나는 이러한 말씀 덕분에 내가 온전히 이해하지 못했던 하나님의 은혜를 베풀게 되었다.

하나님께로 은혜를 확장하는 것보다 훨씬 쉬운 것은 도중에 의도하지 않게 우리를 아프게 한 사람들에게 은혜를 베푸는 것이다. 나는 전화에 응답하지 않았던 의사에게 은혜를 베푼다. 내가 정말 진통을 겪고 있는 것인지에 대한 결정을 하려고 귀중한 이십 분을 낭비한 접수담당 간호사에게도. 아이가 생사를 넘나드는 때에 아기와 함께 있고 싶냐고 활기차게 묻는 출산담당 간호사에게도. 숨을 쉬려고 헐떡거리는 아이에게서 호흡기를 벗기고 냉정하게 수산나의 사진을 찍던 신생아 중환자실의 간호사에게도. 수산나의 혈압을 떨어지게 하는 약물을 투약하여 심장에 출혈이 있게 만든 의사에게도. 음식을 가져와 "그것이 최선이었어. 그 아이는, 당신도 알지만, 최악이었어."라고 말한 나이 많은 이웃에게도. 내가 가장 원하던 것이 여전히 임신인데도, 내 몸이 날씬해진 것을 칭찬하던 친구에게도.

나는 나를 제외한 모든 사람에게 은혜를 베풀었다. 나는 수산나가 죽는 것을 막을 수 있었고 궁극적으로 내가 그녀의 운명에 대해 책임을 져야 한다는 생각을 떨칠 수가 없었다. 나는 거울 속에서 수산나가 여전히 자라고 있어야 할 곳에 선홍색의 흉터만 남아 있는 움추린 나의 모습을 간신히 볼 수 있었다. 나는 화단에 활짝 핀 수선화, 튤립, 히아신스에 관심을 쏟았다. 나는 수술 후 활동을 시작해도 된다는 의사의 소견이 있기 오래 전부터 화단의 잡초를 뽑고 거름을 주고 꽃이 피어나도록 했다. 그리고 나의 손을 따뜻한 흙 속으로 깊숙이 넣을 때 하나님의 영은 나에게 수산나는 봄의 구근처럼 짧게 꽃을 피우고 죽었지만, 이제 영원히 꽃 피는 생명을 가졌다는 것을 가르쳐주셨다.

시간이 지나고 여름이 오자, 수산나의 짧은 생애에 관한 새로운 관점을 가질 수 있게 되었다. 비록 조기 출산을 막을 수 없었지만, 나는 여전히 수산나의 엄마라는 사실을 천천히 받아들일 수 있게 되었다. 나의 마음의 슬픔은 우리가 함께 보냈던 짧은 순간에 대한 감사로 변했다. 그리고 달랐었을 수도 있는 상황에 대한 갈망은, 언제나 나의 것일 그 귀중한 아이에 대한 사랑을 깊게 해주었다.

나는 나에게도 임한 은혜가 있음을 발견했다.

사라 안 빅슬러는 이스턴 메노나이트 대학에서 영어교육학 학위를 받았고 창조적인 글쓰기를 즐긴다. 사라는 메노나이트 교회와 기관들에서 행정가로 일했다. 최근에는 버지니아 메노나이트 총회와 이스턴 메노나이트 대학에서 일한다.

이 책을 토론의 자료로 사용하는 법

이 책에 실린 개별 이야기 혹은 주제별 이야기 전체를 읽은 후에 던질 수 있는 몇 개의 질문들이 여기에 있다. 또한 당신은 큰 어려움 없이 토론을 위한 다른 질문들도 생각할 수 있을 것이다.

1. 이 이야기 혹은 주제별 이야기 전체에서 가장 다가오는 내용은 무엇입니까?
2. 당신이나 당신이 아는 사람 가운데 누군가 비슷한 경험을 한 적이 있습니까? 그것을 나누십시오.
3. 무엇이 당신의 감정을 자극합니까?
4. 무엇이 당신의 이성을 자극합니까?
5. 어떤 부분에서 이야기의 작가들과 생각이 다른가요? 어느 점이 공감되는가요?
6. 이 이야기에 관련하여 나중에 어떤 것을 기억하고 싶습니까?
7. 이 이야기에 비추어 당신의 삶 안에서 어떻게 변화를 이끌어 낼 수 있습니까?